高校社科文库
University Social Science Series

教育部高等学校
社会科学发展研究中心

汇集高校哲学社会科学优秀原创学术成果
搭建高校哲学社会科学学术著作出版平台
探索高校哲学社会科学专著出版的新模式
扩大高校哲学社会科学科研成果的影响力

沙　莉／著

世界主要国家和地区学前教育法律研究及启示

A Study on Early Childhood Education Laws in Main Countries and Regions Worldwide and Its Inspirations

光明日报出版社

图书在版编目（CIP）数据

世界主要国家和地区学前教育法律研究及启示 / 沙莉著 . -- 北京：
光明日报出版社，2013.7（2024.6 重印）

（高校社科文库）

ISBN 978－7－5112－4901－2

Ⅰ.①世… Ⅱ.①沙… Ⅲ.①学前教育—教育法—研究—世界
Ⅳ.①D912.104

中国版本图书馆 CIP 数据核字（2013）第 140297 号

世界主要国家和地区学前教育法律研究及启示

SHIJIE ZHUYAO GUOJIA HE DIQU XUEQIAN JIAOYU FALÜ YANJIU JI QISHI

著　　者：沙　莉			
责任编辑：赵　锐		责任校对：傅泉泽	
封面设计：小宝工作室		责任印制：曹　净	

出版发行：光明日报出版社

地　　址：北京市西城区永安路 106 号，100050

电　　话：010-63169890（咨询），010-63131930（邮购）

传　　真：010-63131930

网　　址：http://book.gmw.cn

E － mail：gmrbcbs@gmw.cn

法律顾问：北京市兰台律师事务所龚柳方律师

印　　刷：三河市华东印刷有限公司

装　　订：三河市华东印刷有限公司

本书如有破损、缺页、装订错误，请与本社联系调换，电话：010-63131930

开　　本：165mm×230mm

字　　数：230 千字　　　　　　　印　　张：13.25

版　　次：2013 年 7 月第 1 版　　　印　　次：2024 年 6 月第 2 次印刷

书　　号：ISBN 978－7－5112－4901－2－01

定　　价：65.00 元

前　言

　　学前教育对于个体、家庭与社会等多方面发展均具有重大意义与价值。当前，国家高度重视学前教育发展。近年来陆续颁布多项大力推进学前教育发展的重要政策措施：2010 年《国家中长期教育改革和发展规划纲要（2010~2020 年)》正式发布，学前教育被列为今后十年教育事业八大发展任务之一并做专章部署。同年 11 月，《国务院关于当前发展学前教育的若干意见》发布，明确学前教育性质、国家发展学前教育的基本方针和政策，引导国家学前教育发展走向既符合国际趋势又符合我国国情的发展道路。"十二五"期间，中央财政安排 500 亿元发展学前教育事业，重点支持中西部地区农村地区。学前教育大发展正当其时！与此同时，加快学前教育立法进程、尽早出台学前教育专门法近年来成为学界与实践领域共同的迫切呼声，《中华人民共和国学前教育法》也正处于法案的研究与起草阶段。在此背景下，本研究试图对世界主要国家和地区学前教育法的制定背景、法律规定的主要内容与特点进行较为深入、系统的分析，并在此基础上概括、提炼国际学前教育立法的主要经验，进而结合当前学前教育改革与发展的实际需要，以期对我们的学前教育立法提出有益启示。

　　本研究综合运用文献法、比较法、访谈法等多种研究方法，在对世界主要国家和地区学前教育立法背景及宗旨进行梳理、分析的基础上，对这些国家和地区学前教育法律的主要内容与特点进行较为深入的分析与概括，进而提炼、总结当前国际学前教育立法的主要经验，并提出相关学前教育立法启示。首先，研究从社会政治、经济发展与改革，教育改革与发展的现状与趋势，以及学前教育发展的现实需求与问题等方面，对美国、英国、德国、日本、巴西、印度和我国台湾等世界主要国家和地区近年来学前教育立法的主要背景进行了较为全面的梳理与分析。其次，本研究对世界主要国家和地区学前教育法律的主要内容与特点进行了较为深入、系统的探讨与分析。认为明确学前教育的价值、性质与宗旨，保障与提升学前教育地位；明确并强化政府在学前教育事业发展中的重要职责；明确各级政府学前教育财政投入责任，保障并增加学前教育经费；明确幼儿教师身份、地位，保障其各项权利，提高幼教师资质量；以及扶助弱势幼儿群体，促进学前教育公平，是当前世界主要国家和地区学前教育法律规定的主要内容与集中特点。再次，在对世界主要国家和地区学前教育法律主要内容与特点分析的基础上，并结合其立法背景与法律效果，本研究进一步概括、提炼出当前国际学前教育立法的若干经验，认为将公益性与公平性作为学前教育立法的根本原则与价值追求；强化政府在学前教育事业发展中的主导地位；通过多种途径保障学前教育财政投入；稳定并发展幼儿教师队伍，建立督学、督政相结合的独立督导制度，以保证并提高学前教育质量；以及强化中央学前教育立法权，建构并完善学前教育法律体系等，是当前国际学前教育立法的重要经验，可以为我们的学前教育立法提供有益借鉴与参考。

最后，在上述研究与分析的基础上，本研究结合当前我国学前教育事业发展现实需求特别是学前教育法制建设面临的主要问题，提出了国际学前教育立法经验的主要启示，认为应尽快制定《中华人民共和国学前教育法》，建立健全学前教育法律保障体系，并对学前教育事业发展中的若干重要方面做出明确规定。重点规定的方面应包括：深刻阐释学前教育价值，明确学前教育性质、地位与宗旨；明确各级政府及相关部门学前教育职责、尤其强化中央政府责任，确立政府主导的学前教育财政投入体制；明确幼儿教师身份与地位，保障幼儿教师工资、待遇等基本权益，完善其资质要求及资格制度；优先扶持弱势幼儿群体，促进学前教育公平等。

CONTENTS 目 录

第一章

导　论

引言

　　学前教育作为教育的起点，不仅对个体终身发展具有重要奠基作用，并且对基础教育的巩固与发展、对教育公平的实现与教育质量的提升，乃至整个国家社会、经济的和谐发展、综合实力的提升均具有重要影响。决定和保障学前教育事业健康发展的因素有多方面，法律及政策保障，尤其是法律的刚性规定是确保学前教育事业合理、合法、健康、持续发展的最基本也是最关键的手段之一。而目前我们的学前教育事业之所以面临一系列严峻问题和挑战，尚未得以有效解决和应对，其重要原因之一是缺乏学前教育法律的刚性依据和保障，缺乏对学前教育事业发展各个方面具有较高位阶的明确法律规定。而综观国际社会，世界主要国家和地区均已制定并出台学前教育专门法以及与学前教育相关的多部法律，特别是近年来通过颁布并实施学前教育法律来保障和促进本国或地区的学前教育事业改革与发展，这已经成为国际社会大力推进学前教育改革与事业发展的宝贵经验。因此，深入研究国际学前教育法律制定的背景、法律规定的主要内容与特点等，并合理借鉴国际学前教育立法经验，对于我们应对和解决当前事业发展所面临的困境，特别是为我们的学前教育事业发展提供法律依据，通过立法保障和促进学前教育事业的持续、健康发展具有十分重要的理论价值和实践意义。

一、国际学前教育法律之研究的必要性与迫切性

（一）学前教育法律是事业健康、持续发展的重要保障

法律作为权力意志的体现及其刚性的规范作用，在维护国家和社会的整体利益、长远利益与根本利益上发挥了不可取代的重要功能与价值，因而法律调整构成调整各方主体行为及其利益关系、保障社会健康有序发展的最为根本和基础性的手段，其触角也延伸至社会发展的各个领域。学前教育作为教育体系的有机组成部分与奠基阶段，作为社会发展不可分割的一个重要领域，其健康有序的发展同样离不开学前教育法律的刚性保障及相关法律体系的建设与完善。

1. 学前教育具有多方面不可替代的重要价值与功能

学前教育是个体一生发展与终身教育的起点与重要奠基，是教育体系中不可或缺的重要一环与起始阶段。学前教育之于儿童与个体一生的身心健康发展，之于基础教育阶段的完成与质量提高，之于整体国民素质的提升，之于家庭生活的和谐、社会犯罪预防与社会经济发展，乃至儿童贫困与社会排斥现象的减少至消除，以及社会和谐发展、公平与正义的维护与促进，乃至综合实力的增强与国际竞争力的提高，均具有极其重要的奠基与长效作用，其重大而深远的社会经济效益和价值无可替代。首先，学龄前阶段是个体发展的起始阶段与奠基时期，也是个体一生中发展最为迅速的阶段，良好的学前教育对于个体认知发展、情绪情感发生及其社会化、个性形成与发展、个体行为习惯的形成，以及建立和发展良好的亲子关系、同伴关系与师生关系等，均具有积极而重要的促进作用。其次，学前教育对教育事业发展与国民整体素质提升具有重要功能。一方面，学前教育对于儿童为进入小学做好各方面准备具有积极作用和明显效果。来自 OECD《强势开端 II》报告的研究显示，学前教育与小学教育的衔接对儿童日后成长与发展具有基础性影响，促进入学准备的有效途径之一即为幼儿提供高质量的学前教育①。并且越早开始（从 2 岁开始）接受高质

① OECD. Starting Strong II: Early Childhood Education and Care（Summary in English）. 2006.

量的学前教育，对促进儿童的智力发育及为入学做好准备的效果越显著①。另一方面，学前教育作为学制的第一阶段与基础教育的重要组成部分，其普及程度、教育质量与义务教育密切相关，适宜的高质量的学前教育对于提高义务教育完成率、降低辍学率与减少学业失败等均具有积极作用。因而学前教育对于夯实基础教育、健全和完善国民教育体系、发展各级各类教育事业，乃至提高国民整体素质均具有至关重要的基础性、战略性意义。再次，学前教育对于家庭与社会和谐发展具有重要意义。儿童是家庭的核心，孩子能否健康、快乐地成长，能否接受高质量的早期教育，是大多数家庭所关心的问题；与此同时，学前教育事业发展是妇女就业与参与社会活动、获得并提高社会地位的必然要求，也是提高家庭收入、改善家庭经济状况的有效途径。而家庭是社会的基本构成单位，家庭的和谐稳定是社会和谐发展的必要前提与重要基础。最后，学前教育对于消除儿童贫困与社会排斥现象，促进社会和谐发展具有极其重要的作用。来自美、英、德等国家和地区的实践经验表明，学前教育具有对弱势儿童群体的早期补偿与弱化社会分层的作用，对于消除儿童及其家庭贫困、促进弱势儿童融入主流社会，从而减少社会排斥、促进社会公平等具有重要作用。同时，学前教育具有优于其他任何一个教育阶段的非常高的社会投资回报率。据美国一项长达三十几年的追踪研究表明：在学前教育上每投资 1 美元，可获得 17.07 美元的回报，其中 4.17 美元是对个体成长的回报，12.9 美元是对社会公共事业的回报，体现在社会福利、补救教育、预防犯罪方面投入的降低，以及纳税的增加等方面。可见，学前教育在促进教育公平、构建和谐社会等方面均具有重要意义与价值。

2. 学前教育法律是学前教育事业发展不可或缺的刚性规范与根本保障

学前教育法律作为法律体系的有机组成部分之一，首先从整体上对学前教育事业发展具有重要规范作用，这种规范作用具体体现在指引、评价、预测、强制与教育等方面②。学前教育法律能够为学前教育事业改革与发展的各个重要方面基本准则与制度的建立及其完善提供不可替代的保障，特别是包括学前教育专门法及相关基本法律在内的学前教育法律具有一般政策与制度规定所不

① Department of Education and Skills（DfES）. Early Years Foundation Stage（Direction of Travel Paper）. The Stationery Office（TSO），2005.

② 沈宗灵. 法理学（第二版）[M]. 北京大学出版社，2003：83.

具备的高位阶、强制性与权威性，因而为学前教育事业发展提供着多方面重要的刚性保障与规范。其一，学前教育法律对各级政府、学前教育主管部门及相关行政部门、学前教育机构、教育者、受教育者及其家庭等各类不同主体就学前教育事业发展中的一些关键性问题形成并强化正确认识和理解，具有重要的权威性指引与明示作用，特别是对形成关于学前教育价值与重要性、性质与地位等的正确理解与高度重视极为关键。其二，对学前教育政府职责的明确规定对于明晰各级政府在学前教育事业发展中的职责权限的划分、各级政府学前教育职责的范畴与重点、学前教育主管部门与相关部门的相应职责及其跨部门协调合作，以及各级政府、主管部门及相关部门的法律责任等，均提供了至关重要的法律依据和刚性保障。其三，只有通过高位阶的学前教育专门法及其相关教育基本法、财政拨款法的形式，明确各级政府的学前教育财政投入责任、学前教育财政投入渠道、学前教育财政预算及其重点领域等，才能够为学前教育事业发展提供切实有效的法律保障。其四，幼儿教师队伍建设是关系学前教育质量与持续、健康发展的又一重要方面，而无论是幼儿教师的身份、地位，幼儿教师的工资、待遇、培训等基本权益，还是幼儿教师的资格、职级制度，以及幼儿教师的奖励与法律责任等方方面面，无不需要相关法律规定的调整与明确。其五，弱势幼儿群体不仅在经济条件上处于弱势地位，他们往往同时是社会处境、教育条件，特别是社会参与、政策参与方面的弱势群体，从这个意义上来讲，弱势幼儿群体也是最急需通过法律规定保障其合法平等的学前教育权益的主体，而社会资源与政府财政并不会天然地倾向弱势幼儿群体，因此就必须通过学前教育法律强制性地规定各级政府及其相关主体在保障弱势群体学前教育权利方面的责任。总之，学前教育法律是学前教育事业发展不可或缺的刚性规范与根本保障。

（二）立法保障是国际学前教育改革与发展的重要趋势与经验

综观国际学前教育改革与发展的历史轨迹，特别是近年来学前教育立法进程，通过制定学前教育法律规范学前教育事业方方面面的发展与改革，促进学前教育事业依法健康、持续推进，是经实践证明的世界诸多国家和地区学前教育事业发展过程中非常有效而宝贵的经验，立法保障学前教育事业发展已成为当今国际学前教育改革与发展的一个重要趋势。

1. 世界诸多国家和地区通过立法保障学前教育事业发展

二战后，特别是 20 世纪末 21 世纪初以来，欧美发达国家，也包括亚洲的一些经济发达与较发达国家和地区、发展中国家，伴随着学前教育改革实践及其相关政策措施实际效果的逐步显现，对学前教育政策的法律化愈发重视，纷纷制定并出台学前教育法或与之相关的教育法。包括美国、英国、德国、法国、瑞典、芬兰、爱尔兰、葡萄牙、克罗地亚、澳大利亚、日本、韩国、朝鲜、印度、菲律宾及我国台湾等在内的发达和发展中国家和地区，都先后制定了专门的学前教育法或在相关教育法律及政策中辟专门部分对学前教育做出较有针对性和较为细致的规定。如，美国的《提前开始法》（HeadStart Act，1981）、《儿童保育与发展固定拨款法》（Child Care and Development Block Grant Act，CCDBG，1990）、《2000 年目标：美国教育法》（Goals 2000：Educate America Act，1994）、《不让一个儿童落后法》（No Child Left Behind Act，NCLB，2001）、《入学准备法》（School Readiness Act，2003），英国的《拨款法》（Appropriation Act）、《1988 年教育改革法》（Education Reform Act of 1988）、《2002 年教育法》（Education Act of 2002）、《2005 年教育法》（Education Act of 2005）、《1989 年儿童法》（Children Act of 1989）、《2006 年儿童保育法》（Childcare Act of 2006），德国的《日托扩展法》（Tagesbetreuungsausbaugesetz，TAG，2004）、《儿童及青少年救助发展法》（Kinder – und Jugendhilfeweiterentwicklungsgesetz，KICK，2005），法国的《教育指导法》（1989）、《教育法典》（Le code de l'éducation，2000），芬兰的《儿童日间看护法》（1973，1983），瑞典的《学前教育法》（1988），爱尔兰的《儿童保育法》（1991），葡萄牙的《学前教育法》（1996），克罗地亚的《学前保育与教育法》（1997），匈牙利的《幼儿教育法》（1953），澳大利亚的《儿童保育法》（1972，1985，1998），日本的《儿童福利法》（1944）、《教育公务员特例法》（1949）、《教育基本法》（2006）、《学校教育法》（2006），韩国的《幼儿教育振兴法》（1982），巴西《教育指导方针和基础法》（Lei de Diretrizes e Bases da Educação Nacional，LDB，1996）、《国家教育计划》（Plano Nacional de Educação，PNE，2001）、《国家学前教育政策》（Política Nacional de Educação Infantil：pelo direito das crianças de zero a seis anos à Educação，2006），印度的《国家教育政策》（National Policy on Education，1986）、《国家儿童政策》（National Policy for Children，1974）、《国家儿童宪章》（National Charter for Children，2003），菲律宾的《儿童早期保育与发展法》（The Early Childhood Care and Development Act，2002 年），朝鲜的《儿童保育教养法》（1976 年），以及

我国台湾地区的"教育基本法"（2006）、"教师法"（2006）、"教育经费编列与管理法"（2000）、"幼稚教育法"（2002）、"儿童及少年福利法"（2003）、"特殊教育法"（2001）和"儿童教育及照顾法草案"（2007）等。

与此同时，这些国家和地区纷纷建立了多层次、全方位的法律及政策体系，包括宪法、人权法、教育法、学校教育法、教育指导方针与基础法、拨款法、教师法、教育公务员法，专门的学前教育法、儿童福利法、科研促进法及相关政策等，从政府职能、财政投入、管理体制、教师队伍建设、学前教育公平等方面对学前教育事业中的重要问题和法律关系做出了明确规定，全面保障学前教育事业的持续健康发展。可以说，立法保障本国和地区学前教育事业已成为当今国际社会的普遍做法与重要趋势。

2. 立法保障学前教育事业发展是诸多国家和地区的宝贵经验

来自多个国家和地区的经验表明，通过制定和实施学前教育及其相关法律，学前教育的性质更加明晰，学前教育地位得到显著提升；各级政府在学前教育事业发展中的职责得到明确和强化，有效促进了各级政府之间及政府各相关部门之间的协调合作；学前教育财政投入得到有效保证并逐步递增；学前教育机构得到规范与有效监督，学前教育质量不断提高；幼儿教师身份、地位与基本权利得到切实维护，幼教队伍得到稳定和壮大，师资质量得到显著提升；弱势儿童群体的学前教育得到关注和保障，有效促进了学前教育均衡发展与教育公平的实现。其一，无论是美国、英国、德国、日本这些发达资本主义国家，还是巴西、印度和我国台湾等国家和地区，二战后特别是近十年间，上述世界主要国家和地区均表现出对学前教育前所未有的高度重视，而这种对学前教育的重视与通过学前教育立法形成并确立的对学前教育重要价值与功能的深刻理解与认同密不可分。特别是国家与地区层级的学前教育专门法，更无疑对在全社会范围内树立并强化正确的学前教育观，在全社会明确并深化对学前教育性质、重要价值与功能的深刻认识，提升学前教育的地位等具有积极的促进和法律保障作用。其二，通过制定和执行学前教育相关法规，世界主要国家和地区各级政府的学前教育职责得以进一步明确和不断强化，相关政府部门在学前教育事务中的协调合作具备了相关法律规范和依据，有力保障了这些国家和地区各级政府在发展学前教育事业过程中相关职能的切实履行和发挥。其三，加大学前教育财政投入是世界主要国家和地区学前教育法律规定的另一主要方面，也正是由于近年来这些国家和地区学前教育法律在不同程度上对政府的学前教育投入职责作出了明确规定，其学前教育实际财政投入逐年递增，并依法执行了学前教育拨款的预算单列制度，取得了较好实际效果。如美国、英国、德国、日本、巴西、印度等诸多国家的各级政府学前教育财政投入总额均不断增加。其四，在相关法律及政策的保障下，世界主要国家和地区幼儿教师地位不断提升、资质条件持续提高、工资与待遇等各项基本权利也进一步得到改善，所以这些国家和地区幼儿教师队伍不断壮大；得益于幼儿教师素质的提升、幼教师资队伍的稳定与壮大，其学前教育质量也得到更加有效而全面的保障。其五，抵抗与消除儿童贫困、保障每个儿童公平的权利，特别扶助弱势儿童群体，以促进整个社会的公正与均衡发展，也恰恰是当今世界主要国家和地区教育改革政策、学前教育立法的重要宗旨与主要目的所在。近年来这些国家和地区学前教育法律的实际效果正在显现，越来越多的学前儿童特别是来自贫困儿童等弱势群体的幼儿正在从中受益，其消除儿童贫困与社会排斥、促进弱势儿童群体权利实现与社会公平的目标也正在逐步实现。

（三）破解学前教育改革与发展困境，立法迫在眉睫

我国内地的学前教育事业总体上经历了新中国成立初期的迅速发展、20世纪70年代末的大力恢复，20世纪80年代至90年代中期长足发展，学龄前儿童入园率直线上升的重要时期；而随着20世纪80年代末至90年代的几次政府机构改革的逐步推进、政企逐步分开带来的企事业单位幼儿园改制，学前教育发展受到冲击；特别是20世纪90年代中后期开始，学前教育事业逐步下滑。近几年情况虽有所好转，但学前教育事业发展的整体状况仍令人担忧，学前教育事业改革与发展仍面临重重困境与复杂挑战。

1. 学前教育发展规模整体缩减，在各学段中发展最为缓慢

近十余年统计数据显示，20世纪90年代中期至21世纪初，我国内地学前教育机构数量、在园幼儿数、每十万人口平均在校数，以及学前教育入园率等反映学前教育总体发展规模与态势的重要指标均呈下降趋势，近几年虽有所回升，但仍不理想，一些指标仍未恢复到"七五"末水平。从园所数来看，1995年至2006年十余年间，幼儿园数量整体呈缩减态势：2001年幼儿园总数降至近十年来最低水平的11.17万所，此后几年有所回升，2006年上升至

13.05 万所，但仍未达到 1995 年的 18.04 万所①。同期在园幼儿数也出现明显下降，1997 年至 2003 年在园幼儿数从 2519 万人持续下降至 2004 万人，达到谷底，此后几年有缓慢回升，2005 年这一数字为 2179 万人，仍未恢复至十年前水平②。

特别是在近年来高等教育及高中教育迅速发展的大背景下，学前教育的发展速度尤显缓慢。教育部关于每十万人口各级学校平均在校生数的统计数据显示，高等教育和高中教育阶段的在校生数自 1990 年至 2006 年以来持续增加，尤其是高等教育阶段该指标值的增加甚至可以用"骤增"来形容，已由 1990 年的 326 人增加至 2006 年的 1816 人，是十几年前的 5 倍多。也正是在 2006 年，高等院校每十万人平均在校生数历史性地首次超过了同年学前教育阶段的这一数字。而与此成鲜明对照的则是学前教育阶段幼儿在园数的持续下降，2003 年更是降至每十万人仅有 1560 名幼儿在园的该时期最低水平。2004 年至 2006 年这一数字虽有回升，但与高等教育、高中教育阶段在校生数量的迅猛增加相比尤显缓慢，2006 年仅为 1731 人③，比同年高等教育阶段的这一数字还少 85 人。

2. 学前教育管理力量薄弱、管理责任混乱，学前教育质量与安全问题突出

当前学前教育行政管理中存在管理力量薄弱，以及"多头管理"、"越位管理"与"管理真空"等责任混乱等问题，严重影响着学前教育机构的健康发展、学前教育质量的保证与提升，以及幼儿园安全保障等的实现。首先，各级教育行政部门学前教育管理力量严重不足。一方面是随着改革的深入、体制的转换，新问题、新矛盾不断出现，教育部门的管理责任和任务成倍增加，但另一方面目前各级教育行政管理力量却被严重削弱④，难以履行基本的行政管理职能，更无法有效面对一些新情况、新问题制定和实施有效的政策和措施。并且，随着近年机构调整和干部交流等的进行，很多幼教管理干部并没有学前

---

① 中国教育部教育统计数据 . http：//www. moe. gov. cn，登录日期：2008 年 4 月 .
② 中国教育部教育统计数据 . http：//www. moe. gov. cn，登录日期：2008 年 4 月 .
③ 中国教育部教育统计数据 . http：//www. moe. gov. cn，登录日期：2008 年 4 月 .
④ 庞丽娟 . 制定《学前教育法》，迫在眉睫——再次呼吁制定《学前教育法》. 全国人民代表大会议案，2005.

教育专业背景，难以适应幼教管理工作的需要①。这样的管理力量根本无法适应当前幼儿教育事业发展的复杂形势，严重削弱了对幼教事业的领导与管理，难以有效地发挥管理职能，影响了学前教育质量基本水平的保证与进一步提升。

其次，近年来民办园、街道园、私立园、合资园、独资园等各种社会力量办园快速发展，但相应教育行政部门的职责条块分割、管理混乱，在相当程度上存在着批管分离、多头管理、越位管理，或"管理真空"的问题。例如，社会力量办园实行民政部门审批、教育部门管理的"批管分离"现象，同时也存在着民政部门违规收取幼儿园高额年检费、工商部门按照企业给民办幼儿园登记注册的"越位管理"，更有大量"黑园"尚处于暗箱操作、无人问津的"管理真空"地带。由此，对这些幼儿园的承办者资格、办园条件、教师资质、登记注册、收费标准、办园质量、视导评估和管理等等诸多方面均缺乏有效的监管与规范，更谈不上应有的学前教育质量的保证与提升，甚至出现近年来连续发生的房屋倒塌、食物中毒，甚至管理不善导致幼儿死亡②等严重安全事故，学前教育机构的质量与安全保障问题日益凸显。

3. 学前教育经费严重匮乏，财政性经费布局不合理

我国内地 0~6 岁的学龄前儿童多达 1 亿，约占世界同龄儿童总数的 1/5，3~6 岁幼儿也多达 6000 多万人，在园幼儿数 2006 年达 2263.85 万人，而学前教育经费投入总量及其占教育经费的比例等重要指标均长期偏低。尽管学前教育经费总量一直在增长，但此增长却不足以改变当前学前教育经费严重匮乏的窘境，我们必须将学前教育经费总量的增长置放于一个较长时期，特别是置放于整体教育经费增长的大背景下来考察，由此不得不关注以下几个方面的问题：

首先，学前教育经费占全国教育经费总额的比例长期偏低。尽管 2004 年学前教育经费已达到 85.4 亿元，但学前教育经费占整体教育经费的比例始终没有明显增加，反而近几年又略有下降，近十几年来，该比例最高也仅止于 1.4%的水平，而 2003 年、2004 年又降至 1.2%和 1.28%，可以说，学前教育

① 储朝晖. 中国幼儿教育忧思与行动 [M]. 南京师范大学出版社，2008：178.
② 陈新，刘浩. 全市清理整顿黑幼儿园 [N]. 西安日报，2007~11~17（002）；国家教育督导团关于幼儿教育专项督导检查公报 [N]. 中国教育报，2005~7~11（003）.

经费占整体教育经费的比例多年来徘徊于 1.2% ~ 1.3% 这一非常低的水平上。这一数字不仅低于世界主要国家和地区的平均水平 3.8%①，也远远低于一些发展中国家，巴西、墨西哥、泰国等发展中国家学前教育经费占公共教育经费的比例已分别达到了 5.1%、8.9% 和 16.4% 的高水平。特别是俄罗斯每年用于教育事业的国家财政预算中，学前教育部分占近 20%，甚至高于其高等教育经费总额②。其次，财政性预算内教育经费占学前教育经费总额的比例不增反降。中央财政中长期以来没有专项经费用于学前教育，相应地，各省、市、县也少有或没有学前教育的专项经费，年度财政预算中没有将学前教育投入单列，致使事业发展缺乏基本财政保障。1993 年至 2004 年间，财政预算内教育经费占学前教育经费总额的比例也不增反降，1993 年为 59.3%，1995 年 58.1%，2000 年则降至 55.6%，2002 年开始略有回升，但 2004 年这一数字为 58.8%，仍低于 1993 年水平。与此同时，包括学杂费收入的学前教育事业费则逐年递增，2004 年该项目所占学前教育经费总额的比例已达 33.1%，是 1993 年这一数字的 2.3 倍③。这意味着近十余年来，学前教育事业发展的经费来源越来越多地依赖于向幼儿家长所缴纳的学杂费等费用，而政府财政支撑的力度则不增反降。再次，学前教育财政性经费布局不合理。依据目前的财政投入渠道，财政性学前教育经费主要投向少部分教育部门、其他政府部门及事业单位的幼儿园，而真正大量存在的集体园、农村园等并不在此经费保障之列，这对于学前教育事业整体、均衡发展极为不利。第四，学前教育经费增长幅度显著放缓。1993 年至 2003 年十年间，学前教育经费增长的自身速度也明显放缓。20 世纪 90 年代中期前后，学前教育经费比上年增长的百分比都保持在一个较高水平上，1993 年至 1996 年这一数字分别是 111.9%、42.4%、23.5%、19.8%，而从 1999 年开始这一增长速度明显下降，连续数年在百分之十几的增长速度，2003 年学前教育经费比上年仅增长 10%④。学前教育事业正面临着经费总量严重匮乏与财政投入分配不合理等多方面问题，已严重影响和制约我国内地学前教育事业正常发展。

① 刘明远. 幼儿园教育纳入国民教育体系刍议 [J]. 早期教育，2005 (6)：4~6.

② 韩小雨. 制约我国学前教育城乡均衡发展的政策分析及对策研究 [D]. 北京师范大学博士学位论文，2007：78.

③ 储朝晖. 中国幼儿教育忧思与行动 [M]. 南京师范大学出版社，2008：238.

④ 储朝晖. 中国幼儿教育忧思与行动 [M]. 南京师范大学出版社，2008：236~237.

4. 幼儿教师身份不明、待遇差、培养与培训体制不健全，队伍极不稳定、素质严重滑坡

幼儿教师身份不明、编制不落实、地位不高是我国内地幼教师资队伍建设中最首要也是最根本的问题所在。2001 年，国务院办公厅、中编办和财政部共同发布的关于中小学教师编制的文件中，没有包含幼儿园教师，一些地方官员由于缺乏对学前教育的正确认识和政策法律观念，在实施中甚至将公办幼儿教师排除在国家教师行列之外①。没有编制、编制不足，幼儿教师与小学教师混合核编而导致的挤占、缩编，甚至取消、转移幼教编制至小学，以及一些保育和后勤岗位有编无人，同一园所内少量在编教师与大量合同制教师共事且"同工不同酬"等现象大量存在②。并由此带来了幼儿教师基本工资、福利待遇无法得到明确和保障，水平偏低，工资、医疗与保险等社会保障和培训等一系列问题也长期得不到妥善解决，更无法依据"不低于公务员水平"的标准来衡量，加之缺乏专业发展机会，导致了幼儿教师队伍的职业吸引力差、流动频繁。2003 年间学前教育专任教师数降至谷底，比 2000 年该数字减少 24 万余人③，降幅达 28.2%，这意味着 2000 ~ 2003 年间，每 3 ~ 4 名幼教专任教师中即有 1 人离开幼教队伍。这一方面无疑严重影响了幼教师资队伍的稳定与壮大，另一方面对保证和提升有教师资水平也极为不利，进而严重危及学前教育发展的总体质量。并且，随企业转制的大批幼儿园教师丧失了原有教师身份，相应工资、待遇、保险、培训等各项基本权益均随之无着，严重伤害其从事幼儿教育的信念与热情，给幼教师资队伍带来极其不稳定的因素。特别是占幼儿教师总数 80% 的广大农村幼儿教师，长期以来没有明确的教师身份，既不属公办教师，也不属民办教师，且农村幼儿教师工资极低，有些地方的农村幼儿教师每月只有 200 ~ 400 元工资收入，仅相当于当地在编公办教师工资的 1/5 左右，而且没有任何养老和医疗保险④。如此状况，严重地影响到农村幼儿教师队伍的稳定与发展。

与此同时，幼教师资的培养与培训制度也存在一系列问题。仅从幼儿教师

① 庞丽娟. 制定《学前教育法》，迫在眉睫——再次呼吁制定《学前教育法》. 全国人民代表大会议案，2005.

② 储朝晖. 中国幼儿教育忧思与行动［M］. 南京师范大学出版社，2008：93.

③ 中国教育部教育统计数据. http://www.moe.gov.cn，登录日期：2008 年 4 月.

④ 储朝晖. 中国幼儿教育忧思与行动［M］. 南京师范大学出版社，2008：118.

的学历层次来看，近年来我国内地幼教师资的学历水平普遍提升，2005年幼儿教师中研究生毕业人数为1175人，本科毕业达5万余人，而这两项指标在2000年的统计数据中仍为零；相应地，幼教师资中高中毕业水平的人数由2000年的74万余人已经降至2005年的38万余人。幼教师资学历水平的普遍提升固然是好事，但与此相伴也产生了一些新问题。随着全国三级师范向两级师范的改革潮流，目前中等层次幼师院校逐年递减，而越来越多的中等职业学校、大专院校开始设立学前教育专业，但实践表明，这些毕业于大专院校具有高学历的学前教育专业毕业生的综合素质并不一定高于先前的幼师毕业生，一些学生还出现所学与所用相互脱节、重理论素养轻实践技能，以及工作不安心、浮躁等不良现象，在一些诸如幼儿教育特性所需的吹、拉、弹、唱、舞、绘等基本技能方面，拥有高学历并不一定真正具有上述教学技能和综合素质优势①，这也构成当前幼教师资队伍建设与师资综合素质提升中亟待关注和应对的重要问题之一。

5. 学前教育发展不均衡，弱势群体受教育权未获有效保障

目前我国内地学前教育发展还存在着明显的区域差异和城乡差异，很多贫困地区及弱势幼儿群体的学前教育缺乏经费支持，严重影响了学前教育事业的均衡发展与弱势幼儿群体受教育权利的实现。首先，农村学前教育是学前教育事业的重要组成部分，没有农村学前教育的发展，就谈不上学前教育的整体普及与学前教育质量的全面提高，而目前我国内地农村的学前教育状况堪忧，学前教育的城乡差距十分显著。尽管农村幼儿规模远远超过城市幼儿数量，但2005年农村幼儿园数量占全国园所总数的比例为48.4%，农村在园幼儿数占在园幼儿总数的46.7%②，均低于城市学前教育相应水平，农村目前还有70%以上适龄儿童没有机会接受学前教育③，反映出城乡学前教育入学机会的不均衡。与此同时，城乡学前教育质量也存在巨大差异。以幼儿教师数量及其学历水平构成为例，2006年农村幼儿教师总数仅为23万，是城市幼儿教师总数的约1/4。城市幼儿教师中大学本科及以上学历的教师占7.4%，而农村幼儿教师中具有大学本科及以上学历的比例仅占2.7%，而高中毕业及以下学历

① 储朝晖. 中国幼儿教育忧思与行动［M］. 南京师范大学出版社，2008：91.
② 教育部发展规划司. 中国教育统计年鉴（2005年）. 人民教育出版社，2006.
③ 庞丽娟. 尽快制定《学前教育法》. 全国人民代表大会议案，2006.

的幼儿教师占我国农村幼儿教师总数的比例则高达67%，占2/3以上。其次，由于幅员辽阔，不同地区社会经济发展水平有差异，学前教育在不同地区间的发展也呈现不均衡的态势。东部经济较发达的地区和中西部地区，特别是西部老少边穷地区之间的学前教育事业发展存在着显著差异。此外，经济欠发达地区大量的学龄前留守儿童、发达地区及城市中经济条件较差家庭的幼儿的学前教育权利未能得到充分保障和实现，其学前教育问题日益凸现，亟待解决。

上述我国内地学前教育改革与发展中的种种问题和挑战既有已存在一定时间的长期性、顽疾性的老问题，也有随社会经济改革而出现的新问题、新情况，无论是新问题还是老问题都已经严重制约和阻碍着学前教育事业的发展。而这些问题在某种意义上仅是学前教育事业非健康发展的一系列症候，即在这些困境与症候的背后还有更加深层次、更具根本性的"病灶"和"症结"。其中，涉及学前教育事业发展问题的诸多方面均缺乏有效法律依据和保障，是带有根本性、全局性、深层次的症结所在，即学前教育性质、地位不明确，学前教育政府职责不明晰、中央政府职责不到位，学前教育财政投入体制与成本分担不健全、地方政府事权与财权不对称，幼儿教师身份、地位不明确、无保障，编制不合理是当前制约学前教育健康、持续发展的重要根本原因，而学前教育法制不健全直接导致上述方面法律规定的缺失或不明确、不完善。因此，缺乏有效的法律依据和保障是当前学前教育事业中诸多问题产生，特别是一些关键性问题无法得以明确、缺乏依据，长期以来难以破解的"病根"所在。

目前，我们有《幼儿园管理条例》、《幼儿园工作规程》等专门的学前教育法规，以及《中华人民共和国宪法》（简称《宪法》）、《中华人民共和国教育法》（简称《教育法》）、《中华人民共和国教师法》（简称《教师法》）、《中华人民共和国未成年人保护法》（简称《未成年人保护法》）、《中华人民共和国民办教育促进法》（简称《民办教育促进法》）等多部与学前教育相关的法律。上述法律法规中从不同方面对学前教育事业发展做出了相应规定，客观地说，这些法律规定对学前教育事业的发展与改革提供了法律依据与保障，起到了积极的作用。但上述法律也存在一些不足，特别是随着一些新情况、新形势、新问题的出现，现有的学前教育法律已经远远无法满足学前教育事业发展的新要求，无法在学前教育发展中充分有效地发挥其法律作用。首先，专门的学前教育法规较少且法律位阶偏低。目前《宪法》、《教育法》、《教师法》、《未成年人保护法》、《民办教育促进法》等多部法律中均在不同程度、从不同方面涉及学前教育，但真正专门针对学前教育制定的法律法规很少，且法律位阶较低。1990 年 2 月 1 日实施的《幼儿园管理条例》可以说是目前现有法律法规中就学前教育领域而言法律效力最高的一部法规。它是各省、自治区、直辖市人民政府制定相关法规的重要依据之一。但与教育基本法和单行法相比，其法律效力层级仍然较低，且《教育法》所规定的四个学段的学制教育只有学前教育还没有上升为国家法律；其次，与学前教育相关的法律法规中针对学前教育的专门规定较少，且规定不到位。目前有一些具有较高法律效力的法律如《教育法》、《教师法》、《未成年人保护法》等，其中对学前教育的一些基本问题和大的方面做出了规定，但由于这些法律制定的根本宗旨和意图并不针对学前教育，因而即使有所涉及也并不充分细致，往往只涉及和该法相关的很小一部分内容，或将学前教育相关事项笼而统之地包含在其他用语中加以阐述，由此造成了学前教育法规的缺乏、零散、含混以及边缘化；再次，现有学前教育法律规定的全面性、适切性及时效性均较差。其一，以《幼儿园管理条例》和《幼儿园工作规程》为主的现有学前教育法律在所规定的内容上存在缺失。就学前教育法规所调整的法律关系和法律关系主、客体来看，仅有的两部全国性法规均以幼儿园工作和管理为主要切入点和侧重点，对幼儿园与相关教育行政部门、幼儿园与教职人员等关系规定的较多，对教师职责、幼儿园审批与日常管理规定较多，而对政府与幼儿园、幼儿园与社会、幼儿园与家长、教师与幼儿等重要关系，对幼儿园的地位与权利，对教师的地位、权利与待遇，对幼儿的权利等重要方面没有或少有相关规定；其二，这两部法规从开始实施到后来的相当长一段时期内的确对学前教育事业发展起到了重要的法律保障作用，而这十几年间，社会经济飞速发展，人民生活环境大为改观，人们的思想观念和行为习惯也发生了很大变化，教育及连带领域随之出现了许多新情况和新问题，已经超出了当时制定法规时所考虑的社会背景和环境，时至今日再来审度某些内容和条款，不免存在用语界定不明确、规定不细致、不合时宜等问题。综上，正是由于学前教育法律的缺位与滞后——总体上存在"三少一无"的缺憾，即学前教育专门法规少、相关法律法规中对学前教育的专门条款少、高位阶的学前教育法规少；没有学前教育基本法，即尚未制定和出台《中华人民共和国学前教育法》，学前教育事业的改革与发展在很多方面缺乏基本的法律规范与秩序，由于缺乏必要的法律依据与规制，这种发展的困境又很难打破。

当然并非所有的社会问题、教育问题都必须通过立法加以解决和规范，但目前我们的学前教育事业改革与发展中所面临的这些重大问题，其背后所反映出的更深层次的则是在学前教育事业中的公益与私益、权利与义务、放权与规制之间的博弈与平衡。而这几对关系的平衡并不可能自动实现，甚至在当前的学前教育事业发展过程中到底应该如何理解、明确上述概念及其关系尚不明晰，缺乏统一、权威、刚性的价值引导与规范性阐释，而这恰恰是法律所需要的，也能够加以明确和规范的。特别是在我国经济体制改革、社会转型的大背景下，学前教育改革正在利益分配、赋权与履责、放权与规制等等不同层次交叠复杂的关系与问题中推进，而在此过程中，应该对上述关系与问题作出最基本规定与规范，应该为全国学前教育改革与发展提供基本保障的法律却明显缺位，而法律所起到的对学前教育性质、地位作出体现国家意志与主流价值取向的定位与规定的作用，对学前教育领域政府、市场、机构、教师、儿童及家庭等多方利益主体各自地位、权利与义务，及其相互之间关系与利益分配格局的明确与规范等作用，显然是未经法律化的制度或政策所力所不及的，单凭人治与制度建设而没有相应的法律约束、规范与强制也是不足以确立学前教育改革与发展的基本秩序与规则的。因而必须有具有更高位阶的国家层级的学前教育法律出台，使一些问题得以通过法律的形式加以明确，使一些已经被实践证明是有益有效的政策措施能够上升到法的高度得以刚化，也使上述诸多方面的问题得以放在全国的范围内，放在国家利益的高度上通盘考虑，统筹规划。

也正是基于上述思考和分析，如何完善我们的学前教育法制，特别是如何尽快制定并出台学前教育基本法并在其中对学前教育事业发展中带有全局性、根本性与关键性的重要方面做出全面、细致、明确、合理的规定，以促进学前教育事业的依法治教、有序改革与持续、健康发展，即构成本研究所要探讨和回答的重要命题，也是本研究的原点与归宿。如前所述，世界诸多国家和地区在此方面已经做出了非常多的有益尝试，并积累了较为丰富的立法经验，非常值得我们在学前教育法制建设过程中深入研究与合理借鉴。

二、国际学前教育法律之研究的依据和基础

对相关研究及其进展的系统梳理不仅有利于我们更好地把握该领域研究的现状，以期借鉴和吸收其中的有益成果；而且也有助于我们深入分析当前研究

存在的问题与不足，为更具针对性地开展本研究提供重要参考。通过对近二十几年来国内外学前教育法律研究领域的主要研究及其成果进行梳理和概括发现，国内外学者就教育法律的基本概念，相关教育法律的个案、专题、比较，特别是针对国际学前教育法律的立法背景、法律规定的主要内容与特点及其法律效果等方面进行了较为广泛的研究，为本研究的进一步深入奠定了较好基础，同时也存在一些不足和有待完善的方面。通过对这些研究文献的梳理和分析，力求把握国内外关于学前教育法律研究的基本内容，了解当前学前教育法律研究的进展、趋势与问题、不足，为本研究的开展提供重要基础和借鉴。

（一）关于国际学前教育立法背景与宗旨的研究

法律作为一项极其复杂的事务或一套极为复杂的系统而言，其内部不仅存在着相互联系的多个层次的多种要素，该系统也与其他系统具有紧密而深刻的联系。作为国家意志的集中体现，社会物质生活条件与经济关系是法律的最终决定因素，政治、文化、科技、历史传统、民族、宗教、人口与地理环境等等均对法律具有重大影响，正是来自上述各方面的因素决定了法的本质，构成了法律制定的重要背景。因此，研究法律就不能不对立法背景加以探析和研究。首先，国内外学者针对某区域或国家学前教育法律制定的具体背景进行了专门性考察与个案研究。总体上来看，这些研究均反映出学前教育法律的制定与以下几个方面的背景因素有着密切联系：一是一国或地区社会政治、经济、文化与传统等构成的大环境，特别是国际竞争日趋激烈及经济全球化趋势对学前教育发展的需求与影响；二是该国或地区教育发展的历史演进，特别是当前教育改革的基本取向与诉求在学前教育领域的体现，以及对学前教育改革提出的新要求；三是该国或地区学前教育事业发展中的现实问题、主要困难、改革现状及其趋势。

其次，对学前教育立法背景的个案研究是当前国际学前教育立法背景与宗旨研究的重要组成部分。主要包括对美国《2000年目标：美国教育法》、《不让一个儿童落后法》、《提前开始法》，英国《儿童保育法》，爱尔兰《儿童保育法》，日本《教育基本法》、《儿童福利法》、《教育职员许可法》，韩国《教育法》，我国台湾地区的"师资培育法"等学前教育法及相关教育法律制定背景的分析（Druger，1994；Riley，1995；Hyun，2003；Boehner，Castle，2005；Linsey，McAuliffe，2006；Glendenning，1998，1999；徐云，2002；林大镐，2001；陈世兴，吴端阳，1998）。目前在该方面看到的最早且比较深入、系统的研究是美国斯坦福大学 Forgione 的博士学位论文。Forgione 对美国的学前教育法律制定的决策过程及 20 世纪 70 年代初美国的学前教育法律状况进行了研究，特别选取了西弗吉尼亚州、加利福尼亚州和佐治亚州作为典型个案，分别对这三个州的学前教育立法的社会政治、经济、文化大背景，政治决策环境，学前教育立法改革的背景、启动及其立法决策过程进行了深入分析，并在上述几个方面展开比较研究（Forgione，1977）。同时，有学者对 20 世纪 80 年代以来美国教育改革背景、特别是美国联邦政府在教育事务中的作用，以及美国教育中的突出问题进行了分析，认为美国《不让一个儿童落后法》的顺利通过并生效正是美国联邦政府在全国教育事务特别是学前教育和中小学教育中作用日益凸现的集中反映，也是解决美国基础教育领域现存问题的迫切需求①。韩国学者林大镐对包括学前教育法律规定在内的韩国教育法律体系的全面修订的背景从三个方面进行了分析：首先是近 50 年中韩国教育法的历次修订及近年来韩国教育改革的基本取向；其次是原有教育法存在的问题与不足；第三是反映 21 世纪教育改革基本精神的韩国教育法修订的基本方向②。

　　再次，相关学者对世界主要国家和地区学前教育立法的主要宗旨展开个案研究。主要包括国内外学者对美国《2000 年目标：美国教育法》、《不让一个儿童落后法》，英国《1988 年教育改革法》、《2004 年儿童法》，日本《教育基本法》、《儿童福利法》、《生活保护法》，朝鲜《儿童保育教养法》，巴西《教育指导方针和基础法》等法律的立法宗旨研究（赵华民，2000；Armaline，Levy，2004；易红郡，2003；Penna，2005；李麦浪，1997）。如，阎光才将《不让一个儿童落后法》的宗旨概括梳理为四点：为学生父母提供新选择；压缩联邦政府基础教育项目的数量，以保证资金和提高教育质量；给州和地方学区更多自由和灵活性，以保证联邦拨款的利用率；促进有效阅读教学方法的实施，以提高美国儿童的阅读能力；实施州阅读和数学测验，以对这些方面有困难的儿童实现早发现早干预。冯志军对日本《教育基本法》的民主主义立法宗旨进行了分析，认为日本二战后教育法深受美国影响，美国式的民主思想成为日本教育法的宗旨，日本《教育基本法》的制定及遵从其确立的若干法律

---

① 赵中建. 从教育蓝图到教育立法——美国《不让一个儿童落后法》评述 [J]. 教育发展研究，2002（2）：44～47.

② 林大镐. 面向21世纪——韩国教育法体系的全面修订 [J]. 比较教育研究，2001（4）：13～17.

原则而制定的众多教育法规，也都是这一立法宗旨的体现。巴西《教育指导方针和基础法》的出台旨在通过对联邦、州和市镇在教育事务中角色与责任的重新定义，为巴西教育体制改革的顺利推进提供有利、适宜的大环境和法律支持。Souza 对巴西制定该法的宗旨进行了详细阐释和评析① （Souza，2001）。

（二）关于国际学前教育法律规定主要内容与特点的综合研究

学前教育法律规定的主要内容与特点是学前教育法律研究的重要方面，国内外学者已对世界上一些主要国家和地区专门的学前教育法及相关法律规定的内容与特点展开了比较广泛的研究，其中即包括对某个区域、国家、地区多部学前教育法律或某一部学前教育法律涵盖多个方面规定及其特点的综合性研究。

关于国际学前教育法律规定主要内容与特点的综合性研究较少，主要有两类：第一类主要以一些国际组织对某个区域（如东南亚地区）、某些国际组织成员国（如 OECD）或同质国家（如 E-9 国家）的综合研究报告为代表，这类研究相对较少；第二类是对某个国家某一部学前教育法各方面法律规定及其特点的较为全面的研究，这类研究较第一类多一些。前者如联合国教科文组织（UNESCO）在一项对当今世界九个人口大国学前儿童保育与教育的研究中，对孟加拉、巴西、中国、埃及、印度、印度尼西亚、墨西哥、尼日利亚和巴基斯坦这九个国家学前教育保育与教育法律中有关政府部门合作机制、幼儿教师资质要求及学前儿童入学年龄等方面规定进行了较为系统的比较分析（UNESCO，2003）。UNESCO 的另一项调研报告则对泰国、菲律宾和越南这三个东南亚国家的学前教育保育与教育法律规定的主要内容及其特点进行了分析，涉及财政投入、机构设置、质量保障与家庭参与等主要方面（UNESCO，2004）。我国学者史静寰从比较研究的角度，对美国、加拿大、英国、法国、德国、俄罗斯、瑞典、匈牙利、西班牙、澳大利亚、新西兰、印度、韩国、朝鲜、巴西、墨西哥、苏丹、埃及、南非等多个国家学前教育发展进行了研究，其中就包括了对这些国家和地区学前教育法律规定及其特点的分析与思考（史静寰，2002）。后一类研究如阎光才对美国《不让一个儿童落后法》规定的主要内容进行了概括与简要分析（阎光才，2002）。Riley 对《2000 年目标：

---

① Souza，Paulo Renato. Education And Development In Brazil，1995～2000. Cepal Review 73，2001（4）：65～80.

美国教育法》的主要规定进行评述，并对其规定所体现出的促进学前学习准备、提高学业评价标准及扩充师资队伍与提升教师素质等方面的特点进行了分析（Riley，1994）。我国学者赵会民也对该法在国家领导职责、教育质量标准及其评价、对家长参与的支持、教育研究与改革等方面的规定进行了梳理，并对其特点进行思考和分析，认为对"到 2000 年所有儿童在入学前都做好学习准备"等美国教育改革目标的规定是该法的核心，在全法中居于主导地位（赵华民，2000）。Linsey 和 McAuliffe 对英国《2006 年儿童保育法》的主要内容进行了概括，认为该法中对英国婴幼儿保育与教育的规定是 2004 年英国政府发布的"英国儿童保育十年战略"政策的法律化，这些法律规定体现着促进英国全面实现灵活的、可获得且可负担的高质量儿童保育与教育服务的特点（Linsey，McAuliffe，2006）。国内学者还对朝鲜《儿童保育教养法》在学前保育与教育的地位与宗旨、经费投入、保育与教养质量、教育教学的内容与形式、保育与教养人员的职责与资格要求，以及儿童保育与教养机构的设置及其管理这六个方面规定的主要内容及其特点进行了较为全面的评介（李麦浪，1997）。此外，Poole 对英国《1944 年教育法》及其历次修订案中关于中央及地方管理职责、财政投入、学校内部管理、教师等方面的规定及其特点进行了较为系统、全面的梳理与分析（Poole，1988），虽然并不针对学前教育，但对开展我们的研究也很有帮助。总体来看，综合研究中对法律规定内容的比较分析与特点的综合概括较为侧重。而后一类对某个国家或地区某部学前教育法律内容及其特点的研究中，则大多偏重于对法律规定内容的介绍和梳理，对其特点的提炼与分析相对较为表浅和欠缺。

国际学前教育法律主要内容与特点的专题性研究则相对较多，主要涉及政府与相关部门在学前教育事业发展中的职责，学前教育财政投入，幼儿教师队伍建设，幼儿受教育权；幼儿家长等主要方面；而对学前教育性质、地位与宗旨，学前教育质量督导与评价，及学前教育科研规定内容及其特点的研究相对较少。

（三）关于国际学前教育法律中政府职责规定与特点的研究

许多国家和地区的学前教育法律均对政府职责及其相关方面做出了规定，对此，国内外学者主要是结合具体的学前教育法或相关法律，从以下三个方面进行了研究：其一是对政府特别是中央政府在学前教育事业发展中职责的规定及其特点的研究。如，对美国《2000 年目标：美国教育法》、《不让一个儿童落后法》和《提前开始法》等法律中关于联邦政府在制定规划、统一全国课程评价标准、加强教师队伍建设、照顾弱势儿童群体，以及各州和地方政府贯彻绩效责任制度以提升美国学前教育和中小学教育质量等方面职责规定的研究（Barnham，1993；Peters，1994；Neuman，2003）；其二是对相关政府部门，特别是教育主管部门在学前教育事业发展中职责的规定及其特点的研究。如，在融合儿童保育与教育的改革进程中，研究者对巴西《教育指导方针和基础法》中关于巴西教育部管理职责规定的分析（Choi，2006）；其三是对促进各部门之间协调合作的规定及其特点的研究。有代表性的如对英国《2006 年儿童保育法》中关于中央政府与地方政府之间，政府教育、福利、卫生、安全等各相关部门之间分工合作的法律规定的研究（Devenney，Sendra，Stalham，Foreman，2006；Sestini，2000）。此外，也有对政府及相关部门在包括学前教育在内的教育事业发展中职责法律规定的带有一定综合性与概括性的研究，如对美国多部学前教育法律中政府职责规定及其特点的梳理与分析研究（沙莉，庞丽娟，刘小蕊，2007）。其四，教育主管部门及相关政府部门在本国学前教育发展中的职能规定与特点也是研究涉及的一个主要方面。当前该方面研究的焦点有两个：一是教育部门在学前教育方面的职责与任务；二是教育主管部门及相关政府部门在学前儿童教育与保育相互融合、一体化中各自的角色与职能定位，这一点在许多保教分离的福利国家更加突出。例如有学者就对英国《2006 年儿童保育法》中相关规定及其该法颁布前后英国教育与技术部和劳工部在学前教育与保育整合化的政策与法规制定中的职责分工与合作等进行了分析和研究（Linsey，2006）。

此外，来自教育法学基本理论的著述也为我们理解和把握在学前教育法律中关于政府及相关部门职责及其协调合作方面的规定与特点非常有启发。如Valente 对美国学校法进行了较为系统的研究，并从联邦政府教育利益的角度出发，对美国联邦政府在教育发展中的职责规定的宗旨与基本目的进行概括：即通过发展教育，保护民权并促进为提高国家福利所需的培训与教养。同时还特别对美国联邦政府在通过发展公共教育保护民主自由、促进影响国家安全与经济发展的课程实施、承认并保障家长参与教育的权利，以及保障学生与教师的权利等方面的职责规定进行了梳理和特点分析（Valente，1994）。

（四）关于国际学前教育法律中财政投入规定与特点的研究

教育投入是教育存在和发展的必要条件，用于教育活动的人力、物力和财力的总和，通称教育投入，其中所说的财力是人力、物力的货币表现，因此，从这个意义上说，教育投入就是教育费用的投入。幼儿教育财政投资决策和立法过程的完善程度直接决定了幼儿教育财政投资和财政政策的合理性（蔡迎旗，2005）。当前研究对这方面有广泛涉及，包括关于政府学前教育财政投入职责、投入体制与经费来源、财政投入决策过程、投入规模与分配、经费获得机制、资金监管以及对弱势儿童群体的投入倾斜等方面法律规定的内容及其特点的研究。

尽管幼儿教育事权与财权统一，行政管理体制和财政投资体制合一是世界各国幼儿教育管理的基本特征（蔡迎旗，2005），但对一些国家学前教育法律规定的研究表明，由于学前儿童保育与教育在一些国家的分离状态，因此，对学前教育财政经费来源的法律规定中会呈现两个或多个政府渠道（UNESCO，2003；Linsey，2006）。武学超对《不让一个儿童落后法》中关于联邦政府对包括学前教育在内的教育项目拨款的数额、资助方式等规定进行了分析，并对由于这些规定存在的缺陷与不足而引起的各州和地方学区对联邦政府的不满乃至诉讼问题，进行了介绍与评析（武学超，2005）。我国学者对韩国《生计保护法》中有关对弱势儿童群体实施财政资助的规定进行了研究。同时，通过对我国《行政许可法》及其相关行政审批法规的分析，有研究者认为这些法规对学前教育财政投入决策的行政过程同样具有法律约束作用（蔡迎旗，2005）。美、英、日、韩等先进国家在这方面的法律规定，仍然是研究的焦点。特别是，由于美国学前教育成文法律具有拨款法性质，其中对学前教育投入方面的规定相对较多，因此也有较多的国内外学者对美国学前教育法律中有关投入的规定及其特点进行梳理、分析。

（五）关于国际学前教育法律中幼儿教师队伍建设规定与特点的研究

优质的幼儿师资队伍是学前教育事业健康发展不可或缺的必要条件和重要保障。目前美、英、日、韩等先进国家在相关法律中对幼儿教师的权利、职责、资格要求、待遇、培训与考核、奖励等方面均有不同程度的规定，但通过对文献的查阅，发现对上述规定的专门研究并不多，而多为论述其他教育问题时顺带提及或简单评介。但对其他学段教师特别是中小学教师相关法律规定的研究可以为我们提供一定的理论基础和启发。上述对相关法律中幼儿教师及中小学教师各方面规定及其特点的研究主要集中于四个方面：一是关于教师职责与权利的规定；二是关于教师资格要求的规定；三是关于教师培养、培训与专业发展的规定；四是关于教师待遇的规定。

首先是关于教师职责与权利规定及其特点的研究。结合相关判例，Valente 对美国教育成文法中有关教师权利与义务的规定进行了系统梳理和分析（Valente，1994）。Poole 对英国《1944 年教育法》及其修正案中关于教师职责的一般要求（general statutory requirements）与特殊要求（particular statutory requirements），以及教师组织和加入专业协会、保证工作健康与安全、享受产假等基本权利的规定进行了较为系统的研究（Poole，1988）。其次是关于教师资格要求规定及其特点的研究。学者们对美国《高等教育法》、《不让一个儿童落后法》、印第安纳州《教师资格法》，英国《1988 年教育改革法》，韩国《教育法》、《教育公务员法》、《教师公务员资格鉴定令》、《教师资格鉴定令》等多部学前教育法或与之相关的法律规定进行了研究。如，对美国《高等教育法 1988 年修正案》中所增加的"实施选择性教师资格证书，提升教师质量"规定的研究（周钧，2003），对《不让一个儿童落后法》中"高质量教师（highly qualified teacher）"及其资格证书制度规定内容与特点的研究（朱旭东，周钧，2006）。对美国州一级教师资格法律规定的研究包括，对肯塔基州早期教育教师资格证书，尤其是跨学科教师资格证书的获得条件、程序的相关法律法规的梳理与分析（Gifford，1996），关于新泽西州对选择性师资检定方法与程序的法律规定的简要评介（傅树京，2003）等。中韩两国学者对韩国《教育法》、《教育公务员法》、《教师公务员资格鉴定令》、《教师资格鉴定令》等法律中对包括幼儿园教师在内的各类教师任用标准、教师资格证书的获取方法与程序等规定进行了研究，认为上述法律规定对韩国建立较为科学完善的教师资格证书制度，促进韩国教师专业发展起到了重要的保障作用，对我国教师资格证书制度的改革与完善，促进教师队伍的高素质、专业化具有重要启示（金铁洙，孙启林，2006）。还有学者对日本新一轮基础教育改革中《教育职员许可法》中关于推行特别教师许可证制度的规定进行了分析，认为这是一项具有弹性化、综合化的制度，可为我们的教师资格认证制度的发展和完善提供一定借鉴（华丹，2006）。第三是关于教师培养、培训与专业发展规定及其特点的研究。如对美国印第安纳州《教师资格法》关于新领到教师资格证或原在他州任教、教龄不足 3 年的教师实习期规定的论述（杨慧，2004）。对英国与《1988 年教育改革法》相配套的关于英国合格教师专业标准与教师职前培训要求的法律规定进行了相关研究（夏惠贤，严加平，杨超，

2006）。近年来，英国将教师专业发展作为促进英国经济振兴的条件，有学者对英国《1994 年教育法》中关于建立健全具有特色的英国教师培训管理体制，推动教师专业发展的法律规定进行了阐释与分析（刘儒德，2002）。第四是关于教师待遇规定及其特点的研究。Hart 等通过对美国《提前开始法》中关于教师待遇法律规定及其相关教育实践的研究指出，教师工资水平是影响"提前开始"和"早期提前开始"（Early Head Start）学前教育项目质量的关键因素之一，并建议美国国会在提高教师工资待遇方面给予更多投入（Hart, Schumacher, 2005）。我国学者张维平对国内外有关教师待遇的规定进行了较为全面的梳理与比较分析（张维平，1995），包括对美国《国防教育法》、《高等教育法》，英国《1944 年教育法》，德国《教师法》，日本《教育法基本法》、《确保教育人才法》、《教育职员许可法》，罗马尼亚《教育法》，蒙古共和国《教育法》等多个国家多部教育法中对教师待遇规定的内容概括与对比及其法律规定特点的剖析，是该方面较有价值的研究成果之一。

综上，国内外对教师法律规定内容及其特点的研究涉及了教师的一些主要方面，如对职责与权利、资格要求、培养与培训及待遇方面规定的研究，但对教师身份、地位，评价与考核，奖励等方面规定的研究较少看到。从国别上看，仍以对美国、英国、日本等发达国家教师法律规定的研究较多，而对发展中国家这方面的法律规定情况的介绍与研究较少。同时，对幼儿教师队伍建设相关规定的专门研究很少。

（六）关于国际学前教育法律中幼儿受教育权规定与特点的研究

幼儿受教育权的相关法律规定与特点也是当前国际学前教育法律研究涉及的方面之一。目前查阅到的文献中关于儿童权利、学生受教育权法律规定的研究较多，而对幼儿权利，特别是幼儿受教育权的研究较少。国外研究大致有两类，一是对儿童权利规定的研究，其中一部分涉及幼儿受教育权的法律规定；另一类是专门对幼儿受教育权法律规定的研究，后一类研究很少。

Ebbeck 对联合国《儿童权利公约》中关于儿童早期教育权利的规定进行了阐释，并对这些规定所体现的早期教育理念进行了分析（Ebbeck, 1995）。哈佛大学 Fuller 和 Liang 通过对美国儿童受教育权利现状及其相关法律规定的研究，进而提出衡量幼儿是否拥有平等的接受学前教育和儿童保育服务权利的标准，并认为美国政府应该在消除学前教育和保育机会不平等，改善学前教育的质量方面实施更加有效的法律保障（Fuller, Liang, 1996）。张维平对国内外宪法、教育法和有关专项法中关于学生权利的规定进行了梳理与分析。认为宪法规定了包括学生在内的公民权利问题，教育法和有关专项法则具体规定了学生权利的范围，而后者在不同国家和地区由于社会与教育观念的分歧而有不同的理解和法律规定。此外，国内学者还以联合国《儿童权利公约》中关于儿童权利的规定为中心议题，结合我国《宪法》、《教育法》、《义务教育法》、《教师法》、《未成年人保护法》、《幼儿园管理条例》和《幼儿园工作规程》中的相关法律规定，对儿童权利和幼儿受教育权的保护及其法律保障问题进行了一系列分析和探讨（冯晓霞，1996；李连宁，1996；刘焱，1996；朱慕菊，1996）。

（七）关于国际学前教育法律中幼儿家长规定与特点的研究

家长对子女的养护和教育是其最基本的责任和义务，且家长在决定让自己子女接受什么样的教育方面具有最优先的权利（Glenn，2002）。研究与实践证明，家庭具有直接或间接影响儿童学习与成长的多种决定性因素，家长的性格、心理健康程度、职业、收入、人际关系及家庭结构等都对儿童发展产生重要影响（Chase - Lansdale，Pittman，2002）。对学前教育法律中关于幼儿家长规定的研究主要来自国外学者，国内学者对这方面的研究很少，有些虽涉及家长在幼儿教育中的参与和作用发挥问题（周月朗，1995；杨天平，2003），但几乎对相关法律规定没有提及。

国外这方面文献主要集中于对具体的幼儿家长参与项目的法律规定的分析研究，主要涉及家长参与项目的具体内容的规定、政府对家长参与的财政拨款的规定、家长参与幼儿教育的方式方法的规定。其中很大一部分是对美国关于幼儿家长参与规定的研究。如，Chase - Lansdale 等对美国联邦《福利改革法》中为家长参与项目提供拨款的规定进行了阐释与分析，认为该法对联邦资助的家长参与项目的范围作出了较为详细的规定，包括对新任父母的家访指导、父母课堂、促进家长更好地教育子女、配合教育机构的教育等方面的规定，但对项目评估的严格规定相对欠缺（Chase - Lansdale，Pittman，2002）。Ahsan 对1993 年美国颁布的《混合拨款法》（Omnibus Budget Reconciliation Act）中关于在全国建立家庭维护与支持服务项目（Family Preservation and Support Services Program，FPSSP）及其联邦拨款的法律规定进行了分析，认为这些规定较好体现了促进儿童家长更好地履行职责，进而促进其子女教育和健康发展的立法宗旨（Ahsan，1996）。此外，家庭贫困是影响儿童发展的主要因素之一

（Duncan, Brooks - Gunn, 2000）。一些研究者对美国贫困家庭、特殊儿童家庭中家长参与幼儿教育的法律规定进行了分析。如，Handel 对《2000 年目标：美国教育法》中关于促进儿童家长参与"家庭识字项目"的规定，特别是关于促进存在阅读障碍和学业困难儿童的家长同教育机构在语文教育方面合作的规定进行了阐释与分析（Handel, 1994）。Burnim 通过对美国多部相关法律的研究，认为应该大力加强残疾婴幼儿早期干预和教育过程中家长作用的发挥，而美国现有的相关法律法规从多个方面较好保障了家长的该项权利，促进了家庭在幼儿教育中作用的发挥（Burnim, 1990）。Swick 则对哥伦比亚南卡罗里纳（South Carolina）地区《早期儿童发展与学业支持法》（Early Childhood Development and Academic Assistance Act）中建立和实施旨在促进 0 ~ 5 岁幼儿发展的家庭识字项目的法律规定进行了分析（Swick, 1994）。不难看出，关于幼儿家长方面的法律规定，以对美国相关法律的研究为最多。

除上述方面外，我们期待在学前教育性质、地位与宗旨，学前教育机构法律规定等方面获得相关研究文献的支持，但遗憾的是，目前查阅到的文献中，对这些方面的法律规定本身的研究非常欠缺，只是零星可见，且论述比较简略。如对英国《1988 年教育改革法》中全国标准课程和统一评审制度规定的简单提及（杨秀玉，2002），对《2000 年目标：美国教育法》（Goals 2000：Educate America Act）和《美国学校促进法》（Improving America's Schools Act of 1993）中教育教学的全国目标和新评价体系等规定的概述（Kappan, 1993）等。

综观学前教育法律的已有研究，国内外学者对其中一些重要问题已经进行了一定的探讨与研究，取得了一些有价值的成果与发现，明晰和凸显了学前教育法律的重要价值。梳理和评价已有研究对我们深入、系统地分析国际学前教育法律，把握和研究国际学前教育法律现状、特点与趋势奠定了良好的基础，提供了重要的启示与借鉴。但目前国内外对学前教育法律规定内容及其特点的综合性研究相对较少，更多的是专题性研究。在专题性研究中，以对政府及相关部门职责、学前教育财政投入、幼儿教师队伍建设、幼儿受教育权及幼儿家长方面法律规定及其特点的研究较多，而对学前教育性质、地位与宗旨等法律规定及其特点的研究较少。同时，无论是综合研究还是专题研究，都呈现出一个共同点：对相关法律规定本身的内容介绍与阐释较多，而对这些规定所体现的特点的分析，相关经验的提炼、概括还显得比较欠缺。总之，当前研究还存在一些不足和有待进一步探讨的问题。如已有教育法律研究中较少专门针对学前教育法律进行广泛、深入研究，综合多国和地区学前教育法律的国际比较研究较为欠缺，已有研究中对发展中国家学前教育法律的聚焦较少、仍留有空白，对国际学前教育立法背景与立法经验均缺乏较为系统和深入的探讨、分析和提炼、概括，并且已有研究中也缺乏对世界主要国家和地区学前教育法律规定内容与主要特点的较为深入、系统的专题比较分析。

三、国际学前教育法律的研究思路与比较框架

（一）研究问题的确立

基于前述分析，在已有研究基础上，本研究根据社会、政治、经济、教育、文化传统等综合因素，并考虑地理范围及结合我国国情的可借鉴性等，主要从北美洲、欧洲、亚洲和南美洲选取具有代表性的国家和地区，如美国、英国、德国、日本、巴西、印度、我国台湾地区等，将其学前教育法律文本、政策文本、相关政府报告和研究文献等作为本研究的主要对象，通过较为全面地探讨和把握当前国际学前教育立法的现实状况，对世界主要发达、发展中国家与地区学前教育法律规定的主要内容与特点进行较为深入、系统的分析，概括总结其成功经验及其问题与不足，并在此基础上，结合我们当前学前教育事业发展的实际需要，提出对我们学前教育立法的有益借鉴与启示。具体而言，本研究将着重关注并探讨以下几个问题：

1. 世界主要国家和地区学前教育立法背景与基本状况

第二次世界大战以后，包括发达国家和发展中国家在内的世界诸多国家和地区均相继制定了专门的学前教育法及其相关法律，大力加强学前教育法制建设，以立法的形式保障学前教育事业的改革与发展。而这些国家和地区学前教育立法的背后具有怎样的社会政治、经济发展的时代特征，特别是具有怎样的教育、学前教育改革与发展的重要背景，其学前教育法律制定的基本状况如何，均构成这些国家和地区学前教育法律规定内容与主要特点的重要影响因素，也是本研究的重要切入点与首先研究的主要问题之一。因此，本研究拟从社会政治、经济改革与发展，社会保障制度改革，消除贫困与促进社会公平战略，以及教育特别是学前教育改革与发展的需求与挑战等多个方面，对上述世界主要国家和地区近年来与学前教育立法密切相关的重要背景进行较为系统、

深入的探讨与分析，为世界主要国家和地区学前教育法律规定内容与主要特点的分析和研究、国际学前教育立法经验的提炼与概括，以及提出对我们相关立法的启示奠定重要基础。

2. 世界主要国家和地区学前教育法律规定的主要内容与特点

世界主要国家和地区学前教育法律规定的主要内容与特点的深入分析和专题研究是本研究的主体与核心内容，即世界主要国家和地区学前教育法律对学前教育事业发展的哪些方面作出了相应规定，其法律规定的主要特点有哪些等构成了本研究的重要核心问题。通过对已有研究的分析和对学前教育法律及政策体系的认识和思考发现，学前教育性质、地位，政府职责、财政投入、教师队伍建设与弱势儿童群体受教育权保障是学前教育法律规定最核心、最重要的方面，并构成了世界主要国家和地区学前教育法律体系的基本架构与核心内容。因此，在对世界主要国家和地区学前教育立法背景与基本状况较为系统、深入探讨的基础上，本研究拟综合诸国家和地区的学前教育法律及政策，围绕学前教育的性质与地位、政府在发展学前教育事业中的职责、学前教育财政投入、幼儿教师队伍建设、弱势儿童群体学前教育权利保障等学前教育事业发展中的重要专题，对主要国家和地区学前教育法律规定的主要内容与特点进行较为系统、深入的专题比较与综合分析，进而为国际学前教育立法经验的概括与分析提供必不可少的依据和基础。

3. 国际学前教育立法的主要经验及其启示

通过对世界主要国家和地区学前教育法律制定背景、主要内容与特点的分析和研究，进而概括和提炼当今国际学前教育立法的主要经验并对我们的学前教育立法提出启示，是本研究的重要缘起和归宿所在。因此，本研究拟在上述世界主要国家和地区学前教育立法背景、法律规定主要内容与特点的深入探讨与专题比较分析的基础上，密切结合当前学前教育事业改革与发展的现实需求与主要挑战和困难，以及对我们现有学前教育法律法规的现状与主要问题的深入分析，进而概括和提炼国际学前教育立法的主要经验及提出对我们学前教育立法的启示，以期为加快我国学前教育事业的法制化进程，通过制定并完善相关法律积极应对当前学前教育事业发展中的问题和挑战，更好地保障和推动我国学前教育事业的改革与发展提供依据和参考，这也是本研究现实意义与价值的重要体现。

（二）国际学前教育法律的研究思路

1. 系统性与代表性相结合

国际学前教育法律研究是一项具有广度和深度的研究课题，因此，要想对国际学前教育法律的立法背景、法律规定的主要内容及其主要立法经验等多方面的基本状况与特点获得较为深入、全面的把握和分析，系统性是本研究必须遵循的重要原则和研究思路。系统性的研究思路要求本研究应特别注重以下方面：首先是研究布局与推进程序的整体性与递进性。就整体研究开展的布局和实际推进程序而言，本研究首先以世界主要国家和地区学前教育法律的国别研究为重要依据和基础；而后在此基础上，围绕主要专题，综合多个国家和地区学前教育法律展开更加深入的比较分析和研究；进而展开对国际学前教育立法经验及其启示的综合性提炼、概括与分析，以形成国际学前教育法律研究层层递进的整体结构。其次是主要研究内容的联系性与连贯性。学前教育法律研究应该是立法背景、法律规定本身的主要内容与特点，以及立法经验几大部分所构成的研究整体，因此世界主要国家和地区学前教育立法背景、法律规定主要内容与特点，以及国际学前教育立法经验是本研究中密切关联、彼此连贯的研究整体和重要内容。同时，该特点也特别体现在主要国家和地区学前教育法律规定主要内容方面构成的整体性与相互联系性上，力求抓住学前教育事业发展中相互联系的主要方面及每个方面中紧密相关的各个维度加以系统研究。

与此同时，代表性的研究思路主要体现在以下两个方面：首先是国家和地区研究对象选取的典型性。当今已制定和颁布包括专门法在内的学前教育法律的国家和地区已有数十个之多，不进行同类合并取其典型，没有取舍地对所有国家和地区的学前教育法律逐一研究不仅时间、精力上没有可行性，更重要的是不具备典型性和代表性的聚焦对象会难以反映国际学前教育法律概貌与整体特点，使研究的说服力与内在价值均大打折扣。因此，本研究根据社会、政治、经济、教育、文化传统及地理范围等因素综合考量，并兼顾国情的相近程度，主要从北美洲、欧洲、亚洲和南美洲聚焦选取了具有典型性、代表性和学前教育法律特色的七个国家和地区：美国、英国、德国、日本、巴西、印度、我国台湾地区，辅之以法国、香港特区与澳门特区，将其学前教育法律文本、相关政策文本、政府报告和研究文献等作为本研究的主要对象，以保证研究的代表性。其次是学前教育法律研究内容的重点性。如前所述，学前教育法律体系是一个各组成部分内在联系的整体，从整个意义上讲首先要遵循研究的系统性与整体性，但与此同时，面面俱到的研究显然难以使研究具有一定的纵深性与突破性，因而在遵循系统性原则的同时，还必须注重研究的重点性与代表性。一方面，学前教育法律研究包括学前教育法律规定本身的研究，也包括立法背景与宗旨的研究，以及立法经验的分析；另一方面，学前教育事业改革与发展及其立法保障涉及诸多方面，而本研究则在兼顾系统性与代表性的基础上，特别是结合当前学前教育事业发展的根本问题与挑战，重点对学前教育的性质与地位、政府职责、财政投入、教师队伍建设以及弱势群体受教育权这五个主要方面进行较为系统的专题研究和深入分析。

2. 静态分析与动态研究相结合

静态分析与动态研究相结合是贯穿本研究始终的另一重要研究思路和原则，具体体现在两个方面：首先是学前教育法律规定的文本分析与学前教育立法背景、立法经验的动态探讨相结合。学前教育法律研究既包括对学前教育法律规定侧重静态的文本分析，也应该包括对学前教育立法的背景、结合学前教育法律效果的立法经验的动态探讨。即既对当前世界主要国家和地区学前教育法律规定的主要内容与特点进行系统、清晰与深入的梳理与分析，又从宏观上对来自社会政治经济发展、教育改革及学前教育发展状况与挑战等多方面的深刻影响国际学前教育立法的背景动因作出动态的全局性把握和洞察，此两方面动静有机结合，才能够将对学前教育法律规定本身的研究一方面"向前延伸"，即结合学前教育法律的立法背景加以分析，另一方面"向后延伸"，即结合学前教育法律效果及其影响对立法经验加以剖析，以此注重学前教育法律研究的过程性因素，将学前教育法律置于更加宏大的具有动态性的社会政治经济文化背景中加以考察。其次是重点聚焦的多部学前教育法律规定之间的相对静态的专题比较与对某些法律后续修订动态的分析。即既立足世界主要国家和地区多部学前教育法律本身的具体规定，围绕若干专题展开对法律规定主要内容与特点的横断面上的专题比较和深入分析，同时也结合就其中某些具有代表性的学前教育法律的修订及其动因、重要影响等进行纵向上的动态考察。

3. 法律规定特点分析与立法经验提炼相结合

对所聚焦的主要国家和地区主要学前教育法律规定内容进行较为系统、全面的了解和把握是本研究的重要内容与分析依据。只有对这些主要的学前教育法律规定本体进行深入、细致的梳理与分析，从每部法律文本个案的角度清晰掌握学前教育法律规定的整体结构、各部分规定的内在联系，以及规定的主要方面、重点涉及的利益主体及其重点调整的法律关系等一系列问题，才有可能在此基础上，综合来自多个国家和地区的多部学前教育法律，就其共同规定的主要内容与特点进行系统性、专题性的比较与综合分析，进而才有可能进一步提炼、概括出当今国际学前教育立法的主要经验与特色。与此同时，在学前教育法律规定分析的基础上，为加强本研究的深入性与综合性，对世界主要国家和地区学前教育法律规定共同特点的概括与分析、特别是国际学前教育立法经验的提炼、总结和深入探讨是本研究必不可少的重要环节。仅仅停留于法律规定本身的梳理和分析还远远不能构成学前教育法律研究的整体。学前教育法律规定内容的分析尽管是研究的重要基础，但如果不能就其共同点与主要特色进一步加以提炼、分析，就无法对当今国际学前教育法律规定与特点获得一个整体性、系统性的认识与宏观角度的高位思考，更无法进一步提炼、概括当今国际学前教育的主要经验及其对我们的启示，而后者恰恰是本研究不可或缺的重要缘起与意义、价值所在。因此，本研究努力遵循对学前教育发展主要方面的法律规定内容的梳理、概括与对法律规定的主要特点的分析、比较相结合的原则与思路，并在此基础上进一步概括和提炼出国际学前教育立法的总体特点，特别是对我们的学前教育立法的有益经验，即学前教育法律规定分析、主要特点概括与立法经验提炼、总结的相互联系与密切结合。

4. 国际经验与启示相结合

国际学前教育立法经验的概括与分析是对世界主要国家和地区学前教育法律规定内容与主要特点研究的深化与提升，是本研究中承前启后的重要环节。国际学前教育法律研究是本研究的主题，它不仅包括在系统性与代表性基础上聚焦世界主要国家和地区，并对其主要学前教育法律的立法背景、法律规定的主要内容与特点进行深入分析和探讨，更重要的还包括在前述研究基础上对当今国际学前教育立法经验的提炼和概括，它构成了本研究的重要组成部分，将对研究本体与核心内容起到必不可少的深化与提升作用，并为后续对我们的启示的研究提供重要基础和依据。同时，对我国学前教育立法启示的研究与思考是本研究的重要缘起和归宿。我国学前教育事业发展中一些根本性重要问题的解决亟待相关法律调整是本研究问题提出的重要缘起，与此同时，通过对有代表性和典型性的世界主要国家和地区学前教育法律规定主要内容与特点的研究，特别是基于此对国际学前教育立法经验的概括与分析，进而提出对我们的学前教育立法有实际借鉴意义的重要启示与建议思考，也是本研究的重要目的、宗旨，是本研究的归宿与落脚点所在。因此，对国际学前教育法律的主要特点，尤其是其先进经验的研究，应与对我们的学前教育事业发展及其立法保障的启示密切联系、紧密结合，这是本研究所遵循的另一条重要研究思路与基本原则。

（三）国际学前教育法律的研究对象与方法

1. 核心概念界定

（1）学前教育

广义的学前教育一般指面向0岁至入学前儿童的正式与非正式的教育与保育，狭义的学前教育则特指由学前教育机构提供的一般面向2、3岁至入学前儿童的有目的、有组织的教育和保育活动。英文中更多使用的是"早期教育"的概念，教育对象面向初生至8、9岁的小学低年级儿童，主要提法包括Early Childhood Education（ECE）、Child Care、Preschool Education、Early Childhood Education and Care（ECEC）、Early Childhood Care and Education（ECCE）、Early Childhood Care and Development（ECCD）、Early Childhood Development（ECD）。各国学前教育机构的名目各异，如preschool、（pre-）kindergarten、childcare center、nursery school，infant school等，即便同一名称在不同国家或地区其实际招收幼儿的年龄段、教育宗旨、教学方式等也可能存在差异。综上，本研究中将学前教育界定为面向初生至小学低年级（0～8、9岁）儿童的、在教育和保育机构中实施的有组织、有目的的教育和保育活动。

（2）学前教育法律

广义的法律是指法的整体，包括法律、有法律效力的解释及其行政机关为执行法律而制定的规范性文件；狭义的法律则专指拥有立法权的国家机关依照立法程序制定的规范性文件。学前教育法律是法律的下位概念，学前教育法体现了权力主体对学前教育的干预和管理，或统称为权力主体调控学前教育的原则，它是权力主体行使学前教育行政权力和公民行使学前教育受教育权利过程中发生的各种社会关系的一类法律规范的总称；它以政府相关部门所实施的学前教育管理活动、学前教育机构所进行的办学活动、幼儿的学习活动以及社会组织和公民所从事的与学前教育相关的活动中发生的，政府相关部门、学前教育机构、幼儿教师、幼儿及其家长、社会组织及公民个人之间的关系为主要的规范内容。本研究中学前教育法律的概念采用狭义界定，专指由拥有立法权的机关依照立法程序制定的规范性文件；与此同时，鉴于法律文本对象的代表性、典型性，以及综合多个国家和地区多部相关法律进行深入研究的可行性与有效性，因此，本研究中学前教育法律特指由最高权力机关制定并通过的学前教育专门法与和学前教育事业发展相关的法律，如《教育法》、《教师法》等。

2. 研究方法、对象与工具

本研究主要采用文献法、个案研究法、比较法和访谈法等多种研究方法对国际学前教育法律展开多角度的深入研究，每种方法的研究目的、研究对象与研究工具如下：

（1）文献法

研究目的：本研究采用文献法的主要目的在于，通过对与学前教育法律研究相关的文献资料进行较为全面、系统的梳理与分析，掌握和探讨国际学前教育立法的重要背景，深入分析世界主要国家和地区学前教育法律规定的主要内容与特点，并进一步提炼、概括国际学前教育立法的主要经验与突出特色，同时结合学前教育改革与发展现状与主要问题、挑战，特别是当前我们的学前教育立法的重要需求的分析与探讨，提出国际学前教育立法经验对我国的启示与建议。

研究对象：本研究文献法的研究对象由两部分组成。一是国际重要学前教育法律及政策文本及相关文献。结合本研究的主要内容与文献法的主要目的，国际部分文献不仅包括世界主要国家和地区学前教育法律文本、学前教育政策文本，还包括相关的政府报告、评论性论文及研究文献，以此丰富和完善对国际学前教育法律及政策文本本身的分析，力求对国际学前教育立法的背景、特点与经验等进行多角度、动态性的深入而系统的把握与研究（详见表1－1）；二是我们已有的重要学前教育法律及政策文本及相关文献。本研究的重要目的之一在于通过对国际学前教育法律的深入研究，并结合我们学前教育事业发展现状、特别是当前学前教育法制现状，对促进我们的学前教育法制建设、推动学前教育专门法的制定与颁布等提出有价值的思考和启示。因此，文献研究的另一重要对象即我们主要的学前教育法规、政策文本，相关报告、评论性文章与相关研究文献。

表1-1 世界主要国家和地区主要学前教育法律及政策文本

颁布机构	法律及政策名称	颁布时间
美国国会	《提前开始法》 （Head Start Act）	1981 年
	《儿童保育与发展固定拨款法》 （Child Care and Development Block Grant Act，CCDBG）	1990 年
美国国会	《2000 年目标：美国教育法》 （Goals 2000：Educate America Act）	1994 年
	《不让一个儿童落后法》 （No Child Left Behind Act，NCLB）	2001 年
	《入学准备法》 （School Readiness Act）	2003 年
英国议会	《1988 年教育改革法》 （Education Reform Act 1988）	1988 年
	《儿童法》 （Children Act 1989，Children Act 2004）	1989 年， 2004 年
	《拨款法》 （Appropriation Act，1997～2007）	1997～2007 年
	《教育法》 （Education Act 2002，Education Act 2005）	2002 年， 2005 年
	《2006 年儿童保育法》 （Childcare Act 2006）	2006 年
德国议会	《儿童及青少年救助法》 （Kinder-und Jugendhilfegesetz）	1990 年
	《日托扩展法》 （Tagesbetreuungsausbaugesetz，TAG）	2004 年
	《儿童及青少年救助发展法》 （Kinder-und Jugendhilfeweiterentwicklungsgesetz，KICK）	2005 年

续表

颁布机构	法律及政策名称	颁布时间
日本国会	《儿童福利法》	1947 年，1997 年
	《教育公务员特例法》	1949 年
	《教育基本法》	2006 年
	《学校教育法》	2006 年
巴西议会	《巴西宪法》 （Constitution of the Federative Republic of Brazil）	1988 年
	《教育指导方针和基础法》 （Lei de Diretrizes e Bases da Educação Nacional, LDB）	1996 年
	《国家教育计划》 （Plano Nacional de Educação, PNE）	2001 年
巴西教育部	《国家学前教育政策》 （Política Nacional de Educação Infantil：pelo direito das crianças de zero a seis anos à Educação）	2006 年
印度政府	《国家儿童政策》 （National Policy for Children）	1974 年
	《国家教育政策》 （National Policy on Education）	1986 年
印度议会	《印度宪法》 （Constitution of India）	2002 年
印度政府	《国家儿童宪章》 （National Charter for Children）	2003 年
台湾地区"立法院"	"特殊教育法"	1984 年
	"教育经费编列与管理法"	2000 年
	"幼稚教育法"	2002 年
	"教育基本法"	2006 年
	"教师法"	2006 年
	"儿童教育及照顾法草案"	2007 年

研究程序与分析维度：在广泛查阅相关文献的基础上，本研究首先收集、整理出世界主要国家和地区学前教育法律及其相关法律及政策文本、政府报告、评论性文章与研究文献，及我们的相关法规政策文本与研究文献等；其次对上述几类文献进行进一步鉴别和筛选，从中筛选、确定与本研究密切相关的世界主要国家和地区最主要的学前教育法律及政策等一系列文献，及我们的学前教育法规政策等文献资料；第三，通过对已有法律及政策文本、相关研究文献的梳理和对比分析，综合概括出世界主要国家和地区学前教育法律规定的主要内容方面，即学前教育性质与地位、学前教育政府职责、学前教育财政投入、幼儿教师队伍建设、弱势幼儿群体受教育权利保障等几大维度，进而根据上述几个主要维度，将重点聚焦的世界主要国家和地区学前教育法律及政策规定等文献资料内容进行分类梳理，为进一步更为深入的专题比较分析奠定基础，进而剖析世界主要国家和地区学前教育法律及政策规定的主要特点乃至国际学前教育立法的主要经验；与此同时，收集、筛选我们已有的主要学前教育法规、政策文本，以及相关评论与研究文献等，以上述几大维度为基本框架，对我们已有的主要学前教育法规、政策规定内容与特点、缺憾进行梳理和分析；并分析和研究有关我们学前教育事业发展实践、立法及政策保障的相关评论与研究文献，从文献研究的角度了解和把握当前学前教育事业发展的主要困难与障碍、探索学前教育改革与发展及其立法保障的地方经验等，并与访谈结果相互印证、补充和丰富。

（2）比较法

研究目的：世界主要国家和地区学前教育法律规定的主要内容与特点的深入分析和专题研究是本研究的主体与核心内容。比较法在本研究中的运用起着十分关键的作用，其目的即从学前教育性质与地位、学前教育政府职责、学前教育财政投入、幼儿教师队伍建设、弱势幼儿群体受教育权利几大维度，对世界主要国家和地区学前教育法律规定的主要内容与特点进行系统、深入的多文本的跨国比较与专题分析，从而为国际学前教育立法经验的提炼，乃至对我们的启示的思考提供重要基础和依据。

研究对象：本研究中比较法的最主要的研究对象即来自美国、英国、德国、日本、印度、巴西和我国台湾等世界主要国家和地区的重要学前教育法律规定。依据所建立的比较分析框架，对上述主要国家和地区重要学前教育法律规定从学前教育性质与地位、学前教育政府职责、学前教育财政投入、幼儿教师队伍建设、弱势幼儿群体受教育权利保障这几个维度，展开不同国家和地区、不同法律及政策文本中同类规定及其共同特点的专题分析和深入探讨。

研究程序与比较分析维度：首先建立本研究的比较框架，对主要国家和地区学前教育法律的立法背景、规定内容与主要特点等多方面进行分析和研究，并对这些国家和地区学前教育法律规定的主要方面展开专题性比较分析，进而概括国际学前教育法律特点，揭示国际学前教育立法主要经验与特色。以下是本研究的比较框架与主要分析维度：

①一级框架

本论文对学前教育法律的研究包括两大方面，以此作为比较分析的一级框架：第一，学前教育法律的立法背景；第二，学前教育法律规定内容与主要特点。

②二级框架

上述每个方面中确定若干要素，作为进一步比较分析的维度：

第一，立法背景：社会政治、经济的发展与改革及文化传统，教育改革与发展的现状与趋势，学前教育发展的现实需求与主要问题。

第二，法律规定的主要内容与特点：学前教育性质与地位、学前教育政府职责、学前教育财政投入、幼儿教师队伍建设、弱势幼儿群体受教育权保障。

③三级框架

要想对世界主要国家和地区学前教育法律规定内容、特点有更加深入、细致的了解和分析，同时增加跨国别、地区多部学前教育法律规定的可比性，必须就世界主要国家和地区学前教育法律规定的六大维度进一步细化、深化，搭建本研究比较分析的三级框架：

第一，学前教育性质与地位：价值与功能，性质、宗旨与地位。

第二，学前教育政府职责：职责定位及其确立原则，各级政府职责，主管部门与相关部门职责及其协作。

第三，学前教育财政投入：各级政府学前教育财政投入职责，学前教育专项经费、投入重点，学前教育经费预算单列，非公办机构财政资助。

第四，幼儿教师队伍建设：身份与地位，工资、待遇等基本权益，资质要求，在职培训与专业发展。

第五，学前教育公平与扶持弱势：学前教育平等权，政府扶持弱势的基本责任与财政投入，弱势地区重点扶持，各类弱势群体学前教育权利保障。

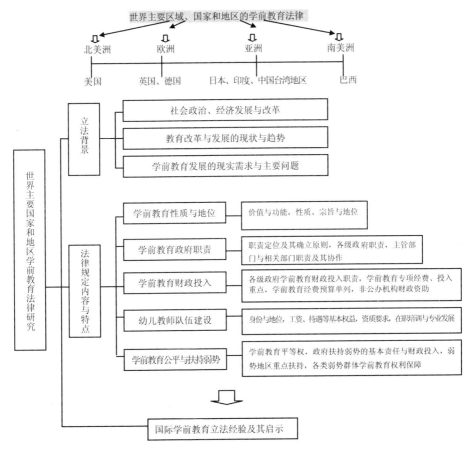

图 1 - 1　国际学前教育法律研究的比较分析框架

（3）个案研究法

研究目的：当今已制定和颁布包括专门法在内的学前教育法律的国家和地区已有数十个之多，没有取舍地对所有国家和地区的学前教育法律或相关法律逐一研究不仅不具可行性，而且不具备典型性和代表性的聚焦对象反而会使研究难以科学、准确地凝练、概括出国际学前教育法律规定的主要特点乃至立法经验，而使整个研究欠缺客观性、科学性与代表性。因此，个案研究法在本研究中的重要目的在于，通过对具有代表性、典型性的国家与地区个案的学前教育法律先期的较为系统、深入的剖析，以点带面、以典型个案反映当今国际学前教育立法的整体特征，进而概括、总结国际学前教育立法的共同经验。

研究对象：本研究根据社会、政治、经济、教育、文化传统及地理范围等因素综合考量，并兼顾与我国国情的相近程度，主要从北美洲、欧洲、亚洲和南美洲聚焦选取了具有典型性、代表性和学前教育法律特色的七个国家和地区，分别是：美国、英国①、德国、日本、巴西、印度、我国台湾地区，辅之以法国、香港特区与澳门特区，将其学前教育法律文本、政策文本、政府报告、相关评论性文章和研究文献等作为本研究的主要文本对象，以保证研究的代表性和典型性。首先，就社会经济发展水平来看，美国、英国、德国、日本是当今几个重要发达资本主义国家，巴西、印度是发展中国家，特别是巴西、印度，与我国同属当今世界发展中人口大国，地处亚洲的印度还是我国近邻，因此对巴西、印度立法保障学前教育改革与发展的研究将具有较强的借鉴价值；其次，就教育与学前教育事业改革与发展进程来看，美国、英国、德国、日本的教育与学前教育发展处世界前列，特别是其立法保障学前教育发展方面有着比较突出的特点与丰富经验。巴西、印度学前教育发展水平及其学前教育法制建设尽管不在世界前列甚至有的还比较落后，但近年来两国先后制定或修订多部学前教育法律及政策，大力加强依法保障与发展学前教育的力度，实践证明也确实取得了比较显著的效果，另一方面，它们均属发展中国家之列，特别是巴西、印度还同为发展中人口大国，对其正处于建设和发展过程中的学前教育事业与学前教育法制的研究，无疑将对我国学前教育法制建设具有更切实的研究价值与借鉴意义；第三，就法系所属及其法制发达程度来看，德国、日本、巴西和我国台湾属大陆法系国家和地区，其学前教育法律以成文法为主，而美国、英国、印度属普通法系国家，其法律由判例法和成文法共同组成，而通过我们对其学前教育领域的研究发现，其学前教育事业改革与发展中成文法同样起到了非常重要的作用，是其立法保障学前教育事业发展的主体和重要手段。其中也同时涵盖了法制历史较长较发达与相对欠发达的两类国家和地区，因而上述七个国家和地区从这个意义上来讲具有较强的代表性与说服力；第四，就几个主要国家的国家结构形式来看，美国、德国、巴西、印度均为联邦制国家，英国和日本则属单一制国家，而无论是单一制国家还是联邦制国家，近年来其学前教育改革特别是学前教育法律及政策制定过程中一个突出特点即加强中央政府对学前教育的干预、管理与相关职能，尤其上述几个联邦制国家

---

① 主要涉及英格兰和威尔士地区。

近年来立法强化联邦政府的学前教育各项职责的宗旨与趋势日益显著。综上，选取上述几个主要国家和地区将对系统、深入地分析研究当今国际学前教育立法的总体特点与主要经验，提供较为科学、合理的个案对象与聚焦重点。

研究程序与分析维度：分别对美国、英国、德国、日本、巴西、印度和我国台湾地区的学前教育法律进行系统、深入的国别与地区研究，研究与分析的程序和主要维度如下，①梳理、探析对该国家或地区学前教育立法背景与学前教育法制基本状况，如社会政治、经济、文化发展，教育法制基本情况，近年来教育与学前教育改革进程，以及学前教育事业发展面临的主要问题与挑战等；②分析该国家或地区学前教育法律体系与主要规定内容和特点，包括其主要学前教育专门法与相关法律的具体出台背景、立法宗旨、主要规定内容，并从学前教育性质与地位、学前教育政府职责、学前教育财政投入、幼儿教师队伍建设、弱势幼儿群体受教育权保障等维度概括、总结其主要特点；③概括、提炼该国家或地区学前教育立法的主要经验与特色，并进而提出对我国的学前教育立法的启示与思考。

（4）访谈法

研究目的：本研究采用半结构访谈，其目的主要为了解我们的学前教育改革与发展的现状、主要矛盾和实践需求，获知有关人员对现有学前教育法规及政策的看法与思考，及其关于我们的学前教育法制建设的对策建议，特别是关于学前教育立法的思考和建议，以此对我们学前教育事业发展及其法制建设中的主要问题与立法的现实需求有更为全面、深入的了解和把握，为本研究提出合理、有益的启示提供支持和依据。

研究对象：本研究的访谈对象以两类人员为主——学前教育及其政策法规研究专家，学前教育行政管理者。这两类人员身处学前教育事业改革与发展的一线，其中一部分专家和行政领导还直接参与学前教育法规和政策的制定工作，因此对其访谈将对本研究十分有价值，他们也构成了本研究的主要访谈对象；同时以两类人员为辅——教育法学与教育政策学专家，以及对国际教育政策与法律的总体特点、经验与趋势有较深入了解和研究的国际与比较教育专家。访谈对象的具体情况如下：选取 4 位学前教育及其政策法规研究专家、4 位学前教育行政管理者、2 位教育法学与教育政策学专家，以及 2 位国际与比较教育专家，共计四类 12 位专家进行访谈。

研究工具与访谈维度：研究工具采用自编的"《国际学前教育法律的研

究：特点、经验及其启示》专家访谈提纲"。访谈维度主要包括三方面：①考察访谈对象对我们的学前教育改革与发展现状、主要矛盾和实践需求的看法与思考。主要包括认为近年来学前教育发展取得哪些成绩？存在哪些问题（包括长期存在、当前更加凸现的问题，同时也包括新形势下出现的新问题）？学前教育改革与发展的主要困难、障碍与挑战是什么？②考察访谈对象对现有学前教育法规的看法与相关立法建议。主要包括认为现有学前教育法规在学前教育事业发展中起到了哪些积极作用？还存在哪些不足，有哪些方面需要进一步修订、补充和完善？考察访谈对象关于我们的学前教育立法的思考与观点，主要包括认为是否需要制定《中华人民共和国学前教育法》？原因何在？如需制定，该法中应该对学前教育事业发展中的哪些方面做出怎样的具体规定？认为法律规定中应该特别突出哪些方面、怎样突出加以规定？以及对学前教育立法的其他具体建议。③考察访谈对象对国际与国内教育立法的现状、特点与趋势的了解与看法。主要包括当前国际教育改革动向与政策，国际整体的、区域性的、某些国家和地区的教育立法与学前教育立法的主要特点、经验、问题、教训与趋势如何？当前我们的教育立法具有怎样的价值取向、理论支撑，以及当前焦点与趋势是什么。

第二章

世界主要国家和地区学前教育立法背景分析

引言

　　教育法律的制定与出台必定与其当时的社会政治、经济、文化、传统、教育等各个方面有着千丝万缕的联系，学前教育法律也不例外。正如埃德蒙·金（King, Edmund J.）所指出的："离开社会背景的深刻变革，教育的或文化的改革永远不可能进行"①。二战后特别是近年来，美、英、德、日等发达国家以及巴西、印度、我国台湾等国家和地区之所以日益高度重视依法保障学前教育发展，先后制定并出台多部学前教育法律，与战后上述各国家和地区的社会经济发展、社会保障制度改革、人口与家庭就业模式变迁、消除社会贫困与促进社会公平，应对教育困境等均有着密不可分的内在联系，同时，相关研究进展与成果加深了人们对学前教育重要性与价值的进一步发掘和深刻认识，从而推动了世界范围内对学前教育的重视及学前教育改革的推进，由此构成了国际学前教育法律制定与实施的重要背景。正如世界经合组织（OECD）在著名的《强势开端II》中所指出的那样，引起政府关注学前教育问题最直接的几个因素即"增加妇女就业的愿望"，"基于妇女平等权利的工作与家庭责任之间的平衡"，以及"解决儿童贫困与教育劣势问题"等②。因此，从多个方面对世界主要国家和地区学前教育立法背景进行较为全面、深入的分析，将为梳理和

　　① ［英］埃德蒙·金，王承绪等译. 别国的学校和我们的学校——今日比较教育［M］. 人民教育出版社，2001：443.

　　② OECD. Executive Summary of Starting Strong II. OECD, 2006.

分析其学前教育法律规定的主要内容与特点，概括、提炼国际学前教育立法经验等提供重要的基础与支撑。

一、经济困境与福利改革催生学前教育新诉求

经济基础决定上层建筑。经济发展的动向、应对经济危机及相应经济改革往往会引发社会其他诸多方面的变革与发展，从而引起一系列链条式效应，包括学前教育在内的国家教育事业的改革与发展即是这一链条上重要而敏感的一环。因此，探究世界主要国家和地区学前教育立法的背景，首先必须分析其经济发展及其相关制度改革的重要动因。

（一）经济危机及人口困境引发福利制度改革

第二次世界大战以后，经济快速发展后的两次经济危机，随后持续的经济增长缓慢甚至负增长，以及日趋严重的人口老龄化趋势，共同引起了世界主要国家和地区对已有社会保障与福利制度的深刻反思与变革，倡导建立积极的、职业友好的福利国家成为当时一股重要的国际潮流。

1. 经济危机集中反映出社会福利制度之弊端

在经历了一个经济持续高速发展阶段后，20世纪70年代开始，受中东石油危机引发的战后最严重的经济危机、国际贸易竞争、世界经济多极化及全球经济一体化发展等多种因素影响，美、英、德、日等发达国家及巴西等发展中国家的经济发展均面临严峻挑战，一方面是经济"滞胀"严重，失业率上升；另一方面则是由于社会保障制度刚性作用而导致的社会福利支出居高不下。在石油危机的打击下，美国从70年代末开始即出现增长缓慢、失业增加与通货膨胀并存的"滞胀"困局，社会福利支出有增无减，1960年美国"转移支付"开支为236亿美元，而事隔20年后的1980年，该数字一跃达到2712亿美元，1/3的美国家庭可以得到不同形式的政府补贴，公共开支数额可谓急剧扩大①。同时，作为"从摇篮到坟墓"福利国家典范的英国在20世纪70年代也经历了通货膨胀的严峻考验，经济发展水平日益落后于社会保障的要求，诸多越来越严重的问题随之日益凸显：福利开支居高不下却又难以削减，政府财

---

① 顾俊礼，田德文．福利国家论析——以欧洲为背景的比较研究［M］．经济管理出版社，2002：272.

政不堪重负，充分就业和扩大社会保障支出难以兼顾，劳动成本上升导致经济增长停滞与国际竞争力下降；高福利导致的高额累进税和高水平的社会保障税，造成收入较高的专业人才纷纷外流，直接导致英国经济竞争力的下降；过高的失业津贴和项目繁多的社会救助，使失业者与在业者的收入和生活差别不大，依赖社会保障不但可以保证基本生活，而且不必纳税，进而在英国普通劳动者中间滋生了一种躺在失业津贴上过活的懒惰思想，深远影响则是降低了企业的经济效益，使整个英国国民经济和社会发展受损①。20 世纪 70 年代中后期开始，日本经济增长速度也逐渐放缓，90 年代泡沫经济崩溃后，经济状况则长期低迷，1999 年还出现了 2.2% 的负增长，日本社会保障制度面临财政巨额赤字与财源不足的严重问题②。德国的这一情况则是从 20 世纪 80 年代日益凸显。德国经济陷入低增长下的高福利 – 高税收 – 高负债 – 高成本 – 低投资 – 低增长的恶性循环中。东西德统一后，为弥补东西部经济与社会差异，西部对东部地区的大量财政输血，也是造成其社会保障支出激增的重要原因之一③。统计数据显示，20 世纪 80 年代开始，德国经济呈现低速增长，特别是 20 世纪末到 21 世纪初期德国经济发展速度十分缓慢，2001 年、2002 年和 2003 年三年其 GDP 增长率分别为 0.8%、0.1% 和 – 0.1%④，经济发展基本保持停滞甚至倒退态势，社会福利支出高达国内生产总值的 30% 以上⑤。与此同时，作为发展中人口大国的巴西，其经济在二战后曾出现过两次飞跃：库比契克政府和军统政府时期的"经济奇迹"，并使巴西成为世界第八经济大国，军统时期也成为巴西历史上经济发展最快的时期；但 1973 年和 1979 年两次国际石油危机，1979 年国际信贷利率大幅度提高，以及巴西政府宏观经济调控政策的失误，20 世纪 80 年代中期开始，巴西开始陷入严重的债务危机、经济衰退和高通胀之中，这是巴西历史上"失去的 10 年"。综上，20 世纪 70 年代中东石油危机引发的世界范围的经济危机，其影响绵延至世纪之交的多个国家和地区，

① 张桂琳，彭润金等. 七国社会保障制度研究 [M]. 中国政法大学出版社，2005：39～40.

② 顾俊礼，田德文. 福利国家论析——以欧洲为背景的比较研究 [M]. 经济管理出版社，2002：304.

③ 张桂琳，彭润金等. 七国社会保障制度研究 [M]. 中国政法大学出版社，2005：93.

④ 2004 年德国经济形势及 2005 年展望. http://www.mofcom.gov.cn/aarticle/bg/200507/20050700149679.html，登录日期：2007 年 10 月.

⑤ 成为"欧洲经济一块心病"德国经济复苏艰难. http://www.people.com.cn/GB/guoji/23/88/20030420/976327.html，登录日期：2007 年 10 月.

其带来的种种经济与发展困境，明显将矛盾焦点指向诸多国家特别是当时几个主要发达资本主义国家的社会福利制度，其改革势在必行。

2. 人口老龄化困境使社会福利问题进一步恶化

第二次世界大战后，世界范围内的生育率持续下降、预期寿命的不断延长，导致全球人口老龄化趋势日益显著，特别在欧美、日本等一些国家人口老龄化问题更为突出，由此带来劳动力供给紧张、养老金支出明显增加等问题，和经济危机所带来的影响共同作用，使这些国家和地区的社会福利问题进一步恶化。世界范围内的人口老龄化主要源自两个方面的动因：一是妇女生育率的持续下降；二是人口平均预期寿命的不断延长。据相关统计数据显示，20世纪 60 年代中期以来，全世界范围内妇女的总和生育率已由 5.8 下降到 2.8，发达国家总和生育率下降更快已达 1.6，已低于更替水平[1]。而与此同时，随着生活条件改善和医疗卫生技术的提高，人口的平均预期寿命普遍延长。20世纪 80 年代，人口平均预期寿命已达 62 岁，而 2004 年世界人口平均预期寿命继续延长为 66 岁，男性为 63 岁，女性为 68 岁，其中，发达地区人口的平均预期寿命已经达到 76 岁。目前，全世界每年新增老年人口约 900 万。英国、德国等欧洲国家，及日本是人口老龄化较为严重的几个国家，其 65 岁以上人口占总人口的比例均已超过 16%[2]，即大约每六个半人中就有一位 65 岁以上的老年人。特别是到 20 世纪末期，二战后"婴儿潮"中出生的人口均已纷纷步入中老年。不仅在西方，我国台湾地区在 20 世纪 70 年代也开始迅速步入老龄社会，目前 65 岁及以上人口占台湾地区总人口的比例已由 1970 年的 2.3%一跃而超过 10%[3]。在上述人口老龄化加速的发展态势下，世界主要国家和地区人口结构日益呈现倒金字塔形，老年人口不断膨胀，青壮年劳动人口及其劳动力后备人口持续萎缩，其直接后果有两方面：一是制约经济增长；二是导致纳税劳动者对退休受益人的社会供养比不断下降，社会养老金等福利支出增加，财政压力增大。目前发达国家全部养老金的公共成本和老年人健康保险支

---

① Hewitt, Paul S. 李兵编译. 全球老龄化的挑战：人口学如何重塑 21 世纪的世界 [J]. 人口研究，2003（3）：68~70.

② 林晓红. 世界人口老龄化速度加快 [J]. 人口与计划生育，2005（5）：48.

③ 尹豪，龚莹. 中国台湾地区人口老龄化与老年人社会保障 [J]. 人口学刊，2006（3）：9~13.

出平均占 GDP 的 10.9%，据 OECD 官方预测，这一数字到 2050 年将上升至 18%①。也正是基于上述情形和问题，直接促使这些国家和地区政府推行积极就业政策，鼓励包括妇女在内的适龄人口大量进入劳动力市场，试图以此充实劳动力人口，并由此削减一部分消极福利支出。

基于上述原因，为应对发展危机与困境，包括英、美、德、日发达国家及我国台湾地区等在内的世界主要国家和地区开始先后反思本国的社会福利制度，为消除其种种弊端，并给国家经济与社会发展注入新的动力，均不约而同地将目光投向社会福利制度改革与创新，此后纷纷进行社会福利制度改革，这场改革的重要举措与核心旨意之一即鼓励就业，构建积极福利国家。

（二）积极就业政策及女性职业觉醒使妇女就业率增加

1. 福利制度改革鼓励妇女积极就业

如前所述，为应对20世纪出现的经济危机和社会发展困境，世界主要国家和地区纷纷将社会福利制度改革视为走出困境的良方，先后实行福利制度改革，20世纪90年代是这一改革的高峰期，其共同目标即努力构建强调"责任"与"劳动"的积极福利国家。这一改革的核心主张即福利不是一种生产方式，而"只是走向自立和尊严的一条道路"。在这样一种社会福利制度改革的背景下，各国政府通过各种政策与措施鼓励就业，鼓励民众通过劳动提高收入水平，刺激经济增长，其中很重要的一项政策措施即鼓励妇女积极就业。英国布莱尔积极福利国家的建设是其中最具代表性的社会保障制度改革之一，其力求在新右翼撒切尔主义与老工党社会民主主义之间寻找一条中间性的"第三条道路"：在让市场发挥积极作用的同时，要动用政府的力量对市场进行监督、补充；通过将"消极福利"转变为"积极福利"，使得公民在个人责任与集体责任之间建立新的平衡，获得更好的福利。布莱尔坚持认为，福利是指这个变化着的世界中的机会和安全，一个民族的自立在于工作而不是依靠救济式的福利，社会保障制度新的伦理原则即不承担责任就不享有权利；为有能力的人提供工作、使之更好地工作；为无能力工作的人提供保障；在平等与效率良性互动的基础上努力提高经济效率。在此原则下，工党政府竭力促使原来的"不工作阶层"参加工作，实施"削减福利开支，提倡劳动福利"、"改救济为

---

① Hewitt, Paul S. 李兵编译. 全球老龄化的挑战：人口学如何重塑21世纪的世界 [J]. 人口研究，2003（3）：68~70.

就业"的改革方案。20世纪末的德国同样为经济增长缓慢甚至负增长、人口老龄化等问题所困扰，前总理科尔随即提出"降低待遇、承担更多自我责任"的以增加就业、促进增长为导向的社会福利制度。施罗德政府也积极进行社会保障制度与就业制度改革，包括创造更多就业机会，实施积极的就业促进计划，提供转岗培训和青年就业辅导机会等①。同时，有学者分析默克尔的社会保障制度改革实质上更多学习的是英国建设积极福利国家的"第三条道路"②。日本于二战前后初创的社会福利制度虽不像欧美国家那样历史悠久，也未曾经历欧美式社会福利制度改革，但在20世纪七八十年代，日本也曾对福利制度进行重要调整：向西方福利国家看齐，强调个人、家庭、企业等的作用，积极鼓励就业，以减轻国家负担与促进经济增长。也正是在上述积极福利制度改革的政策导引下，以欧美福利国家为代表的多个国家和地区的女性逐渐大量步入劳动力市场。

2. 女性职业觉醒与家庭、就业模式变迁构成妇女就业率增加的内驱力

如果说社会福利制度改革下积极就业政策的大力推进是20世纪世界主要国家和地区妇女就业大幅增加的外在社会改革动因，那么在此之前即萌生和发展的女性主义及其在此影响下女性就业意识的觉醒则是引起家庭与就业模式变迁、妇女就业率增加的重要内在驱动力。20世纪六七十年代开始，女性主义无论在理论上还是实践中均取得了较大成就。也正是由那时起，各派女性主义开始从追求两性"权利"平等逐渐发展到追求两性的"权力"平等，并主张将妇女的经济独立及生活状况的改善放首位，同时结合性别斗争，将妇女从繁重的家务中解放出来③。由此，二战后有越来越多的女性认识到并渴望通过就业获得独立的经济来源。与此同时，随着生育率下降与核心家庭的增多，家庭就业模式也发生变化。单一收入家庭模式在战后工业经济结构中，面临巨大的危险，一旦负担家计责任的男性因为疾病、年老或被解雇而失去工作，整个家庭都将面临灭顶之灾。而后工业主义以及与之相关的变革——女性劳动力参加社会生产和由此产生的家庭就业模式的变化——改变了上述情况④，双薪家庭日益增多。由此，女性出于自身解放、平等地位，以及提高家庭抗风险能力的

① 丁纯. 德国社会保障体制的现状与改革［J］. 国际经济评论，2000（3～4）：45～48.
② 邓亮. 德国福利国家制度的困境及其根源［J］. 财经界，2007（1）：135～136.
③ 马晓燕. 对女性主义"平等"理念的考察与反思［J］. 妇女研究论丛，2007（5）：5～10.
④ 丁开杰，林义. 后福利国家［M］. 上海三联书店，2004：95.

追求，与国家出于社会保障制度改革、促进经济发展与提高国际竞争力需要而迫切吸纳妇女劳动力的要求一拍即合，前者是内部驱动，后者是外在动因，两方面因素共同促成了妇女就业率的持续增加。

（三）妇女就业率提高使学前教育需求旺盛

在上述鼓励积极就业的社会福利制度改革及妇女职业觉醒等的背景下，越来越多的妇女特别是已婚育妇女走向工作岗位。例如，据 2000 年 OECD 报告显示：英国养育 5 岁以下子女的妇女就业率已经达到 51%，超过 2/3 的在职母亲休完产假后即继续工作①。而女性加入劳动力大军则意味着她们将终身从事带有薪水的职业，特别是在家庭就业模式的变化：不仅男性工作时间有所延长，越来越多的母亲在产假过后继续工作，加之上述核心家庭的日益普遍，双薪家庭妇女就业率显著上升等因素的影响下，摆在女性就业者面前的首要问题即如何在工作和孩子特别是幼儿之间作出起码的平衡与协调。由此，学前儿童在家庭以外的保教需求日益高涨。而在原有福利模式与社会政策下，许多国家的学前教育供给捉襟见肘，政府不得不将目光聚焦于学前教育事业的发展，不得不采取措施保证充足的学前教育供给，大力发展学前教育与保育机构，进而为妇女就业解决后顾之忧，以此适应福利制度变革与家庭就业模式变化的时代要求；从另一方面来讲，发展学前教育事业、满足就业妇女及其家庭的学前教育需求，也构成了上述国家和地区福利制度改革能否顺利推行、社会经济能否持续发展的重要影响因素之一。

综上，正如有学者所作出的评价："21 世纪福利国家的财力一方面离不开女性劳动力参与生产的财富，另一方面，也离不开女性养育下一代的意愿。在人口老龄化和老年男性就业率降低的背景下，福利国家要保持财政平衡所必需的就业率水平就意味着它们必须最大程度地扩大女性就业。国内的对策很大程度上来说就是在女性就业问题上做文章。一些国家在公共事业部门（如医疗、教育、社会服务等）已经大幅度地提高了女性的就业率和工资水平"②。而就业人口特别是妇女就业人口的显著增加，工作时间的延长，直接导致幼儿保教问题日益突出，家长希望社会机构解决其子女保教问题的需求显著增加，此即

---

① OECD. Early Childhood Education And Care Policy In The United Kingdom: Country Note, 2000.

② ［加］约翰迈尔斯，［美］吉尔魁德鲁. 福利国家的政治理论（转引自丁开杰，林义. 后福利国家 ［M］. 上海三联书店，2004：96）.

成为世界主要国家和地区特别是欧美福利国家关注学前教育，并通过立法保障与推进学前教育事业发展的最为重要的直接动因之一。

二、促进社会公平疾呼消除儿童贫困、保障其受教育权

贫困问题是人类共同面对的严峻挑战，其至被称为"永久难题"和"超级难题"。贫困不仅长期困扰着发展中国家，即使是当今发达国家也依然没有真正解决这一问题，可以说贫困问题是普遍困扰当今世界发达国家和发展中国家的一大难题。而贫困及贫富悬殊等问题对这些国家和地区的社会政治、经济、教育、文化等诸多方面均产生了极其重要而持久的影响，特别是构成了这些国家和地区教育与学前教育发展及其立法的重要背景。20世纪至今，世界主要国家和地区一直没有停止过与贫困做斗争，并在此过程中对贫困问题有了越来越深层次的认识和反思，其结果反映在国家政策走向上，两条线索日渐明晰：一方面，贫困问题决不单单是经济贫困，其更深层的原因在于长期在政治、经济、文化等方面与主流社会处于社会网络的断裂状态①，即社会排斥；另一方面则认识到儿童贫困是最大也是影响最为持久与深刻的贫困。因而二战后特别是20世纪末期，无论是美、英、德、日等发达国家，还是巴西、印度等发展中国家和地区，都表现出对消除贫困特别是消除和预防儿童贫困，保障受教育权在内的儿童基本权利与起点公平，进而促进社会公平与和谐发展的高度关注并采取了相应切实措施。世界主要国家和地区学前教育改革与学前教育立法即在此大背景下先后启动。

（一）儿童贫困与贫富悬殊成为世界性难题

贫困、特别是儿童贫困及社会贫富差距持续扩大等问题是一直以来困扰世界许多国家和地区的一大难题，不论发达国家抑或发展中国家和地区，都在不同程度上面临这一问题。2006年是"国际消除贫困十年"的最后一年，但联合国公布的数据仍显示，全世界有25亿人口日均收入不足2美元，占世界总人口的40%，而他们的收入仅占全球收入的5%。全世界仍有8.54亿人口长

---

① ［西班牙］戈斯塔艾斯平－安德森．二十一世纪的福利国家——老龄化社会、知识型经济和欧洲福利国家的可持续发展（选自丁开杰，林义．后福利国家［M］．上海三联书店，2004：478）．

期遭受贫困和营养不良，每年有 560 万儿童死于与贫困有关的疾病①，现状极为令人担忧。

1. 儿童贫困成为困扰发达国家社会与经济发展的突出问题

作为世界上头号发达国家，也是全球最大的经济体，美国拥有不足世界 5% 的人口，却占有着全球近 30% 的财富。据世界银行公布的数据显示，2003 年全球 GDP 超过 1 万亿美元的国家有 7 个，美国位居榜首，达 10.9 万亿美元。尽管如此，回顾二战后美国经济发展与反贫困战略的历史却不难发现，贫困问题一直困扰着美国。以 20 世纪末 21 世纪初为分水岭，美国贫困率变化及其美国政府反贫困战略经历了两大阶段：二战结束至 20 世纪 60 年代末，美国政府面对严重的贫困问题积极采取措施且成效显著，贫困率从 1949 年的 34.3% 下降至 60 年代的 12.1%，并直到 20 世纪末基本维持在 11%～12% 左右②。这与美国政府 20 世纪 60 年代开始"向贫困宣战"，建设"伟大社会"的反贫困运动轰轰烈烈地开展与不断深入密切相关；而进入 21 世纪初，美国贫困人口又开始持续增加，2004 年，美国贫困人口已达 3700 万人，即每 8 个美国人中就有一个以上的穷人③，而美国的贫困人口分布主要集中于儿童、老人和单亲家庭，特别是，儿童贫困已成为美国贫困问题中最突出的方面。1970 年，美国贫困儿童比例为 15%，1990 年这一数字已超过 20%，而到 1997 年，生活在贫困中的儿童仍占美国 18 岁以下人口的 19%，即几乎每 5 个美国儿童中就有一个生活在贫困线以下。虽然儿童占美国总人口的 26%，但贫困儿童却占到了美国全国穷人的 2/5，这就意味着全美三千多万穷人中有一千多万是儿童④。英国在此方面的情况也不乐观。20 世纪后半叶特别在 90 年代初前后，由于经济衰退导致失业人口大幅增加，收入不均现象严重，加之移民人口不断增加，未婚妈妈、单亲妈妈大量增加等其他严峻的社会问题，英国贫困人口增加，贫富差距持续扩大，儿童贫困现象尤其严重。当时英国少女怀孕率已跃居世界首位，21 世纪初，英国单亲家庭比例高达 20% 亦居欧洲之首，即每五个

① 李长久. 全球贫富差距拉大的原因和启示 [J]. 亚非纵横，2007 (5)：48～52，62.

② 陈端计，詹向阳，刘建珍. 21 世纪以来美国贫困问题的新特点 [J]. 嘉应学院学报（哲学社会科学），2005 (10)：25～30.

③ US Census Bureau. Income Stable, Poverty Increases, Percentage of Americans Without Health Insurance Unchanged, 2005. http://www.census.gov（转引自孙志祥. 美国的贫困问题与反贫困政策述评 [J]. 国家行政学院学报，2007 (3)：94～97）.

④ 蓝瑛波. 美国贫困儿童问题初探 [J]. 学海，2006 (1)：115～119.

家庭中，就有一个是单亲家庭①。据 1998 年英国财政部的一份报告显示：英国有近 1/3，约 430 万儿童生活在贫困之中，是 1968 年的 10 倍②，由此导致的社会仇视、暴力犯罪随之增加，整个英国社会存在极大不和谐与不安定因素。与此同时，德国的贫困问题也呈现日益恶化趋势。战后德国领取社会救济人数持续增加，1997 年更是达到创纪录的 290 万人，且贫困儿童规模较大，有近 100 万人，其中仅 7 岁以下领取救济金的儿童就高达 45 万。尽管此后几年该数字有所下降，但截至 2002 年，全德领取社会救济人数又再次升高到 275 万，并且呈现明显趋势：接受救济的儿童比例持续偏高并出现上升趋势。从 1965 年到 2002 年，儿童在全部领取救济金人群中所占比例由 32% 上升到 37%，而 65 岁以上老人则由 28% 下降到 7%③。此外，战后德国贫富差距也正在扩大，特别在近年来日益凸显。据德国《明镜周刊》披露，一份由政府高官列为"最高机密"的调研报告——《德国的生存状况》显示，德国贫困率已由 1998 年 12.1% 上升至 2003 年的 13.5%，10% 家庭占有的社会财富比例不仅没有下降，反而由 1998 年的 45% 扩大到 47%④，社会财富越来越向少数人手中聚集，导致贫富差距进一步拉大，社会鸿沟持续加深。

2. 发展中国家儿童贫困问题更为严峻

发达国家情况如此，世界主要发展中国家在上述方面所面临的挑战更加严峻，这一点在巴西体现得尤为突出。作为拉美第一人口大国，巴西是世界上贫困人口最多且占总人口比例最高的国家之一。据巴西应用经济研究所公布的资料，1999 年巴西 35% 的人口（约 5300 万人）生活在贫困线以下（人均收入不足政府规定最低工资标准的一半）。另据拉丁美洲经济委员会（Economic Commission for Latin America，ECLAC）统计，虽然战后特别是近年来巴西政府的反贫困政策取得了一定成效，但 2005 年巴西贫困人口和极度贫苦人口的比例仍居高不下，分别为 36.3% 和 10.6%⑤。收入分配的两极分化现象在巴西也尤为显著。据联合国开发计划署 2000 年公布的资料显示，在 174 个被调查

① OECD. Early Childhood Education And Care Policy In The United Kingdom：Country Note，2000.

② Lubeck，Sally. Early Childhood Education and Care in England. Phi Delta Kappan，2001，Vol. 83，Iss. 3：216～225.

③ 凌凡. 德国接受社会救济的人数增长迅速［N］. 中国社会报，2006～12～18：7.

④ 魏爱苗. 德国穷人越来越穷［N］. 经济日报，2005～1～5：7.

⑤ Economic Commission for Latin America（ECLAC）. Social Panorama of Latin America. United Nations，2006.

国家中，巴西是收入分配最为集中的国家。20%最富有居民的年平均收入为21，134美元，类似于欧洲国家水平，而20%最贫困者的年均收入只有828美元，相当于刚果等非洲落后国家居民的年均收入水平。后者仅占巴西国民收入的2.5%，前者则占63.8%，是后者的25.5倍。另据巴西地理统计局2001年统计数据显示，巴西在收入分配的集中方面仅好于斯威斯兰、尼加拉瓜和南非，居世界倒数第四位。10%的最贫困者收入仅占国民收入的1%，而10%的最富有者收入则占国民收入高达46.7%①。2001年巴西的基尼系数已达到0.609，处于极端不公平状态②。这种情况已经对巴西经济发展与社会稳定构成极大威胁。同属发展中人口大国，印度由于经济基础薄弱、种姓制度等的长期影响，在过去的几十年中，虽然为消除贫困尽了很大的努力，也取得了一定的成果，但印度贫困线以下的人口呈现增加趋势。从1973年到1997年，贫困人口的绝对数字几乎始终保持在3亿以上，至1998年仍有43%的人口生活在贫困线以下。据印度计划委员会估计，1997年和1998年印度贫困人口的数量分别达到了3.49亿和4.06亿。与此同时，印度建国以来贫富差距持续扩大。1957年，印度5%的最上层富翁收入占国民收入的25%，而20%下层穷人收入只占国民收入的9%。1971年，印度国家应用经济研究委员会调查显示，农村占人口30%的上层富人收入占53.4%，而30%下层农村人口收入则仅占11.3%③，且印度各邦和地区之间也存在明显的收入分配不平等现象。近年来，不断有印度富豪荣登《福布斯》富豪榜，数量甚至超过日本，但正如《福布斯》评论所指出的：展现在人们面前的是一个麻烦重重的印度，在10.95亿人口中有7亿人靠农业吃饭，有3亿人生活在贫困线以下④。印度儿童状况也尤其令人担忧，一半以上的3岁以下印度儿童营养不良，婴儿死亡率居高不下⑤。

由此可见，贫困与贫富差距悬殊，特别是儿童贫困问题，已经成为当今具有普遍性的国际性难题与挑战，其对国家和地区的均衡发展与可持续发展十分

① 吕银春. 经济发展与社会公正——巴西实例研究报告 [M]. 北京：世界知识出版社，2003：78.

② 朱欣民. 巴西落后地区开发的经济与社会成效评价 [J]. 拉丁美洲研究，2005 (2)：18~24，29.

③ 何道隆. 印度政府减少收入分配不平等的政策措施 [J]. 南亚研究季刊，1990 (2)：13~15.

④ 李长久. 全球贫富差距拉大的原因和启示 [J]. 亚非纵横，2007 (5)：48~52，62.

⑤ 李长久. 全球贫富差距拉大的原因和启示 [J]. 亚非纵横，2007 (5)：48~52，62.

不利，并且已严重威胁社会安定与和谐，危及社会公平与正义。战后几十年特别 20 世纪末以来，世界主要国家和地区一直在为反贫困、缩小贫富差距，保障儿童基本权利做出持续努力，在制定各种反贫困国家战略与政策的过程中，各国政府首先需要解决的即寻找问题根源，在最大程度上消除可能造成贫富差距拉大与儿童贫困的最主要因素。

（二）保障儿童受教育权是消除贫困、促进公平的有效途径

来自多个国家和地区的研究及实践逐渐形成越来越清晰的共识，儿童贫困是起点的贫困因而也是最大的、影响最为深远的贫困；而解决儿童贫困问题乃至应对整个贫困危机的有效途径即是通过保障和实现儿童的受教育权利，从源头上消除社会排斥与儿童贫困。为此，发展学前教育事业特别是立法保障学前儿童的受教育权利逐渐成为诸多国家和地区所普遍关注和高度重视的重要事务与发展战略。

1. 受教育权缺失导致的儿童贫困是社会发展的重大隐患

造成贫困的原因是多方面的，来自国家整体经济状况、政治制度、人口结构，及相关政策等因素均可能导致贫困问题及其贫富悬殊现象的出现。儿童贫困同样源自上述诸多方面的因素，并在很大程度上与家庭及母亲功能缺位或失当直接相关。许多国家的现实及相关研究结果均表明，单亲家庭、未婚妈妈、低收入与失业家庭，以及多子女家庭的儿童更易陷入贫困且难于摆脱。美国传统基金会国内政策研究部的一项研究就显示，单亲家庭儿童陷入贫困的可能性是父母双全家庭儿童的 6 倍，这些儿童更容易辍学、从事低工资工作，并且自己成为单身父母，进而形成贫困的代际循环①。

然而，对于解释贫富差距扩大与儿童贫困现象严重来说，上述方面还只是较为直观和外层的原因，权利的缺失才是最根本、最深刻的原因所在，这些权利缺失涵盖了包括政治、经济、文化等多方面权利的丧失或不平等，从这个意义上来讲，贫困即社会排斥（social exclusion），它意味着一个群体长期不能在政治上、经济上、文化上进入主流社会，而与主流社会处于社会网络的断裂状态②。而教育权利的缺失在促成儿童贫困特别是贫困的代际传递中的影响可谓

---

① 孙志祥. 美国的贫困问题与反贫困政策述评 [J]. 国家行政学院学报，2007 (3)：94～97.

② ［西班牙］戈斯塔艾斯平 - 安德森. 二十一世纪的福利国家——老龄化社会、知识型经济和欧洲福利国家的可持续发展（选自丁开杰，林义. 后福利国家 [M]. 上海三联书店，2004：478）.

至关重要。事实上，无论是巴西、印度这样的发展中国家，还是英美等发达西方国家，都已在不同程度上不同范围内形成"贫困的恶性循环"。这种贫困不单单指经济上的贫困，而包括经济与教育上的双重贫困。一方面，经济的贫困孕育了教育的贫困。另一方面，教育的贫困导致低素质、低就业率，进而强化了经济贫困与贫富差距。德国《明镜周刊》就指出，造成德国穷人越来越穷，难以改变命运的深层原因就在于受教育机会的不平等①。且大量研究表明，这种教育差距早在儿童进入小学之前业已存在，并贯穿于整个学校教育阶段。例如，在德国贫穷的单亲家庭中，其子女能够进入幼儿园接受学前教育的比例还不到3%，大学校园内来自家庭生活比较优越的子弟与穷苦人家子女的比例高达7.4：1②。

儿童贫困及其受教育权缺失的后果十分严重，甚至构成国家与社会健康、和谐发展的重大隐患。首先，它严重影响儿童身心健康成长。他们不仅享受不到最基本的医疗卫生服务，并且更容易患心理疾病。他们由于贫困往往会出现不同程度的胆怯、无助、自卑、自闭倾向，甚至出现断绝交往、交往障碍等问题；其次，这种影响不仅在当下，对人的一生发展都有长期的负面影响。由于贫困使儿童在身心舒适感、社会参与度与生活机遇方面均出于不利境地，而通常被排除在同龄人的群体活动与生活模式之外，因而使其自我认同与价值感，以及生活乐趣等均受到不良影响，且这种影响往往会辐射到其成年阶段；再次，由于受教育机会缺失与教育、生活环境恶劣，贫困儿童更容易沾染不良行为习惯，行为问题突出，甚至违法犯罪，以及成为新一代的怀孕少女、未婚妈妈等；第四，大量存在的贫困人口、特别是贫困儿童及其家庭、问题青少年，以及不断扩大的贫富差距，无疑构成了对社会发展的不安定因素，动摇着社会公平与正义，影响国家和地区的可持续发展与综合实力的提升。

2. 依法保障儿童受教育权、促进学前教育公平是消除儿童贫困与社会排斥的有效途径

越来越多的来自相关研究和政策实践的结果均表明，保障儿童受教育权特别是学前教育权、促进学前教育公平，对于消除儿童贫困与社会排斥现象，促进社会和谐发展及公平与正义，均具有极其重要的作用，特别是学前教育具有

① 黎英. 困扰德国政府的头疼问题：穷人越来越穷 [N]. 中国社会报，2005～1～20.
② 黎英. 困扰德国政府的头疼问题：穷人越来越穷 [N]. 中国社会报，2005～1～20.

优于其他任何一个教育阶段的非常高的社会投资回报率。据美国一项长达三十几年的追踪研究表明：在学前教育上每投资 1 美元，可获得 17.07 美元的回报，其中 4.17 美元是对个体成长的回报，12.9 美元是对社会公共事业的回报，体现在社会福利、补救教育、预防犯罪方面投入的降低，以及纳税的增加等方面。研究进一步得出结论，认为成人犯罪率的降低与在幼儿时期的教育密切相关，学前教育投资是有效防止犯罪的最有力的手段①。与此同时，学前教育是个体一生受教育和发展的起始阶段，幼儿在学前期所拥有的学习机会及其受教育的质量将为其日后的学习与发展奠定重要基础，因此从这个意义上来讲，学前教育的公平是教育起点的公平，发展学前教育事业特别是关注贫困儿童、残疾儿童、少数民族儿童等弱势儿童群体的学前教育问题，对于促进教育起点公平，从而促进教育公平、构建和谐社会以及实现社会公平均具有极其重要的价值和意义。

基于此，当今世界已有越来越多的国家和地区深刻认识到：儿童贫困是最严重的"社会排斥"，是最大的社会不公，只有消除儿童贫困，才能确保其健康成长，在未来社会中把握更加平等的发展机会；受教育机会的不均等特别是基础教育阶段的教育不公是导致贫困与社会不公现象严重的重要原因之一；作为有效保障起点公平的学前教育对于扶助弱势群体、促进教育公平乃至社会公正具有重要作用与独特功能。由此，世界主要国家和地区纷纷采取行动支持消除贫困、缩小贫富差距，特别是通过教育改革、大力发展学前教育事业来促进起点的公平与儿童受教育权利的保障和实现，并以此打破贫困的代际传递与社会排斥，从而促进整个社会的和谐、安定与公平，其中立法保障学前教育事业依法健康发展即是重要举措之一。正如西班牙经济学家安德森所指出的：如果有效地解决社会排斥问题，那么在长期来看，最言之有理的"双赢"政策应当是将资源分配给有小孩子的家庭。我们应该更加强调为最弱势的家庭提供高质量的儿童服务，因为这样才有可能抵消掉家庭之间社会资本分配不平等所带来的不平等②。同时，21 世纪伊始联合国千年峰会上提出的"千年发展目标"的第一项亦即消除极端贫困，而为达此目标，提出首先应采取的重要措施即切

---

① WB（The World Bank）. Brain Development and Youth Crime and Violence Prevention, 2005. http：//www. wb. org，登录日期：2008 年 2 月.

② ［西班牙］戈斯塔艾斯平－安德森. 二十一世纪的福利国家——老龄化社会、知识型经济和欧洲福利国家的可持续发展（选自丁开杰，林义. 后福利国家［M］. 上海三联书店，2004：462）.

实加强教育①。正是在这样一种时代背景下，美、英、法、德、日、巴西、印度以及我国台湾等世界主要国家和地区的学前教育法律应运而生。

三、学前教育改革与发展成为世界教改的重要内容与生长点

战后世界教育改革与发展基本可以 20 世纪 80 年代中后期为分界划分为两个阶段，此前特别是 20 世纪六七十年代是各国战后重建，教育全面振兴与改革的重要时期；此后则是各国面对经济全球化、知识经济与信息时代的各种挑战与教育事业存在的问题，试图积极应对与解决，从而掀起的又一次国际教育改革浪潮。而其间，随各国对学前教育价值与重要意义的逐步认识与高度重视，学前教育改革与发展逐渐成为世界教育改革的重要内容与生长点。

（一）学前教育在战后振兴中得到高度重视

二战后至 20 世纪 80 年代前后是世界诸多国家和地区战后重建与教育全面振兴的重要时期，各主要国家和地区的学前教育事业改革与发展在此教育重建与全面振兴的大背景中逐步提到议事日程中，并越来越受到各国政府关注与重视。

1. 教育振兴是二战后世界主要国家和地区面临的共同课题

第二次世界大战后，无论是美、英等战胜国，还是日、德等战败国，其原有的社会、经济、教育、文化格局均发生了重大改变，一批如印度、巴西等独立建国或恢复民主政府的国家也面临着百废待兴、全面改革与发展的机遇和挑战。其中，教育事业的恢复、建设与振兴成为摆在世界许多国家领导者面前最为重要也是最棘手的一项任务。1957 年前苏联人造卫星的成功上天震惊寰宇，特别是冲击了整个西方世界，使包括英、美、德、日在内的许多国家将全苏联卫星上天的原因归功于培养了大批优秀科技人才的苏联教育，而对本国教育提出批评和质疑，进而纷纷对本国教育进行全面改革。皮希特（Picht, G.）1964 年在《德国的教育灾难》一文中就指出：支撑每个现代国家的基础之一便是它的教育事业。19 世纪的德国在强大的文化中得以崛起，就是依靠了学校的扩建。可是现在这笔老本已消耗殆尽，德国面临着教育困境，教育困境就

---

① 李长久. 全球贫富差距拉大的原因和启示 [J]. 亚非纵横，2007 (5)：48～52，62.

是经济困境。如果我们缺乏有质量的后继力量，生产体系则将一事无成。教育事业失灵，整个社会生存就将受到威胁①。也正是那个时候，联邦德国各州州长签订了著名的《汉堡协定》，标志着联邦德国教育复兴时期的结束和全面教育改革的开始。美国同样受到前苏联卫星升空的刺激，以 1958 年《国防教育法》为先声，扯开了二战后美国教改的大旗，紧随其后是 60 年代培养一流科技人才以增强国防能力的改革，70 年代"恢复基础"运动，以及 80 年代《国家处于危机之中：教育改革势在必行》、《普及科学：美国 2061 计划》的颁布、"重建学习体系"与"全面提高教育质量"的教育体制根本性改革，其教改可谓一浪接一浪。日本更是二战后教育兴国的典范，其教改深受联合国占领军司令部及美国的影响，成效显著，其教育制度以及较为完备的教育法律体系均在战后十几年内基本成型并延续至今没有大的变动。促进经济发展，提高综合国力，同样是二战后发展中国家的首要基本任务，而为达成此目的，大力发展教育事业，积极推行教育改革亦成为诸多发展中国家的当务之急与重要战略。作为亚洲人口大国，经过二战的洗礼，印度终于摆脱殖民统治，建立了独立的民族国家，可谓建国伊始，百废待兴。印度政府深切意识到，在印度这样一个国度里，经济落后，人口众多、特别是农村人口众多，国民素质普遍偏低，要想获得经济发展与社会进步，就必须大力发展教育事业，以全面提高国民素质。于是，经过 50 年代基本学制体系的移植与建立，20 世纪 60 年代，印度进入其教育改革的重要时期，一系列重要教育政策与文件在这一时期制定并颁布。

2. 学前教育改革与发展成为教育振兴中的重要举措

尽管战后至 20 世纪 80 年代中后期学前教育改革与发展尚未普遍纳入各国家和地区政府教育改革的突出重点与核心内容，政府教育改革及其相关法律和政策制定的关切点也尚未明确聚焦于学前领域，但毋庸置疑的是，诸多国家和地区出于对本国经济发展、社会进步与国家综合实力与国际竞争力提升的多方面考虑，教育已经成为各国政府高度重视、并千方百计促进起振兴与发展的重中之重；与此同时，在一些国家和地区教育振兴与发展中，学前教育的改革与发展已经成为其重要举措，并受到越来越多的关注与重视。例如，在夯实基本

① 瞿葆奎，李其龙，孙祖复. 联邦德国教育改革［M］，人民教育出版社，1991：341（转引自李其龙. 德国教育［M］. 吉林教育出版社，2000：204）.

能力、提高教育质量、培养国际一流人才为主旨的美国基础教育改革背景下，关注儿童，特别是贫困儿童等弱势群体的受教育权利，促进起点公平，提高学前教育质量进而保证整个学校教育培养人才的质量，正是从 20 世纪 60 年代开始就已经受到美国政府的高度重视。日本也正是在二战后起，将学前教育依法纳入其学校系统中的第一环，政府制定并颁布了《幼儿园设置基准》（1958年）、《儿童福利法》（1947 年）等法规对日本 6 岁前儿童的教育与保育问题予以了高度关注并作出相应规定。在德国，整个 20 世纪的六七十年代，联邦政府制定了一系列教育改革计划，此时的联邦德国已经注意到学前教育的不可或缺及其重要价值，并将改革的触角伸向学前教育阶段，在当时最为重要的体现改革总体思想的 1971 年《教育结构计划》中，已将义务教育目标由原来的 6 岁下延至 5 岁，并主张把幼儿园教育纳入学校教育系统，同时指出：早期教育对于儿童的智力和情感发展，特别是对儿童学习能力的发展具有特别重要的意义①。发展中大国印度也在那段时期，制定并颁布了对印度教育发展具有里程碑式意义的《国家教育政策》（1968 年），它为 80 年代末印度国家教育政策中对学前教育的高度重视与大力发展提供了基本依据和重要基础。

（二）诸多国家和地区大举改革学前教育，应对教育发展困境

20 世纪末开始，一些国家和地区在经历了几次教改高潮后逐渐开始反思，教育改革与发展缘何仍然面临诸多新老问题，影响教改成效的症结何在？走出教改困境的良方为何？与此同时，来自心理学、教育学、脑科学等多个领域的研究结果表明，学前期在个体一生发展中具有重要奠基作用，学前教育对于教育发展与国民素质整体提升具有不可替代的重要价值。由此，世界主要国家和地区纷纷将目光投向学前教育改革与发展，力求通过学前教育变革促进整个教育事业的全面振兴与持续发展。

1. 基础教育质量堪忧，教育改革陷入困局

20 世纪末，历经几次高潮后的世界教育改革面临尴尬局面：一些老的问题没有显著改善，同时又出现新的问题，各种教育问题与困境交织在一起，对许多国家和地区的发展提出严峻挑战。这些问题包括基础教育质量不高、中小学生基本能力较低，弱势儿童群体受教育权与发展权的不公平，青少年问题行

---

① 李其龙. 德国教育［M］. 吉林教育出版社，2000：211.

为突出等。如何解决这些问题？造成这些问题的关键点又在哪里？这些都引发各国政府和相关研究人士新一轮的反思和探究。

20 世纪末、21 世纪初的美、英、德等发达国家均面临这样一种尴尬境地：教育改革未曾停下脚步，教育改革所牵涉的范围也涵盖了整个学制系统，而现实却无情地显示出：以往教育改革的效果不尽如人意，学校教育质量仍然偏低，学生成绩仍不理想。如，1989 年美国教育考察所对全美 140 万中小学生的基本技能调查就显示：阅读方面，有 60% 的 17 岁学生看不懂初中、高中课文和报刊文章；数学方面，有 49% 的 17 岁学生竟然不知道"10 的 80%"究竟"大于 10"还是"小于 10"；科学方面，59% 的 17 岁学生不会运用所学知识解释教科书中的问题①。德国的情况如出一辙，2000 年和 2003 年的两次 PISA（国际学生评价项目）测评结果给德国社会带来了"震惊"，在参与测试的 40 多个国家中，德国学生测试分数两次均低于 OECD 的平均水平，与芬兰、挪威等其他欧洲国家相去甚远。这样的结果在原本对本国教育水平充满信心的德国社会各界中引起了轩然大波。上述所反映出是欧美发达国家儿童基本能力差这样一个带有相当普遍性和基础性的问题。此外，青少年行为问题、青少年犯罪，儿童贫困与社会排斥，以及少女怀孕、未婚妈妈等现象仍然一直存在并有严重化的趋势，这些均使上述国家基础教育质量偏低、教育改革成效不足。与此同时，作为发展中人口大国的巴西，其在世纪之交所面临的困境则在于国民整体素质普遍偏低，受教育水平非常有限，其庞大的文盲人口及基础教育居高不下的留级复读比例一直以来是非常突出的问题。据联合国统计数据显示，巴西小学复读率在拉美地区位居榜首，1999 年其小学复读率达 24.0%，2004 年这一数字虽有所下降，但仍维持在 20% 以上，尤其是小学一年级的复读率竟高达 30%②。并且，巴西教育发展呈现出非常明显的不均衡态势，这种不均衡体现在地区差异显著、族群差异显著，以及不同学段财政投入的明显不均衡等方面。

总之，世界诸多国家和地区的教育发展在 20 世纪末本世纪初均面临着各种发展困境与严峻挑战，对学前教育的关注及其立法保障与大力推进、或者说

---

① 吴文侃，杨汉清．比较教育学（第二版）［M］．北京：人民教育出版社，1999：354.

② UNESCO. EFA Global Monitoring Report 2007, Strong Foundations：Early Childhood Care and Education. UNESCO, 2006：36.

以学前教育为抓手来破解整个教育改革与发展的难题即在这样一种大背景下应运而生。

2. 对学前教育价值的再认识使学前教育改革成为近年来世界教育改革的热点与重要举措

就在一些国家和地区面临着上述基础教育改革困境与棘手问题的同时,越来越多的来自多个学科领域的研究结果不断地将学前教育的独特价值与重要作用加以揭示与证明。来自脑科学、心理学、教育学、社会学、经济学等多学科领域的科学研究结果表明:学前教育无论对于个体发展,还是对于教育发展、国民整体素质提高、家庭和谐、经济发展、社会安定,乃至综合竞争力的提升,均具有非常重要的价值与不可替代的功能。首先,它对于个体认知、情感、社会性与人格品质的发展以及终身学习起到重要的早期奠基作用;其次,它对于入学准备、防止学业失败,特殊儿童的早期鉴别与早期干预,巩固和提高基础教育完成率,从而促进国民教育整体发展具有重要意义;再次,学前教育是教育的起始阶段,学前教育的公平是起点的公平,国家如在学前教育阶段承担起扶助弱势群体、保证学前教育机会与质量公平的责任,则将对于促进整个社会的教育公平,打破"贫困——低素质恶性循环",实现全社会的均衡、和谐发展发挥重要的战略性意义;第四,发展学前教育有助于解放劳动力,特别是妇女劳动力,促进就业与社会经济发展,促进家庭和谐安定;第五,基于上述多方面功能与作用,加之学前教育的奠基性、潜隐性与长效性,学前教育还具有预防犯罪、促进社会安定团结的重要价值。如前所述,根据美国一项长达三十几年的追踪研究表明:在学前教育上每投资 1 美元,可获得 17.07 美元的回报,其中 4.17 美元是对个体成长的回报,12.9 美元是对社会公共事业的回报,体现在社会福利、补救教育、预防犯罪方面投入的降低,以及纳税的增加。正是在此基础上,世界主要国家和地区纷纷表现出对学前教育前所未有的高度重视,并大举推进学前教育改革,特别是加强学前教育立法及相关政策的制定与实施。

四、应对事业发展现实问题是改革学前教育及其立法的直接动因

(一)主要国家和地区学前教育事业发展面临诸多问题与挑战

如果说上述世界经济发展、社会改革,以及教育改革与发展所面临的困境

等是世界主要国家和地区立法保障学前教育改革与发展的时代背景，那么这些国家和地区近年来学前教育事业发展本身所存在的一系列问题和挑战则是促进其大举改革、特别是通过制定相关法律及政策依法保障学前教育事业发展的直接动因。综观美、英、德、日、印、巴等国和台湾地区近年来学前教育事业的发展，其主要普遍存在以下几个方面问题和挑战：

1. 学前教育总量供给不足，学前教育质量有待提升

如前所述，经济全球化、应对经济危机以及社会福利改革等社会政治、经济发育变革促使越来越多的妇女特别是年轻妈妈们走向工作岗位，欧美许多长期以来崇尚和遵循幼儿家庭看护主导的福利国家，其对机构学前教育的社会需求也日益高涨，因此原有学前教育机构与位置总供给明显不足。因此，大力发展学前教育事业，增加合格学前教育机构及其适龄幼儿接纳总量成为许多国家和地区学前教育发展首先要解决的问题。英国由于积极福利制度的改革及其妇女就业率的大幅攀升，其学前保教需求增长迅速，如何满足民众特别是母亲对幼儿保教的社会需求就成为摆在英国政府面前的首要问题。德国西部各联邦州由于其长期以来家庭看护为主的传统作用，学前教育特别是三岁以下幼儿的学前教育位置供给十分有限，无法满足妇女就业带来的其子女入托的大量需求。欧洲福利国家如此，我国台湾地区也同样面临这个问题。20 世纪 80 年代以来，台湾地区产业结构发生较大变化，服务业取代工业占据了经济的主导地位，为女性提供了就业和创业的空间，台湾地区双薪家庭、核心家庭日益增加，家庭同住人口特别是隔辈人减少，无人照料年幼孩子，与此同时，年轻父母也更加关心子女的早期教育，由此对合格学前教育机构的需求越来越旺盛，台湾地区已有学前教育机构显然已不能满足日益增长的社会需求。此外，还有一些较为落后的发展中国家如印度，其学前教育需求的增加表现出另外一种状况。尽管 20 世纪 90 年代以来印度的粮食生产已经能够自给自足，国家在改善年幼儿童的营养、提供净水、免疫服务、预防艾滋病等提升健康和防御疾病等方面做出了巨大努力，印度儿童的营养和健康状况也已经得到较大程度的改善，但仍有大量印度儿童正在遭受不同程度的饥饿、疾病、贫困，以及净水和公共卫生缺乏之苦。印度各级教育发展不平衡，特别是学前教育普及率还很低，且质量不高，儿童基本的生存和发展权利没有得到有效的保障。据 2002 年印度计划委员会（Planning Commission）调查报告显示，约有一半 5 岁以下的印度幼儿营养不良，同时，印度儿童的健康指标也远低于国际标准。

与此同时，随着世界诸多国家和地区对学前教育重要价值与功能的越来越深刻的认识，当前学前教育的质量问题已逐步提到各国和地区政府的议事日程上来。而此前，由于家庭教育与看护传统的长期作用、幼儿保育与教育管理及其实践的双轨发展、此前对学前教育重要价值与作用缺乏科学而深刻的认识，以及基于上述传统和认识、政府对学前教育发展的放任和不干预立场等，直至20世纪末本世纪初，学前教育质量不高，特别是缺乏科学、有效、高质量的学前教育，还仍然是很多国家和地区所面临的共同问题。例如美国、英国等学前教育阶段存在着阅读与数学等能力培养的缺憾，德国学前教育则一味注重保育和看管而造成教育成分的明显不足，我国台湾地区仍存在大量未经审批、无人监管、质量不保的非正规学前教育机构，以及美、英、德、巴、印等多个国家和地区都在不同程度上存在的因幼儿教师素质参差不齐或整体水平不高而带来的学前教育质量问题。与此同时，伴随美国、英国、德国等多国和地区基础教育改革与成效的不甚理想，也使其领导人不再因循头疼医头、脚疼医脚的老思路，而是将解决问题的视角延伸至学龄前阶段，近年来世界主要国家和地区重在提升学前教育质量，建构统一、连续、灵活、整合的学前教育体系的学前教育改革政策的出台，及其相关法律的制定与实施，均是对上述问题的重要应对与解决措施。

2. 学前教育经费不足，财政性经费管理不善

世界主要国家和地区在不同程度上遇到的学前教育经费不足问题是近年来各国纷纷强化学前教育立法以保障学前教育财政投入的迫切需求与重要原因之一。以美国为例，近年来随着美国政府大力推进学前教育事业发展，以及美国民众对学前教育需求的不断高涨，学前教育资金需求节节攀升。由于美国联邦政府对包括学前教育在内的教育拨款通常是以联邦成文法的形式加以授权，因此现实中对学前教育资金需求的不断增长直接促使了相关法律的陆续出台与修订，经过再授权的法律条款中所规定的学前教育拨款数额逐年递增，甚至成倍增长。例如，据美国普查局（U. S. Census Bureau）数据显示：目前在美国，养育不满 1 岁孩子的母亲中有 59% 的人参加工作，在养育不满 6 岁子女的母亲中有 64% 的人参加工作，依照 1990 年《儿童保育与发展固定拨款法》（CCDBG）的拨款额度来推算，这些资金目前只能满足全美 1/7 的有儿童保育

服务需求的孩子①，而 1990 年 CCDBG 授权的拨款 2002 年后已过期，其拨款数额也难以满足现实需要。现实需求与来自有关方面的呼吁和压力使 CCDBG 的再次授权问题被提到议事日程上来，这就引出了 2005 年《儿童保育法案》。英国、德国等国家近年来学前教育改革与发展同样对经费保障提出了更高要求，弥补经费短缺、强化政府投入力度也成为其近年来学前教育立法及相关政策制定的重要宗旨和目的。在发展中国家和地区，学前教育经费短缺的问题更为突出。印度人口众多，且长期积贫积弱，国家经济基础差，自独立以来，因怀着"大国梦想"积极扩充本国军事力量，整体上对教育的投资与重视程度有限；加之印度在教育发展过程中采取优先发展高等教育的战略②，对高等教育的财政投入远远高于对其他教育阶段的投资，学前教育处于教育层级中的最初一级，往往处于被印度政府忽视或边缘化的地位。2003 年世界银行关于各国学前教育事业发展统计的数据显示，印度投资本国学前教育的经费占其 GDP 的 0.1%，在其国家教育总经费中的比例仅占 1%，而印度 0~6 岁的儿童有 1.58 亿，约占其全国总人口的 15.2%。面对如此众多的学龄前儿童，且要满足其健康、营养、安全、教育等各方面的基本需求，有限的资金可谓杯水车薪。我国台湾地区学前教育经费也存在明显偏低、公立与私立学前教育机构幼儿教育成本差距过大、私立幼稚园家长负担过重等问题。据台湾地区教育统计数据显示③，1958 年至 1980 年，其学前教育每年教育经费占教育经费支出总额的比例在各学段中最低，以 1978 年为例，国民小学、国民中学、高级中学与职业学校、专科学校与大学及独立学院的经费分别为：27.50%、17.29%、16.33% 和 19.98%，而幼稚园仅为 0.94%。与此同时，由于公立学前教育机构获得政府更多财政的支持，使得公立与私立教育机构幼儿的教育经费单位成本差距过大，大量私立幼稚园幼儿家长需要承担更多的费用，私立幼稚园的幼儿演变成为"二等公民"由此也进一步造成入园机会不公，家长负担过重而有可能剥夺部分孩子的受教育机会等问题。而解决上述问题不得不经由政府部

---

① National Association for the Education of Young Children Child Care & Development Block Grant (CCDBG) Helping Families Work and Children Be Ready for School, http://www.naeyc.org/policy/federal/pdf/CCDBG_ Handout. pdf，登录日期：2007 年 1 月.

② 陶晓辉. 印度教育的成就、问题及对中国的启示. 世界教育信息，2003（12）.

③ 数据转引自：洪福财. 台湾地区幼儿教育历史发展及未来义务化政策之探讨［D］. 中国台湾师范大学博士论文，2000.

门加大相关投入与政策支持力度，因此相关学前教育立法需求迫切。

同时，在一些国家出现的学前教育资金管理不善与滥用等问题也是直接引发相关学前教育法律规定出台的现实问题与重要原因。美国在此方面的问题比较有代表性。据美国国会 2005 年发布的一份题为《窃取孩子们的钱："提前开始"项目中的资金滥用与管理不善问题》报告中指出：联邦政府用于"提前开始"的财政拨款逐年增加，但与此同时存在一个令人痛心的事实——其中一部分资金并未真正用于学前儿童，特别是那些弱势儿童，而是存在资金滥用问题，同时也有一部分受资助者的愿望是好的，但由于缺乏相应的财务管理技术与能力而没能合理有效地管理好"提前开始"资金①。另据某媒体一篇题为《"提前开始"资金滥用：2003～2005"耻辱史"》的报道披露，大多数"提前开始"项目机构还是诚实守信的，但在一些州也的确存在"害群之马"，资金滥用问题涉及美国 15 个州的 17 座城市②。美国政府绩效责任办公室（Government Accountability Office，GAO）关于"提前开始"项目的财务调查显示：该项目现存资金滥用与管理不善主要体现在几个方面：项目复审人员不能保证持续的跟踪审查，缺乏关于接受资助者的完全独立客观的调查信息；接受资助者的财务年度报告制度执行不善，实际支出与报告开支不符；取缔不合格受助者机制失灵，致使一些存在资金滥用问题的项目机构仍可获得联邦资助等。由此，《提前开始法》所规定的联邦拨款能否真正得到合理有效利用的问题已经成为美国"提前开始"项目及其相关学前教育立法所关注的焦点问题，这也是美国近年对《提前开始法》及相关法律修订的重要背景和直接原因之一。

3. 相关政府部门职能划分不合理，保教分离

保育与教育是学前教育不可分割的两个方面，而在很多国家和地区，保育与教育在职能部门、机构设置与相关保教服务的实际提供等方面仍存在明显的不合理分割与相互隔离的状态，这不仅不利于幼儿身心健全发展，对于学前教育事业科学、有效的发展也在相当程度上带来障碍。英国 20 世纪初女童 Vic-

---

① National Association for the Education of Young Children Child Care & Development Block Grant（CCDBG）Helping Families Work and Children Be Ready for School，http：//www. naeyc. org/policy/federal/pdf/CCDBG_ Handout. pdf. 登录日期：2007 年 1 月.

② Financial Accountability in the Head Start Early Childhood Program，http：//edworkforce. house. gov. 登录日期：2007 年 1 月.

toria 之死①就集中反映出英国儿童服务各相关政府部门在职能划分与协调合作方面的欠缺与不合理，这也成为英国近年来大力推进学前保教综合服务体系改革，加强教育、卫生、财政、环境、食品与农业、文化部，及工商等十几个政府部门协作，并立法保障的重要起因和导火索。美国在相当长一段时期内其学前儿童的保育和教育也处于相对分离的状态。儿童保育主要针对 4 岁以下的学前儿童，有的也涉及中小学生的校外看护服务，并且大多数的保育机构更重视保育而非教育。从 20 世纪 90 年代开始，才有越来越多的美国人意识到学前儿童的保育和教育是不可分割的，应该统一起来实施。日本幼稚园和保育所的双轨制度也给日本学前教育带来不可避免的多方面问题，如幼稚园和保育所的入园条件实质上要求不同劳动形态的监护人将孩子送到不同的机构中去，如果监护人不工作就不能送保育所，只能送幼稚园，城市中心地带很多孩子争抢进入保育所的机会，用幼稚园的空闲来解决保育所的不足已成为社会需要；少子化使幼稚园和保育所的规模均在缩小，经营效率愈加低下，也不利于儿童的集体生活；随着家庭小型化和社区教育能力的下降，0～2 岁的幼小儿童进入保育机构而得到全面教育支持的需要在日本也日益高涨。如此种种新变化和现实问题对日本学前阶段保育和教育机构的合并提出了迫切要求，这也是近年日本相关改革举措特别是《关于推进向学前儿童综合提供教育与保育的法律》制定与出台的重要原因。

一些发展中国家和地区同样面临上述问题。例如，巴西当今学前教育的一大问题即保教分离，问题的焦点主要集中在 0～3 岁阶段，教育部门并不想接管这个阶段的学前教育，不想因此而分散其发展初等教育的首要责任；而现实中在教育部门尚未接管的情况下，原有由福利部门等兴办的 0～3 岁保育机构又已停办，如此一来实际上缩减了学前教育供给，特别是损害了大量贫困儿童进入学前保教机构的机会和权利。印度教育、健康和社会部门虽然均已参与到为其学前教育与儿童服务中来，但同样缺乏清晰的责任分工和有效整合，儿童的保育和教育在很大程度上相互分离，管理较为混乱，这为印度儿童接受较为全面和高品质的学前教育带来了很大困难，也制约了印度学前教育事业的发展。我国台湾地区由于托、幼招收对象重叠而主管机关不同，也使得学前教育

_____

① 关于该女童之死的来龙去脉，可参见英国政府官方调查报告：Laming，The Victoria Climbie In-quiry：Summary And Recommendations，2003.

管理混乱并衍生了不少问题，如学前教育机构性质定位不清、政府相关部门职责不到位；托、幼适用不同的法规，行政辅导和管理方式不同，评价、奖励、惩处等要求不一，难以保证学前教育统一的质量；幼稚园和托儿所师资要求不同，所享受的待遇、福利和进修机会也不相同，造成从业人员心态不平衡等，已严重阻碍台湾地区学前教育的健康发展，这也成为近年来台湾地区对学前教育大举改革并制定新的学前教育专门法的重要因素。

4. 幼儿教师社会地位偏低，整体素质亟待提升

幼儿教师社会地位偏低、待遇不高，资质条件参差不齐、整体素质亟待提升等有关幼儿教师队伍建设的问题在一些发展中国家和地区比较突出。例如巴西幼儿教师的整体素质就明显偏低，目前巴西仍有大量只具有中等学历层次或更低学历水平的幼儿教师，其东北部地区只有 14% 的幼儿教师具有大学学历，即使在经济、教育较发达的东南部地区，拥有大学学历的幼儿教师也不到一半，仅占 43%。印度学前教育也面临着教师方面的严重问题，据 2003 年联合国教科文组织的一份报告称，印度幼儿教师报酬低，工作动机不强，工作满意度较低[1]。2007 年全球关于学前教育全民教育监测情况的调查表明，印度在条件较为困难地区任教的一些小学教师可以获得额外的津贴，但是幼儿教师和其他学前教育工作者则不能享受同等待遇，且由于印度妇女地位较低，许多女教师甚至不能获得足额工资。幼儿教师的工资、待遇、工作条件等一直是印度学前教育领域争论的焦点，这反映出学前教育在印度较低的政治和社会地位[2]。此外，正式的资格要求主要是针对工作在中小学及其以上教育服务领域的教育者，幼儿教师接受的培训不足。由于幼儿教师的地位和待遇不高，且社会对其专业认可度较低，许多人不愿意从事幼儿教师这一职业，一些合格教师宁愿教中小学。特别是印度农村更缺少高素质的幼儿师资，幼教师资始终不能满足其现实需要[3]。可以说，如何提升幼儿教师的专业地位，聘用合格的教师，增加幼儿教师的工资，加强其入职准备及在职培训，稳定幼儿教师队伍、提高幼儿教师地位是当前印度学前教育面临的最为严峻的挑战之一。我国台湾地区幼儿

① Early Childhood and Inclusive Education Division of Basic Education, Education Sector, Early Childhood Care and Education in E – 9 Countries: Status and Outlook. UNESCO, Paris, 2003.

② 2007 EFA Global Monitoring Report on Early Childhood Care and Education (ECCE) – Online Consultation Resume from Week 2 (December 5 ~ 13, 2005)

③ 严仲连. 中印两国学前教育的发展历史比较 [J]. 学前教育研究, 2007, (01).

教师的作用和重要性也没有得到社会各界的足够认可和重视，幼儿教师待遇尚不理想，公立幼稚园合格教师的福利、待遇明显不如小学教师，私立幼稚园的教师待遇明显不合理，不仅低于台湾地区"行政院"主计处所公布的各行各业平均薪资，也无法与公立园教师相比，而其每月平均工作时数则居各行业之首①，也因此形成了私立园教师向公立园流动、公立园教师向小学流动的现象、幼儿教师队伍非常不稳定的不利现象。同时，台湾地区幼儿教师进修的渠道也不够通畅，能够提供进修的教育机构十分有限②，大量托儿所和私立园的教师，由于身份特殊，难以享受到与公立教师同等机会和质量的在职进修。这些幼儿教师队伍建设中存在的问题都极大影响着上述国家和地区学前教育事业的发展，特别是学前教育质量的提高。发达国家中幼儿教师方面的问题相对缓和，但有些国家也同样存在幼儿教师资质水平不甚理想的问题，如德国学前教育机构中，幼教人员的资质水平总体上以专科学校毕业的幼儿教师为主。与小学以及中学相比，德国学前教育机构中的大学以上文凭的专业人才之少显得尤为突出。在 16 个联邦州中，其比例为范围在 0.4% （图林根州）和 8.8%（不来梅州）之间，而且自 1994 年以来，这个比例几乎没有增加，而且这些高学历人员一般集中于远离实际教学的领导层。此外，没有接受过专业培训的幼教人员仍然存在，占德国幼儿教师总数的 4%③。

5. 学前教育发展不均衡，弱势幼儿群体受教育状况堪忧

学前教育地域间、城乡间以及不同群体间的不平衡发展问题，以及弱势幼儿群体受教育权无法有效保障等也是世界主要国家和地区学前教育面临的另一带有普遍性的主要问题。贫困儿童、残疾儿童、单亲儿童、孤儿等弱势儿童群体的早期教育问题已经成为摆在美、英、德等发达国家面前的棘手问题，如果不能妥善解决这些弱势群体儿童的学前教育问题，如果不能通过适当的符合质量标准的学前教育帮助这些儿童及其家庭摆脱起点的弱势境遇、通过早期教育消除社会排斥，其后果将不仅仅局限于这些弱势儿童自身的发展出现问题，更

---

① 徐千惠. 两岸民办幼教发展及其相关法规之比较研究 [D]. 中国台湾政治大学硕士论文，2003（6）.

② 中国台湾地区"教育部". "教育年报九十年版". http：//history. moe. gov. tw/important. asp，登录日期：2007 年 4 月.

③ 在德国，专科学校（Fachschule）只招收已经接受过第一级职业培训或者有职业经验的学生。根据"国际教育体系标准分类"（ISCED），专科学校属于高等教育领域。在德国不同的联邦州，根据各州法律的不同规定，专科学校可能属于次二级或者第三级教育。

会给整个国家、社会的发展带来不稳定因素和负面影响。也正是为了积极应对上述问题,美国的"提前开始"计划及其相关立法、英国的"确保开端"计划及其相关立法等均相继出台并实施。德国学前教育的非均衡发展则突出表现在两德统一后东西部的发展差异方面,由于长期传统文化的不同影响,西德幼儿入园率长期偏低,学前教育机构也偏重保育而在一定程度上忽视教育质量,因此如何大力发展西部各州学前教育、增加符合质量标准的学前教育位置,从而促进德国东、西部学前教育均衡发展成为德国学前教育事业发展的一个重要课题。

与此同时,巴西、印度等发展中国家的学前教育非均衡发展则更集中地表现在城乡学前教育发展的不均衡,农村幼儿以及城市贫困家庭幼儿的学前教育权力缺乏有效保障。在巴西,一方面,学前教育机构大多集中在城市地区,农村学前教育机构欠缺;另一方面,城市学前教育的主要受益者集中在中上阶层,而广大下层民众特别是贫困家庭的子女无法享受到学前教育①,这就导致了巴西幼儿学前教育机会的不平等及学前教育的非均衡发展;并且,这种非均衡发展还体现在学前教育质量方面,虽然近年来在政府努力下,巴西一些贫困地区(如东北部地区)也广泛开展了学前教育项目,这些地区的学前教育入学率有明显提升,但项目质量无法得到有效保证。印度由于其表列种姓制度的长期存在,不同阶层之间的教育机会分配也十分不公,直至近代,正式教育仅限于高种姓群体中的男性成员,低种姓家庭的儿童和女童大多数没有受教育的权利和机会,在学前教育方面亦是如此②。目前虽有所改观,但长期遗留下来的不同阶层之间的烙印仍然存在,再加上经济因素的影响,各级政府创办的幼教机构在事实上主要是为中上层阶级提供服务,广大下层群众的子女很少或根本没有机会享受正规的学前教育③。此外,由于长期以来印度城市和农村之间经济发展水平的显著差异,占全国人口72%的农村贫困地区,其子女接受学前教育的机会和质量与城市儿童相比均有较大差异④,这也成为印度政府不得不面对和解决的重要问题,近年来引起了印度政府的高度关注。

① 史静寰,周采. 学前比较教育 [M]. 大连:辽宁师范大学出版社,2002:174.

② Jyotsna Pattnaik, Early Childhood Education in India: History, Trends, Issues, and Achievements. Early Childhood Education Journal, Vol. 24, No. 1, 1996.

③ 许红梅,张秀芳. 印度幼儿教育目标简介 [J]. 早期教育,1999 (1).

④ 严仲连. 中印两国学前教育的发展历史比较 [J]. 学前教育研究,2007 (01).

（二）立法保障成为世界学前教育改革与发展的重要举措

在上述时代背景与学前教育事业发展需求下，近年来世界主要国家和地区纷纷进行学前教育改革，各种促进和变革学前教育的政策措施纷纷出台，特别是有多部学前教育法与相关法律陆续制定出台或根据实际需求重新修订。而这些法律及政策的制定和实施最为直接的目的即为有效应对和解决上述学前教育事业发展中遇到的种种问题和挑战。其中，建立健全包括学前教育在内的国家教育体系，强化学前教育事业发展中的国家和政府的职责，扩大学前教育规模，提高学前教育质量；促进保教融合，提供包括日间看护和保育等在内整合的儿童服务，以促进幼儿身心健全发展，为入学做好准备；保障并增加对学前教育的财政投入；提高幼儿教师的社会地位、待遇与相应的资质水平；促进学前教育的均衡发展、特别是扶助弱势幼儿群体，以实现教育起点的公平等，成为世界主要国家和地区近年来学前教育立法的重要宗旨和核心内容。可以说，立法保障本国和地区学前教育改革与发展已成为世界诸多国家和地区的普遍做法与主要趋势，也是各主要国家和地区应对上述学前教育事业发展困境的实际举措，而随时间推进，不同时期上述国家和地区学前教育立法的针对性与保障力度均日益增强。

20世纪50年代至70年代之间主要以美国、德国、日本、印度等与学前教育相关的教育基本法、学校法、儿童法及相关政策的制定为主。如20世纪50年代美国颁布的《国防教育法》、西德延续战前传统颁布的《青少年福利法》、《关于国家援助就学困难儿童和学生的就学奖励的法律》、《私立学校法》，以及60年代美国制定并颁布的《中小学教育法》、《教育指导方针和基础法》及印度的《国家教育政策》等。以此五六十年代向前延伸与向后延伸，日本在战后几年内迅速出台的《教育基本法》、《学校教育法》、《儿童福利法》、《儿童宪章》、《教育公务员特例法》、《教育职员资格证书法》，以及70年代日本颁布的《儿童津贴法》、印度的《国家儿童政策》和我国台湾地区的"师范教育法"也可纳入此番学前教育立法浪潮的视野中。在此期间，诸多国家和地区均认识到教育对提升国民素质与增强综合实力的重要作用，特别是在教育改革中已经关注到基础教育的重要性，相应的教育立法也表现出对学前教育与中小学教育的重视，如德国的《青少年福利法》、日本的《儿童福利法》、《儿童津贴法》及印度的《国家儿童政策》就是专门针对包括幼儿在内的儿童的法律与政策，美国《中小学教育法》、巴西《教育指导方针和基础法》、日本《教育基本法》、《学校教育法》、《私立教育法》等法律中也有关于学前教育的条款。总体上来看，该时期国际学前教育立法的侧重点在于儿童健康与基本生活保障的看护与保育，对教育的规定与强调尚不充分。

20世纪八九十年代，由中小学学生成绩下滑直接引发了许多国家对此前教育改革的反思与重新规划，20世纪80至90年代中期出现了国际学前教育立法又一次较为集中的时期，在此期间，美、英、德、巴西、印度、我国台湾地区等均制定并出台了多部学前教育法律，包括80年代美国的《提前开始法》、英国的《1989年儿童法》、《1988年教育改革法》、我国台湾地区的"幼稚教育法"和印度的《国家教育政策》，以及1990年至1995年之间陆续出台的美国《儿童保育与发展固定拨款法》、德国《儿童及青少年救助法》和我国台湾地区的"师资培育法"及"教师法"等。其中，《提前开始法》、《儿童保育与发展固定拨款法》、《1989年儿童法》及《儿童及青少年救助法》均是专门针对包括幼儿在内的全体儿童的国家层级的法律，特别是前两者是专门的学前教育法（我国台湾地区的"幼稚教育法"也是专门的学前教育法），而巴西则特别在其一国之根本大法《宪法》中专门对包括学前教育在内的学制系统、财政投入、教师队伍及教育质量等做出明确规定。可以看出，虽然该时期学前教育法律制定并出台的数量与此前相比并不占优势，但从其法律的专门性、针对性以及对教育的强调来讲，都无疑有很大进步，不仅有学前教育专门法，儿童法、教育基本法、教师法中也有专门针对学前教育的规定，并且，在对前一阶段经济与社会发展、教育与学前教育发展重新思考与酝酿并实施新的教育与学前教育改革的背景下，学前教育对于改善处境不利儿童境况、对抗贫困，对于促进入学准备、预防中小学学业失败，以及对于促进和保障整个教育改革成功等的重要作用日益为世界主要国家和地区渐渐认识，并体现在相应立法中。

20世纪末至21世纪初的这段时间是世界主要国家和地区学前教育立法的第三次高潮。如前所述，20世纪90年代末期又一次的世界经济危机与诸多国家经济停滞甚至衰退，以及多次教改后仍然存在的学业失败、不良行为等问题，再次将这些国家和地区领导者及有关人士的目光汇集到教育改革的重点及其成效上，而与以往不同之处在于，此次各主要国家和地区的关注点超乎寻常的一致而明确，那就是学前教育。国际社会普遍认为，学前教育在机会与质量方面都有待进一步改善，学前教育的充分发展对整个教育改革宏图的实现至关重要。此前设计实施的多项科学研究也在此时获得结果并公之于众，充分证明了学前教育对个体发展、家庭和谐、社会安定，以及人力资源储备与未来发展的重要价值与作用。站在世纪的交汇点，眼前既要面对重重困境，未来又蕴含着重重机遇和挑战，诸多国家和地区纷纷研究并制定符合时代需要的学前教育专门法，以及在相关教育法中增补或修订有关学前教育的规定，这既是在多元时代背景下对学前教育高度重视的集中体现，也是为应对和解决上述学前教育事业发展困境的切实举措。20世纪九十年代中期至今十年左右的时间内，世界主要国家和地区制定并通过的学前教育法律及草案多达20余部，主要包括美国的《2000年目标：美国教育法》、《不让一个儿童落后法》、《入学准备法》，英国的《1998年学校标准与框架法》、《2002年教育法》、《2005年教育法》和《2006年儿童保育法》，德国的《日托扩展法》、《儿童及青少年救助发展法》，日本的《教育基本法》、《学校教育法》和《关于推进向学前儿童综合提供教育与保育的法律》，巴西的《教育指导方针和基础法》、《国家教育计划》，印度的《国家儿童宪章》、《国家儿童行动计划》，以及我国台湾地区的"教育基本法"、"教育经费编列与管理法"和"儿童教育及照顾法草案"等。特别是进入21世纪的头几年，2002至2007年此短短五六年间，美、英、德、日等发达国家，巴西、印度、我国台湾等国家和地区均先后制定并颁布了专门的学前教育法及政策。由此可见，无论经济发达程度如何，许多国家和地区当前都非常重视学前教育事业的发展及其立法保障，立法保障已成为近年来世界主要国家和地区学前教育改革与发展的重要举措之一。

综上所述，在相当大程度上，学前教育改革与学前教育立法并不仅仅是学前教育领域的事情，它在更大程度上是其所依存的广阔社会政治经济改革与发展的有机组成部分之一与重要结果。对上述世界主要国家和地区社会经济发展、人口与家庭结构变迁、社会福利制度改革、女性就业模式变化，特别是这些国家和地区教育改革与教育发展困境、学前教育事业发展面临挑战等的较为深入的分析与考察，将对我们更好地梳理和分析其学前教育法律规定的主要内容与特点，提炼和概括国际学前教育立法的主要经验，进而提出相关立法启示等起到非常重要的作用。

第三章

世界主要国家和地区学前教育法律规定的主要内容与特点分析

引言

当今世界已有越来越多的国家和地区对学前教育事业发展给予高度重视，并以法律的形式规范并保障之。特别是近十几年来，世界主要国家和地区相继制定并出台专门的学前教育法，并在宪法、拨款法、教育法等基本法中对学前教育事业发展做出明确规定，其规定的主要内容涉及学前教育的性质与地位、政府在学前教育事业发展中的职责、学前教育财政投入、幼儿教师队伍建设、保障弱势幼儿群体受教育权等多个方面。对世界主要国家和地区学前教育法律中上述方面主要内容与特点的系统梳理与深入分析，对我们深刻把握和概括当今国际学前教育立法的主要经验，并在此基础上对我们的学前教育立法提出可供借鉴的启示具有必不可少的重要作用。

一、明确学前教育价值与性质，保障并提升其地位

近年来，许多国家和地区都表现出对学前教育的极大重视和前所未有的改革与发展力度。而这一国际性趋势的形成首先即源于众多国家和地区对学前教育重要价值、独特功能、性质与地位的正确认识与充分肯定。纵观世界主要国家和地区的学前教育法及相关法律和政策，其中均首先明确规定了学前教育的性质、地位，以及宗旨、原则等基本问题，为其学前教育改革与发展提供了有力的法律依据，对普及和强化社会各界对学前教育性质、地位及其重要功能、价值等的统一认识，进而保障学前教育应有地位，以及学前教育事业的持续、

健康发展均起到了不可替代的重要作用。

（一）明确学前教育重要价值与功能

某一事物之所以有价值，就是源于其对人和社会所发挥的有利作用和效能，即功能。明确学前教育的重要功能与作用，其对个体发展和社会发展的重要价值亦随之显现，而明确和强调学前教育的重要价值，又构成了阐述学前教育性质、明确学前教育定位，以及保障和提升学前教育地位的重要依据和前提条件。因而，首先阐明和确立学前教育的重要功能与价值成为世界主要国家和地区学前教育法律及政策规定的重要内容与鲜明特点。

1. 阐明学前教育对于个体发展与终身教育的重要奠基作用与价值

纵观主要国家和地区学前教育及相关法律中该方面的规定，在许多国家和地区的学前教育法律及政策中均首先就学前教育对于个体全面发展与终身教育的重要作用与价值加以明确阐述与刚化。首先，多国和地区均以法律规定的形式对学前教育之于个体智力、人格、情感及社会化等方面的重要作用加以阐释，对从法律的角度和高度明确学前教育的独特功能与价值起到了重要作用。作为发展中人口大国的巴西，其 2001 年由国民议会通过具有法律效力的《国家教育计划》中明确指出：在人的全面发展中，学前教育扮演着越来越重要的角色，它奠定了儿童智力、人格、情感、生活以及社会化的基础，是个体生活的最初阶段，该阶段的经验对个体一生发展具有重要的奠基性作用①。日本 2006 年最新修订的《教育基本法》第 11 条规定也指出："幼儿期的教育是一生当中人格培养的重要基础"。英国政府近年来也越来越充分地认识到学前教育对于个体终身发展的重要奠基作用，全面进行了学前教育改革，特别是从立法和国家政策的高度明确并强调学前教育的重要性与独特价值如在重要学前教育政策报告《家长的选择，儿童最好的开端：儿童保育十年战略》中强调：幼儿时期是儿童发展过程中非常重要的一个时期，儿童在该时期所获得保教质量的高低直接关系到其日后发展及其成就的取得，幼儿的良好开端对其终身发展具有重大影响②。

---

① 巴西议会. Plano Nacional de Educação, PNE (2001), http://www.mec.gov.br/, 登录日期：2007 年 5 月.

② HM Treasury; Department for Education and Skills; Department for Work and Pensions. Choice for Parents, the Best Start for Children: A Ten Year Strategy for Childcare. HM Treasury, 2004.

其次，学前教育对儿童入学准备、对一个国家和地区的基础教育完成情况乃至终身教育体系的建构等均发挥着重要功能与不可替代的作用，世界主要国家和地区学前教育法律中对此也都有多项明确阐释与规定。其中具有代表性的如美国《2000年目标：美国教育法》、《提前开始法》和《入学准备法》等，前者明确规定"到2000年，美国应保证所有儿童都能够接受高质量的适合个体发展需要的学前教育"，之所以如此规定，其原因即透过大量相关研究，无论是美国领导人还是普通民众，均已意识到学前教育对于儿童入学准备及终身教育的重要奠基性，近年来美国大力发展学前教育的重要目的之一也在于帮助每一个美国儿童"为入学做好准备"①。英国重要学前教育政策报告《早期奠基阶段》的开篇也首先阐明和强调：多项研究结果表明，接受学前教育与保育的儿童在上学时有更好的表现，特别是在数学和英语方面比没接受过学前教育的儿童有明显优势。并且，越早开始（从2岁开始）接受高质量的学前教育，对促进儿童的智力发育及为入学做好准备的效果越显著②。2006年日本议会重新修订并颁布实施的《学校教育法》特别强调了学前教育对于义务教育及后续教育阶段的重要奠基作用，其第22条明确指出："幼稚园是奠定义务教育及其以后教育基础的机构"。法国《关于教育指导法的附加报告草案》中也强调：幼儿学校构成儿童学校教育的基础阶段。早期教育对儿童以后的成功，尤其是对其小学教育具有特别有益的影响③。我国台湾地区有关学前教育的政策规定更将学前教育在各个学段与终身教育体系中的这种奠基性和不可替代的重要价值阐释为"幼儿教育不仅是个体终身发展的重要关键阶段，亦是一切教育的基础"④。总之，诸如上述规定在世界主要国家和地区的学前教育法律及政策规定中多处可见，充分体现出这些国家和地区对学前教育作为个体发展、教育事业发展，乃至终身教育体系建构重要起点与奠基的充分理解与高度重视。

2. 阐明学前教育对促进经济发展与社会公平的重要功能与价值

---

① 美国国会．Goals 2000：Educate America Act. http：//thomas. loc. gov/bss/d103/d103laws. html，登录日期：2006年4月．

② Department of Education and Skills（DfES）. Early Years Foundation Stage（Direction of Travel Paper）. The Stationery Office（TSO），2005.

③ 法国议会．关于教育指导法的附加报告草案．1989.

④ 中国台湾地区"教育部"．"幼儿教育券实施方案"．2000.

学前教育有利于一个国家和地区国民整体素质的提升、人力资源的开发与储备，进而对促进国民经济增长，对于补偿与扶助弱势群体利益，进而促进社会公平与稳定、均衡发展等均具有不可替代的长期重要作用，这一点在世界主要国家和地区的学前教育法律及政策中均有相关明确表述与规定，充分体现出各国和地区对此的高度关注与重视。首先，大力发展国民经济、追赶西方发达国家的一些发展中大国如巴西、印度等，在学前教育法律及政策中就非常强调并明确阐释学前教育对丁国家人力资源储备与社会经济发展的重要作用与价值，指出："学前教育是社会发展的必需"，"应该使儿童在这一时期接受到最好的教育教学，这也是国家教育计划的重要内容之一"；① 学前教育对于国家人力资源开发来说既是基础，也是重要因素之一，"儿童是极其重要的国家财富"。② 英国教育部、财政部、劳工部等多部门联合颁布的《家长的选择，儿童最好的开端：儿童保育十年战略》中也明确指出：英国政府有责任帮助幼儿及其家长应对挑战，有责任确保所有幼儿都能有良好开端，此举将对英国公民终身发展、家庭生活质量提高及国家经济繁荣产生重大影响③。与此同时，多个国家和地区从学前教育对弱势儿童群体的补偿功能出发，在相关法律中强调和明确指出了学前教育对于促进教育均衡发展，促进教育起点的公平，进而促进整个社会公平与和谐、稳定发展的重要作用。美国《提前开始法》、英国《2006 年儿童保育法》及其"确保开端"学前教育项目的相关政策规定中一个非常鲜明的宗旨与特点即突出学前教育对弱势幼儿群体从起点消除排斥、迈向公平，享有平等的受教育权和发展权的重要作用。正如法国《教育法典》第 L321~1 条所明确规定的那样：学前教育机构所实施的教育，其重要功能之一即检测或预见学习困难的儿童，防止学业困难；同时对残疾儿童进行早期鉴别，进而对由此产生的不平等做出早期补偿。此外，法国《关于教育指导法的附加报告草案》中也明确指出，幼儿学校构成儿童学校教育的基础阶段。幼儿学校在帮助家境不利儿童跨入知识大门方面发挥着明显作用。因此，从 2 岁起招收这类弱势儿童和从 3 岁起招收全部儿童进入幼儿学校构成了法国教育

---

　　① 巴西议会. Plano Nacional de Educação，PNE（2001，第 1.1 条），http：//www. mec. gov. br/，登录日期：2007 年 5 月.

　　② 印度政府. National Pllicy on Education，1986.

　　③ 英国教育部、财政部、劳工部. 家长的选择，儿童最好的开端：儿童保育十年战略，2004.

政策的重要目标之一①。

由此可见，世界主要国家和地区学前教育法律及政策中均从不同角度、在不同程度上对学前教育多方面的重要价值与功能作出了明确规定和阐述，其所涉及的方面既包括学前教育对个体发展的价值，也包括对后续教育乃至社会与国家与地区发展的重大功能；既包括对普通幼儿的奠基作用，也包括对贫困儿童、残疾儿童、学习困难儿童等弱势幼儿群体的独特价值。这对正确认识和理解学前教育的重要功能与价值，进而明确学前教育的性质，不断提高学前教育的地位等均提供了必不可少的重要依据和基础。

表 3－1　关于学前教育价值与功能的法律及政策规定摘要

颁布部门与时间	法律及政策名称	关于学前教育价值与功能的规定内容
日本国会 （2006 年）	《教育基本法》 （第 11 条）	幼儿期的教育是一生当中人格培养的重要基础。
日本国会 （2006 年）	《学校教育法》 （第 22 条）	幼稚园是奠定义务教育及其以后教育基础的机构。
英国教育部、 财政部、 劳工部（2004 年）	《家长的选择， 儿童最好的开端： 儿童保育十年战略》	英国政府有责任帮助幼儿及其家长应对挑战，有责任确保所有幼儿都能有良好开端，此举将对英国公民终身发展、家庭生活质量提高及国家经济繁荣产生重大影响。
巴西议会 （2001 年）	《国家教育计划》 （第 1.1 条、 1.2 条）	学前教育是巴西社会发展的必需。 在人的全面发展中，学前教育扮演着越来越重要的角色。学前教育是基础教育的第一阶段，它奠定了儿童智力、人格、情感、生活以及社会化的基础，是个体生活最初阶段，该阶段的经验对个体一生的发展具有奠基性作用。
台湾地区"教育部" （2000 年）	"幼儿教育券 实施方案"	幼儿教育不仅是个体终身发展的重要关键阶段，亦是一切教育的基础。
印度政府 （1986 年）	《国家教育政策》	学前教育对初等教育和人力资源开发来说既是基础，也是重要因素之一。

① 法国议会. 关于教育指导法的附加报告草案. 1989.

（二）明确学前教育的性质、原则与宗旨

学前教育作为教育的具体形式与阶段之一，学前教育作为培养幼小儿童的过程，其应该具有怎样的属性，政府应对学前教育的性质应该如何定位？这是一个带有根本性的问题，也是学前教育法律中带有基础性、原则性的规定，对学前教育性质及其基本原则、宗旨的规定，是学前教育事业发展其他方面面规定的依据和基础，也是决定一个国家和地区学前教育事业如何定位、朝着怎样的大方向发展的关键问题。通过对世界主要国家和地区学前教育法律的研究和分析发现，基于这些国家和地区对学前教育价值与功能的认识及相关规定，公益性是这些国家和地区学前教育事业明确的法定性质；学前教育原则与宗旨的规定则与其对学前教育价值与重要性的认识，以及对学前教育性质的定位密切相关。

1. 明确规定学前教育性质与原则

几个主要国家和地区的学前教育法律中对学前教育的性质与定位不尽相同，但总体上均明确将学前教育事业作为社会公共服务体系的重要组成部分之一、作为公益性事业来定性。如近年来英国学前教育改革及其立法的重要特点之一是将学前教育与保育整合性地纳入英国公共服务系统，其《2006 年儿童保育法》明确规定："学前儿童服务"是包括 0 ~ 5 岁学前保教服务、地方当局对幼儿及其家长或准家长提供的相关社会服务、与幼儿及其家长或准家长相关的卫生保健服务、对幼儿家长或准家长在就业与培训方面的支持性服务，以及对幼儿家长或准家长在信息提供与支持方面的服务等在内的综合性社会服务体系①。法国学前教育起步较早、发展较好，这与其对学前教育性质的相关法律规定密不可分。法国《教育法典》、《教育指导法》明确规定：教育是国家公共事业，其组织和执行由国家予以保证，并依据此法典赋予地方政府参与该项公共服务发展的权利与职能；教育是国家最优先发展的事业，公共教育事业应有助于机会平等的实现②。而早在 19 世纪幼儿学校就已经被正式依法纳入法国初等教育范畴，因而法国学前教育的公益性具有不可动摇的法律依据和长效保障。此外，在有些国家学前教育则明确作为社会福利事业的一个组成部分而具有明显的社会福利与社会救济性质，其典型代表如德国。依据德国《儿

① 英国议会．Childcare Act 2006. http//www. opsi. gov. uk/acts. htm，登录日期：2007 年 1 月．

② Le code de l'éducation，Article L. 121 ~ 1.

童与青少年救助法》的相关规定，德国学前教育不属于教育和卫生事业一部分，而属于儿童和青少年救助事业范畴，是社会福利体系的组成部分之一。上述国家对学前教育性质的法律规定，为明确学前教育基本原则和宗旨、目的，特别是保障和提高学前教育地位提供了重要法律依据与前提基础；与此同时，上述规定还在一定程度上反映出，当前一些国家对学前教育性质的定位及其法律规定正在发生值得关注的变化，即由主要面向幼儿的相对单纯的公共事业向兼顾幼儿及其家长的全方位综合性公共服务体系转变，而学前教育的公益性在此过程中得到了进一步强化和丰富。

基于对学前教育公益性、公共服务性及福利性的法律规定，一些国家和地区的学前教育法律中还对学前教育的几项基本原则作出了明确规定，这些原则主要包括免费原则、公平原则及保教结合原则。首先，法国、巴西等国家和地区对学前教育的免费原则做出了明确规定。如法国早在 1881 年即确立了学前教育的免费原则，依据当时颁布的法律规定："公立小学和幼儿园免征教育费"，该项免费原则一直延续至今，1946 年的法国《宪法》和 2000 年法国《教育法典》中再次重申学前教育的免费原则：构建免费和世俗的各级公共教育是国家的责任，在幼儿学校实施的公立学前教育与义务教育均免费。如果说法国学前教育的免费原则与其国家历史与传统有着深刻渊源，那么如巴西这样的发展中人口大国通过法律规定学前教育免费原则则具有相当的前瞻性与战略眼光。巴西《宪法》第 206 条和 1996 年《教育指导方针和基础法》第 3 条均明确规定：包括学前教育机构在内的"公立教育机构实施免费教育"。《巴西宪法》第 208 条还从国家责任的角度规定：国家的教育责任在于保证实施"义务和免费的基础教育"，"帮助 0～6 岁婴幼儿进入托儿所和学前学校"。其次，保证所有儿童都能够平等地享有接受学前教育的权利即公平性是许多国家学前教育法律规定的重点原则之一。如美国《2000 年目标：美国教育法》开篇即明确规定："应保证所有儿童都能够接受高质量的适合个体发展需要的学前教育"。《巴西宪法》第 206 条第 1 款和《教育指导方针和基础法》第 3 条第 1 款也均对包括学前教育在内的教育基本原则做出规定，"入学与受教育机会人人平等"。同时，弱势补偿原则也是学前教育公平性原则的重要组成部分和集中体现之一，关于弱势群体学前教育权利的相关法律规定与特点的分析将在本章第五个问题中专门加以阐述和分析。第三，保教结合原则是目前各国普遍认同的学前教育基本原则之一，并在主要国家和地区学前教育法律及政策中有不同程度和不同方式的规定。如英国《2006年儿童保育法》中规定：学前儿童保教既旨在促进儿童身心健康，保护不受伤害与忽视，又同时要有教育、训练和娱乐①。巴西2006年《国家学前教育政策》中则明确规定："学前教育应当兼顾教育与保育"。2005年印度《国家儿童行动计划》中也明确提出："普及儿童早期服务要确保儿童身体、社会性、情感和认知发展；确保向所有3岁以下的儿童提供保育、保护和发展机会；确保向所有3~6岁儿童提供整合的保育和发展，以及学龄前的学习机会"等。同时，英国近年来推行的学前教育服务综合一体化的改革及其相关法律、政策规定，实际上也加强了英国学前教育与保育的整合。

2. 明确规定学前教育的宗旨与目的

明确学前教育的性质及其原则是诸多国家和地区学前教育法律规定的首要方面，在此基础上这些国家和地区在其学前教育法律中还对学前教育的宗旨与目的做出了较为细致、全面的规定，以保证学前教育事业发展的总体方向与目标，这同时也是对实现学前教育重要价值与功能的追求与诠释。这些规定的侧重点主要包括促进幼儿身心健康、全面发展，为入学做好准备，获得作为合格公民所应具备的必要素质，为将来为社会和国家作贡献打下基础，以及促进消除社会和经济的不平等等重要的学前教育宗旨与目的。《2000年目标：美国教育法》第102条即明确规定，要让所有美国儿童都能够接受高质量的学前教育，做好入学学习的准备。日本2006年新修订的《教育基本法》第1条即对包括学前教育在内的教育宗旨与根本目的做出明确规定：教育的目的即完善人格，培养作为和平、民主之国家和社会的一员而具备必要素质的身心健康的国民"②。英国《2006年儿童保育法》也明确规定：儿童保教的宗旨与根本目的即促进儿童身心健康，培养良好情操，保护不受伤害与忽视，接受教育、训练和娱乐，实现为社会做贡献，以及消除社会与经济不平等③。我国台湾地区"教育基本法"也对包括学前教育在内的教育宗旨与目的从培养健全人格、民主素养、法治观念、强健体魄、思考与判断能力，以及国际视野等方面做出了

---

① 英国议会. Childcare Act 2006 http//www. opsi. gov. uk/acts. htm，登录日期：2007年1月.

② 李协京. 从《教育基本法》的修订看日本教育改革的走向. http：//www. jksx. net/List-Class. asp，登录日期：2007年7月.

③ 英国议会. Childcare Act 2006（第1条、19条、39~48条）. http//www. opsi. gov. uk/acts. htm，登录日期：2007年1月.

全面、细致的规定①。巴西《教育指导方针和基础法》第26条对学前教育要"配合家庭和社区活动，使6岁以下儿童在身体、心理、智力和社会交往方面全面发展"的宗旨与目的做出了基本规定。综上，尽管不同国家和地区对学前教育宗旨与目的的具体定位与法律规定不尽相同，但通过综合与比较分析可以看出，从多方面促进学龄前儿童身体、智力、情感、个性、社会性、人格，公共精神与爱国意识等的健康发展，以及通过学前教育促进国民基本素质的塑造，促进社会公平的实现等是当今诸多国家和地区学前教育的共同宗旨与核心目标。

表3-2　关于学前教育性质、原则与宗旨的法律及政策规定摘要

颁布部门与时间	法律及政策名称	关于学前教育性质、原则与宗旨的规定内容
英国议会 （2006年）	《儿童保育法》 （第1条、2条）	儿童保教的宗旨与根本目的即促进儿童身心健康，培养良好情操，保护不受伤害与忽视，接受教育、训练和娱乐，实现为社会做贡献，以及消除社会与经济不平等。 "学前儿童服务"即包括0～5岁学前保教服务供给，地方当局对幼儿及其家长提供的相关社会服务，与幼儿及其家长相关的卫生保健、信息提供服务等在内的服务体系。
日本国会 （2006年）	《教育基本法》 （第1条）	教育的目的即完善人格，培养作为和平、民主之国家和社会的一员而具备必要素质的身心健康的国民。
德国议会 （2005年）	《儿童与青少年救助法》	学前教育属儿童和青少年救助事业范畴，是社会福利体系的一部分。
印度妇女与儿童发展部 （2005年）	《国家儿童行动计划》	确保向所有3岁以下的儿童提供保育、保护和发展机会；确保向所有3～6岁儿童提供整合的保育与学龄前的学习机会。
法国议会 （1946年） （2000年）	《宪法》 《教育法典》	构建免费和世俗的各级公共教育是国家的责任，在幼儿学校实施的公立学前教育与义务教育均免费。

① 中国台湾地区"立法院"．"教育基本法"．http://tpctc.tpc.edu.tw/law/view_top.asp，登录日期：2007年4月．

颁布部门与时间	法律及政策名称	关于学前教育性质、原则与宗旨的规定内容
巴西议会 （1996 年）	《教育指导方针和基础法》 （第 26 条）	学前教育的目的是配合家庭和社区活动，使 6 岁以下儿童在身体、心理、智力和社会交往方面全面发展。
美国国会 （1994 年）	《2000 年目标：美国教育法》 （第 102 条）	应保证所有儿童都能接受高质量的适合个体发展需要的学前教育，做好入学学习的准备。具体目标包括三个方面：第一，所有儿童都能够接受高质量的具有发展适宜性的学前教育，以帮助他们为入学做好准备；第二，每一位美国儿童的父母都应该成为其子女的第一任教师并每天花一定时间帮助其学龄前子女学习，同时家长可以依法获得所需培训与支持；第三，儿童能够获得足够的营养、保健和体育活动，身心健康地步入校园。
巴西议会 （1988 年）	《巴西宪法》 （第 208 条）	国家的教育责任在于保证实施义务和免费的基础教育，帮助 0 ~ 6 岁婴幼儿进入托儿所和学前学校。

（三）确立并提升学前教育地位

随着世界主要国家和地区对学前教育重要功能与价值，以及学前教育性质、原则的明确与强化，进一步通过法律确立并提升学前教育的地位、加强政府及全社会对学前教育的重视程度等即成为保障学前教育应有价值与功能发挥、促进学前教育事业发展的必然要求，同时这也是巩固和促进对学前教育性质、价值与功能的进一步深刻理解与高度重视的重要途径。因此，确立、保障并提升学前教育的地位，成为诸多国家和地区学前教育法律规定内容的重要特点之一。首先，世界主要国家和地区就学前教育在学制系统中的重要地位方面，均做出了明确且具有较高一致性的规定，将学前教育作为国家学制系统的重要组成部分，作为是基础教育的第一阶段。法国早在 1886 年相关法律中即将学前教育纳入初等学校范畴，将幼儿园和儿童班包括在"实行初等教育"的小学之中①。巴西在这方面的规定也很有代表性，其 1996 年《教育指导方

---

① 法国议会.《机构法》. 1886.

针和基础法》首次明确将学前教育正式纳入巴西整个教育体系，并作为基础教育的第一阶段，该法第 29 条规定：学前教育是基础教育的第一阶段，以 0~6 岁儿童的身心、智力和人际交往方面的全面发展为目标，并作为进一步完善家庭和社会教育影响的重要途径。日本近年修订的《学校教育法》中第 22 条特别强调了"幼稚园是奠定义务教育及其以后教育基础的机构"。1986 年印度《国家教育政策》中也明确把学前教育作为各级教育组织的第一阶段，正式纳入国家教育体系之中，成为基础教育的有机组成部分，并明确规定"要高度重视儿童的保育和教育"。其次，一些国家和地区还从社会和国家发展需要的角度，将学前教育提升至国家教育计划、国家与社会发展的高度，以此提高和强化学前教育的重要地位。如巴西《国家教育计划》明确规定，学前教育是巴西社会发展的必需。儿童的学龄前阶段十分重要，应该使儿童在这一时期接受到最好的教育，这也是国家教育计划的重要内容之一。日本《教育基本法》第 11 条则明确规定指出：鉴于幼儿期的教育是一生当中人格培养的重要基础，国家和地方公共团体必须努力创造良好环境并采取其他适当方法，以利于幼儿健康成长，振兴幼儿教育[①]。

表 3-3　关于学前教育地位的法律及政策规定摘要

颁布部门与时间	法律及政策名称	关于学前教育地位的规定内容
日本国会 （2006 年）	《教育基本法》 （第 11 条）	鉴于幼儿期的教育是一生当中人格培养的重要基础，国家和地方公共团体必须努力创造良好环境并采取其他适当方法，以利于幼儿健康成长，振兴幼儿教育。
巴西议会 （2001 年）	《国家教育计划》 （第 1.1 条）	学前教育是巴西社会发展的必需。儿童的学龄前阶段十分重要，应该使儿童在这一时期接受到最好的教育，这也是国家教育计划的重要内容之一。
巴西议会 （1996 年）	《教育指导方针和基础法》 （第 29 条）	学前教育是基础教育的第一阶段，以 0~6 岁儿童的身心、智力和人际交往方面的全面发展为目标，并作为进一步完善家庭和社会教育影响的重要途径。
印度政府 （1986 年）	《国家教育政策》	把儿童早期保育与教育作为教育的第一阶段，应特别强调对幼儿发展的投资。

---

①　李协京. 从《教育基本法》的修订看日本教育改革的走向. http://www.jksx.net/List-Class.asp，登录日期：2007 年 7 月.

综上所述，当前国际上一些主要国家和地区在学前教育及相关法律中均对学前教育的价值与功能，性质、原则与宗旨，以及学前教育地位等方面从不同角度做出了不同程度的明确规定，并在整体上彼此关联、互相呼应，具有较强的内在逻辑关系。这些规定通常出现在学前教育法律开篇的总则部分，对全法起着提纲挈领、定准基调的价值定位功能，为学前教育事业明确发展方向并实现平稳、持续、健康的发展起着非常重要的作用。同时，有关学前教育性质、地位等的规定还为包括学前教育政府职责、财政投入、教师队伍建设、机构管理及其质量督导，以及保障弱势幼儿受教育权等多方面的规定奠定了必不可少的重要基础与法律基调。

二、明确并强化政府在学前教育事业发展中的重要职责

基于国际社会对学前教育重要价值与作用的逐步认识与深刻理解，并随世界范围内政府改革及现代化政府建设潮流的推进，政府在国家与地区发展中的职责意识不断得到强化，近年来学前教育领域中的这一趋势和特点尤为突出，美国、英国、法国、德国、日本、印度、巴西及我国台湾地区等世界主要国家和地区的学前教育法律中均着力明确并强化政府在学前教育事业发展中的重要职责，包括明确政府在学前教育事业发展中的职责定位及其确立原则，强化最高一级政府在学前教育事业发展中的重要核心职责，明晰各级地方政府学前教育职权，以及明确部门职责、建立并规范学前教育行政管理协作机制等。上述法律规定的制定与执行有效促进了这些国家和地区学前教育事业发展中各级政府与相关部门职责的明确与加强，并积极促进了政府间及部门间学前教育事业协调合作机制的规范与法制化，极大推动了这些国家和地区学前教育事业的健康、持续发展。

（一）明确学前教育政府职责的总体定位①

政府在学前教育发展中的总体职责定位如何，特别是国家与中央政府在学前教育发展中的总体职责如何界定，无疑是关系学前教育事业性质定位、地位、发展方向与基本方针的根本性、原则性问题，同时也是扩大与强化中央政

---

① 此问题中相关论述主要涉及美、英、德、日、印、巴等国家，我国台湾地区不在此部分论述之列。

府学前教育职责、规划与明晰各级政府学前教育职责的必要前提与原则基础。

学前教育性质、地位与重要性，学前教育的宗旨与根本目的也在很大程度上决定了政府应该在学前教育事业发展中担负何种职责，特别是在多大程度和力度范围内发挥政府职责，关于学前教育宗旨与根本目标的规定由此成为世界主要国家学前教育政府职责总体规定的重要出发点与法律前提。在此基础上，很多国家对学前教育事业发展中政府职责的总体范围及其力度做出相应规定。综观世界主要国家对政府学前教育职责的总纲性规定，美国、法国、日本、巴西等在此方面的法律规定均非常明确而有力。如法国《教育法典》、《教育指导法》，日本《教育基本法》，巴西《宪法》、《教育指导方针与基础法》等多部法律中明确规定包括学前教育在内的教育事业是"国家公共事业，其组织和执行由国家予以保证"①，"国家必须努力创造良好的环境并采取适当方法，以利于幼儿的健康成长，振兴幼儿教育"②，"国家、各州、各市政府及家庭共同承担学前教育责任"③。美国《提前开始法》、《不让一个儿童落后法》，英国《2006 年儿童保育法》也从国家和各级政府在通过发展学前教育与保育促进教育公平与社会公平的高度对两国政府的学前教育职责做出纲领性规定。上述各国法律规定均对明确其本国学前教育政府职责、特别是明确和强化中央政府职责奠定了基调，提供了总纲性的基本原则。

综上，学前教育本身所具有公益性、公平性决定了政府在学前教育事业发展中承担相应职责的必要性与必须性，学前教育的重要地位决定了学前教育职责在政府各项职责中的权重与分量，而学前教育的宗旨与目的则勾勒出政府学前教育职责的基本出发点与重要维度。因而从这个意义上来讲，对学前教育事业中政府职责的总体性规定所体现的正是政府对学前教育性质、地位等原则问题的深刻理解，以及在此基础上对政府在学前教育发展方面总体上应该发挥哪些全局性、关键性重要职责的认识。

---

① 法国议会. Le code de l'éducation（2000）. http：//www. legifrance. gouv. fr, 登录日期：2007 年 7 月.

② 日本国会. 教育基本法（2006, 第 11 条）. http：//www. mext. go. jp/b_ menu/kihon/index. htm, 登录日期：2007 年 7 月.

③ 巴西议会. Plano Nacional de Educação, PNE（2001），http：//www. mec. gov. br/, 登录日期：2007 年 5 月.

（二）强化中央政府在学前教育事业发展中的核心职责①

通过对世界主要国家学前教育法律规定的分析发现，无论是以法国为代表的集权型学前教育管理体制国家，以英国、日本为代表的合作型学前教育管理体制国家，还是以美国、巴西为代表的分权型学前教育管理体制国家，通过立法不断强化中央政府在学前教育事业发展中的重要职责已成为近年来诸多国家学前教育法律规定的核心内容与主要特点。

1. 明确并强化中央政府在学前教育事业发展中的重要基本职责

多个国家对中央政府的学前教育基本责任做出了明确法律规定，从法律意义上确立了国家与中央政府对学前教育事业的宏观领导与管理职责。如法国1983年分权法明确提出：国家对于包括学前教育在内的中小学教育"负有重大责任"②；日本《教育基本法》明确规定：国家必须努力创造良好的环境并采取适当方法，以利于幼儿的健康成长，振兴幼儿教育③。作为联邦制国体的巴西、印度等发展中人口大国对中央政府在发展学前教育事业中的责任也尤为重视，并在本国宪法中对此做出明确规定，如《巴西宪法》第208、211条规定：国家教育职责包括面向0~6岁儿童的学前教育④；《印度宪法》第45条明确规定：国家要努力向6岁以下的所有儿童提供学前教育⑤。特别是，英国、法国、巴西等一些国家还在教育基本法、学前保教专门法中对国家向学龄前儿童提供免费学前教育的职责做出了明确规定，如《巴西宪法》、巴西《教育指导方针和基础法》中均明确规定国家教育责任的第一项即保证包括学前教育在内的"义务和免费的基础教育"的实施⑥；英国《2006年儿童保育法》

①　此问题中相关论述主要涉及美、英、德、日、印、巴等国家，我国台湾地区不在此部分论述之列。

②　法国议会. 1983年分权法.

③　日本国会. 教育基本法（2006，第11条）. http：//www. mext. go. jp/b_ menu/kihon/index. htm，登录日期：2007年7月.

④　巴西议会. Constitution of the Federative Republic of Brail（1988，第208、211条）. http：//www. mre. gov. br/，登录日期：2007年5月.

⑤　印度议会. 宪法修正案45条，转引自马加力. 当今印度教育概览［M］. 河南教育出版社，1994：15~16.

⑥　巴西议会. Constitution of the Federative Republic of Brail（1988）；Lei de Diretrizes e Bases da Educação Nacional，LDB（1996）. http：//www. mre. gov. br/，登录日期：2007年5月.

中则规定要"确保适龄儿童接受免费学前教育"①。美国《提前开始法》、《不让一个儿童落后法》等则从促进教育公平的角度对中央政府基本职责做出规定：要确保所有儿童都拥有获得高质量教育的公正、平等和重要的机会②。上述一系列规定无疑对明确并强化以上国家中央政府学前教育基本责任提供了重要法律依据和保障。

2. 明确中央政府在学前教育事业发展中的宏观调控职能

中央政府作为一国学前教育事业的最高行政领导机构，其位于全国高度对全国范围内学前教育的统筹规划、宏观调控与管理对事业发展尤为关键，这也构成中央政府学前教育职责的另一重要方面。对此，世界主要国家学前教育法律中也有多项明确规定。特别是在美国、巴西等联邦制国家，虽然其长期实行地方分权制学前教育管理体制，但近年来随国际社会对学前教育重视程度的普遍提高，特别是美国、巴西等国联邦政府对学前教育重要价值的深刻认识，其越来越意识到中央政府在学前教育事业发展中的关键作用，并不断通过立法强化中央政府在学前教育事业发展规划、宏观管理等方面的重要职责。美国在这方面有较为明确而全面的规定，其《2000年目标：美国教育法》中即明确将"保障所有儿童都接受学前教育"作为未来美国教育目标之首，并依法设立专门的学前教育发展全国领导小组，以对全美学前教育改革与发展进行总体领导和全程监控③；《不让一个儿童落后法》第一编则明确规定了美国联邦政府对包括学前班在内的K～12年级公立学校教育的宏观调控目标，包括"确保高质量的绩效责任体系、学术评价标准、教师培训与教育资源的竞争型分配"，"满足弱势群体儿童的教育需求"、"缩小学业成绩差距"，"确保各州、地方教育机构与学校能够促进所有儿童的学业进步"，以及"将教育资源合理配置到最需要的地方教育机构中"④等目标。《巴西宪法》则对巴西联邦政府的学前教育规划及其与其他学段教育发展、政府其他方面工作规划协调发展等职责做

---

① 英国议会. 2006年儿童保育法（2006，第7条）. http//www. opsi. gov. uk/acts. htm，登录日期：2007年1月.

② 美国国会. 不让一个儿童落后法（2001，第1001条）. http://thomas. loc. gov/bss/d107/d107laws. html，登录日期：2006年4月.

③ 美国国会. Goals 2000: Educate America Act（1994）. http://thomas. loc. gov/bss/d103/d103laws. html，登录日期：2006年4月.

④ 美国国会. 不让一个儿童落后法（2001，第1001条）. http://thomas. loc. gov/bss/d107/d107laws. html，登录日期：2006年4月.

出明确规定：国家应依法制定包括学前教育阶段在内的多年国家教育计划，目的是促进各级教育发展与协作，并与联邦政府领导的相关行动规划整合，以达到普及学校教育，促进教育质量，促进国家人文与科技进步的目的①。

3. 全面规定中央政府学前教育财政投入责任

综观世界主要国家学前教育法律规定的主要内容，其均对中央政府的学前教育财政投入责任做出了相应的明确规定，尽管这些规定所涉及中央财政的投入总量、投入比例、投入重点等方面均有所不同，但均通过立法明确和规范了中央政府在学前教育领域的投入责任，从财政上有力保障了学前教育事业的发展。一方面，英国、美国等对中央财政在全国学前教育项目上的投入逐年递增并以通过《拨款法》、基础教育法、学前保教专门法等加以刚化、保障其预算单列。英国2001年至2007年《拨款法》中即对中央学前教育专项拨款的预算单列金额做出明确规定，且法律规定的该项财政预算逐年递增。以"确保开端"项目为例，2001～2002年度《拨款法》中该项目预算金额为1.8亿英镑②，此后逐年增长，至2007～2008年度已达到17.6亿英镑③，几乎是前者的10倍；另一方面，巴西等国在宪法、教育基本法等重要法律中对包括学前阶段在内教育事业发展的中央财政投入比例做出了明确规定：巴西联邦政府每年应支出不少于18%的税收额，用于维持和发展包括学前教育在内的公共教育事业④。日本《儿童福利法》则规定：国库对进入国家设置的儿童福利设施者，提供入所后所需的费用。"机构补助"指保育所的设备及各种事务费，由国家负担二分之一或三分之一⑤；同时，美国"提前开始"项目、英国"确保开端"项目、印度"儿童全面发展服务"项目等针对弱势儿童群体的早期教育与发展项目均由中央政府投入，并通过相关法律使之刚化，体现出上述国家中央政府在学前教育财政投入方面的职责侧重。此外，对私立学前教育机构的多种财政支持与补助措施也成为近年来一些国家学前教育法律及政策规定的

① 巴西议会. Constitution of the Federative Republic of Brail（1988，第214条）. http：//www. mre. gov. br/，登录日期：2007年5月.

② 英国议会. Appropriation Act 2001. http//www. opsi. gov. uk/acts. htm，登录日期：2007年7月.

③ 英国议会. Appropriation Act 2007. http//www. opsi. gov. uk/acts. htm，登录日期：2007年7月.

④ 巴西议会. Constitution of the Federative Republic of Brail（1988，第212条）；Lei de Diretrizes e Bases da Educação Nacional, LDB（1996，第70条）. http：//www. mre. gov. br/，登录日期：2007年5月.

⑤ 日本国会. 儿童福利法（1997）. http：//www. mext. go. jp，登录日期：2007年7月.

主要内容之一。法国依法规定了政府对符合资质的幼儿学校教师的工资支付责任；日本等国经合法注册备案的私立学前教育机构也可依法享有不同方式的政府经费补助，有效扶持了私立学前教育机构的正常运转，同时也实际起到了规范、监督其健康发展的作用。

4. 明确规定中央政府其他各项重要学前教育职责

通过对世界主要国家学前教育法律及政策的分析发现，除统筹规划、宏观调控与财政投入外，中央政府的学前教育职责还体现在以下几个重要方面：一是保障幼儿教师基本工资和待遇，提高幼儿教师整体素质；二是规范并统一学前教育内容；三是直接负责学前教育质量督导；四是保障弱势幼儿群体接受学前教育。为保障幼儿教师地位、稳定和壮大幼儿教师队伍，一些国家首先从基本工资待遇入手，将保障幼儿教师工资待遇作为中央政府的重要责任之一，由中央财政直接拨付并以法律规范之。法国在这方面的做法最具代表性，其对学前教育事业的高度重视和法制化在这一点上体现得尤为突出。法国《教育法典》第 L. 211 条明确规定："国家承担公立初等学校和幼儿学校教师的工资"①。特别是在法国《德伯雷法》颁布后，包括私立幼儿学校在内的与国家签订合作合同的私立学校教师的工资也由中央政府支付。其次，规范并统一学前阶段教育内容也成为一些国家立法确认的中央政府职责，如英国《2006 年儿童保育法》中对"早期奠基阶段"国家统一课程的规定，以及法国《教育法典》中关于中央政府确定包括学前阶段基础教育教学内容的规定。再次，以英国为代表的一些国家还明确将学前保教质量督导职责通过立法确定为中央政府的重要责任之一。英国《2005 年教育法》即明确规定：女王以令的形式任命英格兰学校女王总督学和督学。总督学的职责即定期对英格兰包括公立托儿所在内的所有学校进行督察，并提交书面督察报告；总督学对公立托儿所进行督察并形成报告的内容包括托儿所是否达到教育标准及其教育质量如何，托儿所教育在多大程度上满足儿童需求，在园儿童的身心健康发展情况，以及托儿所领导与管理质量等。最后，中央政府着力对弱势儿童群体学前教育权利的保障也是诸多国家相关法律及政策规定的重点。美国《提前开始法》、《不让一个儿童落后法》，法国《教育法典》，巴西《教育指导方针和基础法》，印度

---

① 法国议会 . Le code de l'éducation（2000，L. 211～8）. http：//www. legifrance. gouv. fr，登录日期：2007 年 7 月 .

《宪法》、《国家教育政策》、《国家儿童政策》等均对照顾农村、山区、城市经济困难家庭、学习障碍、残疾、少数民族与族群等处境不利的弱势儿童获得平等的学前教育权利做出相关明确规定，并立法对中央财政在此方面的重点倾斜做出规定。如"对于 2 岁儿童的接收优先扩大于处境不利的城市、农村或山区的学校"①；"应向最弱势的、最贫穷的和获得最少服务的儿童提供最大程度的优先"②，上述方面相关规定与特点在后续相应专题中还会进一步深入分析和阐述。

表 3-4　关于中央政府学前教育职责的法律及政策规定摘要

颁布部门与时间	法律及政策名称	关于中央政府学前教育职责的规定内容
英国议会 （2006 年）	《儿童保育法》 （第 7 条）	确保适龄儿童接受免费学前教育。
日本国会 （2006 年）	《教育基本法》 （第 11 条）	国家和地方公共团体必须努力创造良好环境并采取其他适当方法，以利于幼儿健康成长，振兴幼儿教育。
印度妇女和 儿童发展部 （2005 年）	《国家儿童 行动计划》	确保向所有 3 岁以下的儿童提供保育、保护和发展机会，确保向所有 3~6 岁儿童提供整合的保育与发展以及幼儿园学习的机会。通过儿童全面发展服务项目（ICDS）扩展并改进偏远和社会经济落后地区的学前保育。应向最弱势的、最贫穷的和获得最少服务的儿童提供最大程度的优先。
印度议会 （2002）	《印度宪法》 （第 45 条）	国家要努力向 6 岁以下的所有儿童提供学前教育。
法国议会 （2000 年）	《教育法典》 （第 L.211 条）	国家承担公立初等学校和幼儿学校教师的工资。

① 法国议会. Le code de l'éducation（2000，L.113~1）. http：//www. legifrance. gouv. fr，登录日期：2007 年 7 月.

② 印度妇女和儿童发展部. 国家儿童行动计划. http：//www. wcd. nic. in/，登录日期：2007 年 5 月.

续表

颁布部门与时间	法律及政策名称	关于中央政府学前教育职责的规定内容
日本国会 （1997 年）	《儿童福利法》	国库对进入国家设置的儿童福利设施者，提供入所后所需的费用。"机构补助"指保育所的设备及各种事务费，由国家负担 1/2 或 1/3。
美国国会 （1994 年）	《2000 年目标： 美国教育法》 （第 102 条）	应保证所有儿童都能接受高质量的适合个体发展需要的学前教育，做好入学学习的准备。
巴西议会 （1988 年）	《巴西宪法》 （第 208、211 条）	国家教育职责包括面向 0 ～ 6 岁儿童的学前教育。

（三）明晰各级地方政府学前教育职权

世界主要国家和地区学前教育法律中还对地方各级政府在学前教育事业发展中的相关职权做出了明确规定，一方面有力保障了中央政府学前教育改革与发展战略与总体规划的执行与落实，另一方面也依据不同地方的发展实际，促进了地方政府在学前教育事业发展中自主性、积极性与灵活性的发挥，从而依法促进了从中央到地方各级政府学前教育职责体系趋于完整、系统与明晰。

1. 总括性规定地方政府在学前教育事业发展中的基本职责

一些国家和地区学前教育法律中对地方政府发展学前教育的基本责任做出了总括性规定。英国 2006 年制定并颁布的《儿童保育法》第 7 条明确规定：地方当局必须根据各辖区有关 0 ～ 5 岁儿童法规规定，确保学龄前儿童接受免费学前教育。由此确立了地方政府向所有学龄前儿童提供免费教育的责任并使之刚化。巴西《宪法第 14 号修正案》则以国家根本大法明确了各州和联邦特区政府、各市政府优先发展学前教育的职责：各市政府要实行初等教育和学前教育优先，各州和联邦特区政府要保证包括学前教育在内的基础教育和中等教育优先[①]。我国台湾地区"教育基本法"第 10 条也规定，直辖市及县（市）政府应设立教育审议委员会，定期召开会议，负责主管教育事务之审议、咨

---

① 巴西议会. 巴西宪法第 14 号修正案（第 3 条）. http：//www. mre. gov. br/，登录日期：2007 年 5 月.

询、协调及评鉴等事宜①。日本《教育基本法》也规定，各地方必须努力创造良好环境并采取适当措施，促进和振兴学前教育发展②。此外，德国《儿童及青少年救助法》，英国《1998 年学校标准与框架法》、《2002 年教育法》及日本《儿童福利法》等多国法律中均有相应规定。对上述国家和地区各级地方政府依法明确其在学前教育事业发展中的责任并充分履行其职能提供了必不可少的基本法律依据与保障。

2. 多方面明确规定地方政府在学前教育事业发展中的各项具体职责

在明确了基本责任与职能定位的基础上，进一步将地方各级政府的学前教育职责具体化、法律化也是当前世界主要国家和地区学前教育法律规定的重要内容与特点之一，这些法律所规定的地方政府学前教育职责主要涉及以下几个方面。其一，地方政府一项非常重要的职责即结合国家教育指令和规划，制定和实施本级政府辖区的学前教育政策与规划，发挥好上传下达的作用。对此，一些国家相关法律中有非常明确的规定。如巴西《教育指导方针和基础法》中规定：各州政府在发展包括学前教育在内的各级各类教育中的职责主要有："结合国家教育指令和规划，制定和实施各州教育政策和计划"，"下达针对教育系统的补充性规定"；③其二，一些国家法律明确规定地方政府承担学前教育机构的创建与经费投入责任。如法国《教育法典》第 L.212 条规定："公共教育的初级学校和幼儿学校的创建与设置""是乡镇的强制性支出"。④ 日本《儿童福利法》则对都道府县地方政府补助保育所经费的职责及其具体比例做出明确规定：学前教育阶段的补助主要分为"机构补助"和"幼儿津贴"两部分。"机构补助"指保育所的设备及各种事务费，都道府县政府负担其三分之一或四分之一⑤；其三，学前教育机构的选址、建设与日常维护也是一些国家和地区地方政府法定责任。德国《儿童及青少年救助法》即规定德国各州

———

① 中国台湾地区"立法院"."教育基本法"（2006，第 10 条）. http：//tpctc. tpc. edu. tw/law/，登录日期：2007 年 6 月.

② 日本国会. 教育基本法（2006）. http：//www. mext. go. jp/b_ menu/kihon/index. htm，登录日期：2007 年 7 月.

③ 巴西议会. Lei de Diretrizes e Bases da Educação Nacional, LDB（第 11 条）. http：//www. mre. gov. br/，登录日期：2007 年 5 月.

④ 法国议会. Le code de l'éducation（2000，第 L.212 - 1、L.212 ~ 5 条）. http：//www. legifrance. gouv. fr，登录日期：2007 年 7 月.

⑤ 日本国会. 儿童福利法（1997） http：//www. mext. go. jp，登录日期：2007 年 7 月.

政府应负责参与学前教育机构的建设及其服务内容的扩充①；其四，"组织、维护和发展其教育系统内的官方机构和组织"②，调配学前教育机构布局③，设立相关审议会及其合议机构以保障儿童福利④，"确保教育专业人员的培养"⑤ 等也是很多国家和地区学前教育法律对地方政府职责做出的相应规定。地方政府学前教育职责的具化与明晰，一方面是保证国家总体学前教育发展目标实现的必要手段；另一方面就地方政府本身而言，只有明确其职责所在，方可谈及地方政府学前教育职能发挥的自主权与灵活性。

3. 确认并促进地方政府发展学前教育事业的自主性与灵活性

明确地方政府学前教育职责的同时给予其一定的行政权力，以促进地方政府学前教育职能发挥的自主性、灵活性与积极性，是世界主要国家和地区学前教育法律规定的另一主要内容与特点。综观主要国家和地区学前教育法律，其关于地方政府学前教育职权的规定主要涉及以下几个方面：一是学前教育地方立法权。如德国《儿童及青少年救助法》明确规定，德国各联邦州可根据自身情况对包括学前事业在内的儿童和青少年救助事业进行补充立法⑥；二是地方性学前教育政策与计划的制定权与实施权。如巴西《教育指导方针和基础法》即分别赋予巴西各州和市政府以制定和实施本州、本市包括学前阶段在内的教育政策与计划，下达有关教育补充规定的权利⑦；三是学前教育机构的审批与监管权。如英国《1989 年儿童法》即规定英格兰和威尔士地方当局有权对辖区内由个人或非地方当局提供的 8 岁以下日间看护服务进行定期检

① 德国议会. 儿童及青少年救助法（Achtes Buch Sozialgesetzbuch（SGB VIII）：Kinder – und Jugendhilfe，1990，第 82 条）. http：//bundesrecht. juris. de/sgb_ 8/index. html，登录日期：2007 年 7 月.

② 巴西议会. Lei de Diretrizes e Bases da Educação Nacional，LDB（第 11 条）. http：//www. mre. gov. br/，登录日期：2007 年 5 月.

③ 巴西议会. Lei de Diretrizes e Bases da Educação Nacional，LDB（第 12 条）. http：//www. mre. gov. br/，登录日期：2007 年 5 月.

④ 日本国会. 儿童福利法（1997）. http：//www. mext. go. jp，登录日期：2007 年 7 月.

⑤ 巴西议会. Lei de Diretrizes e Bases da Educação Nacional，LDB（第 11 条）. http：//www. mre. gov. br/，登录日期：2007 年 5 月.

⑥ 德国议会. 儿童及青少年救助法（Achtes Buch Sozialgesetzbuch（SGB VIII）：Kinder – und Jugendhilfe，1990，第 82 条）. http：//bundesrecht. juris. de/sgb_ 8/index. html，登录日期：2007 年 7 月.

⑦ 巴西议会. Lei de Diretrizes e Bases da Educação Nacional，LDB（第 11、12 条）. http：//www. mre. gov. br/，登录日期：2007 年 5 月.

查①。巴西《教育指导方针和基础法》中也明确规定各市政府有权批准、委托和监督其教育系统内包括学前教育机构在内的各类学校②；四是通过竞争机制获得中央政府财政资助的权利。美国就十分注重充分调动各州和地方政府在学前教育事业发展中的积极性，州与地方政府在学前教育目标的细化、具体发展计划的制定，学前教育的组织、举办，项目的具体实施，政府拨款的实际利用等过程中发挥着很大作用。《不让一个儿童落后法》、《提前开始法》、《2000年目标：美国教育法》、《儿童保育与发展固定拨款法》及《早期学习机会法》等美国学前教育相关法律中，都有关于"州与地方政府如何申请获得联邦拨款用以开展学前教育项目"的详细规定，即各州与地方通过一系列法律规定的操作流程，申请联邦政府的相应拨款，通过审批后获得相应款项。正是通过这种竞争机制，一方面保证了联邦拨款的使用目标、投入方向与效率，进而体现了联邦政府对学前教育的宏观调控，使有限的资金投入最需要、最可能取得实效的地方；另一方面也实际调动了各州和地方政府争取资金来举办学前教育的积极性，并使在联邦政府宏观调控与规划指导下的各州与地方政府自主权与灵活度的实现具有法律的依据和保障。

表 3-5 关于地方政府学前教育职责的法律规定摘要

颁布部门与时间	法律名称	关于地方政府学前教育职责的规定内容
英国议会 （2006 年）	《儿童保育法》 （第 7 条）	地方当局必须根据各辖区有关 0~5 岁儿童法规规定，确保学龄前儿童接受免费学前教育。
日本国会 （2006 年）	《教育基本法》	各地方必须努力创造良好环境并采取适当措施，促进和振兴学前教育发展。
德国议会 （2005 年）	《儿童及青少年救助法》 （第 82 条）	各州政府应负责参与学前教育机构的建设及其服务内容的扩充。各州政府可根据自身情况对包括学前事业在内的儿童和青少年救助事业进行补充立法。
法国议会 （2000 年）	《教育法典》 （第 L. 212 条）	公共教育的初级学校和幼儿学校的创建与设置是乡镇政府的强制性支出。

---

① 英国议会．Children Act 1989（1989，第 19 条）．http//www.opsi.gov.uk/acts.htm，登录日期：2007 年 7 月．

② 巴西议会．Lei de Diretrizes e Bases da Educação Nacional, LDB（第 12 条）．http://www.mre.gov.br/，登录日期：2007 年 5 月．

续表

颁布部门与时间	法律名称	关于地方政府学前教育职责的规定内容
日本国会 （1997 年）	《儿童福利法》	学前教育阶段的补助主要分为"机构补助"和"幼儿津贴"两部分。"机构补助"指保育所的设备及各种事务费，都道府县政府负担其三分之一或四分之一。设立相关审议会及其合议机构以保障儿童福利。
巴西议会 （1996 年）	《教育指导方针与基础法》（第 11 条、12 条）	各州政府负责结合国家教育指令和规划，制定和实施各州教育政策和计划，组织、维护和发展其教育系统内的官方机构和组织，调配学前教育机构布局，确保教育专业人员的培养。各市政府有权批准、委托和监督其教育系统内包括学前教育机构在内的各类学校。
巴西议会 （1996 年）	《宪法第 14 号修正案》（第 3 条）	各市政府要实行初等教育和学前教育优先，各州和联邦特区政府要保证包括学前教育在内的基础教育和中等教育优先。
英国议会 （1989 年）	《儿童法》（第 19 条）	英国即规定英格兰和威尔士地方当局有权对辖区内由个人或非地方当局提供的 8 岁以下日间看护服务进行定期检查。

（四）明确主管及相关部门职责，建立跨部门协作机制

学前教育是一项社会公共事业，它涉及经济、文化、卫生、福利等诸多领域，加之学前儿童身心发展的特殊性以及学前教育机构的特殊性，因此必然要依靠教育、卫生、建设、民政、劳动保障、财政和价格主管等相关各级部门的明确分工与协调合作。同时，在教育行政部门内部的各个部门之间也需要有明确合理的分工，以适合学前教育的特殊规律，满足儿童的整体需要。因此，通过法律及政策规定明确各相关政府部门责任，以及在此基础上促进相关部门之间的协调合作显得尤为必要和关键。

1. 明确教育主管部门及其下属职能部门以及相关政府部门的学前教育职责

明确教育主管部门、相关部门，以及教育主管部门内部各个相关职能部门的学前教育职责是规范并促进各部门协作的重要基础和前提。教育部门、福利

部门、卫生和健康部门，及财政部门是诸多学前教育相关部门中最为重要的几个环节，也是世界主要国家和地区在相关法律及政策中规定较多较明确的方面。依据英国《2006年儿童保育法》第4条规定："为达成该法目标，相关部门包括：该地区的教育部门、健康与卫生部门、基础保育部门、劳动与培训部门等"①。其中，教育部的职责是促进所有儿童和青少年实现其潜能，提高教育标准，实现对儿童教育整合服务的强有力领导，以应对家庭、人口、社会经济变化，提高英国全球竞争力。我国台湾地区也通过立法对负责学前教育的教育部门及社会福利部门的职责进行重新定位。依据台湾地区"儿童教育及照顾法草案"，台湾地区原有托儿所与幼稚园将一并改称幼儿园，主要招收2~6岁儿童，并由教育部门统一管理；0~2岁儿童则进入托婴中心，由社会福利部门主管。该法第4条还进一步规定了台湾地区"教育部"与"内政部"在制定保教政策、推广保教服务理念、开展保教研究、地方保教行政监督与指导、保教人员规划与培训、保教信息与资料的收集与统计公布等方面的具体职责②。

除厘清不同政府部门之间学前教育职责分工外，明确与合理划分教育主管部门内部各职能部门的分工并通过法律法规加以规范化，对促进学前教育依法健康发展同样至关重要。法国、英国、美国、巴西等国家在这方面均有不同程度的明确规定。法国即先后多次颁布法令和政令，明确其各级教育主管部门与人员的包括学前教育在内的各项职责。如法国第2002~959号政令明确规定：教育部首要职责包括在准备并实施政府有关在校及未入学的所有政策，保障全体公民接受包括学前教育在内的教育③。其有关政令还对法国教育部学校教育司、教师管理司、财务司等的学前教育职责做出具体明确规定④。

2. 建立并规范学前教育行政管理的协作机制

建立并强化政府治理视野下协调合作的教育行政职能实现方式是当今世界学前教育事业发展中的一个突出趋势，也是世界主要国家和地区学前教育立法

---

① 英国议会．Childcare Act 2006 (2006，第4条)．http//www.opsi.gov.uk/acts.htm，登录日期：2007年7月．

② 中国台湾地区"立法院"．"儿童教育及照顾法草案" (2007，第4条)．http://www.ece.moe.edu.tw/childcarelaw.htm，登录日期：2007年7月．

③ 法国教育部．2002~959号政令．

④ 法国政府．第2003~317号政令 (2003年4月7日，第4、8、11条)．

的重要内容与特点之一。美国、英国、法国、日本、巴西等国家和地区在该方面均有相关的具体规定。英国政府近年就先后出台了多部法律及政策，规定各相关部门在共同促进学前教育事业发展中的职责，明确将儿童、学校和家庭部作为包括学前教育在内的青少年儿童及其家庭事务的统筹管理部门，通过以教育部门为首要责任部门，教育、健康、卫生、安全与家庭福利多部门联合行动的方式，促进幼儿保教融合与儿童全面发展。"跨部门联动政策"即近年来一些发达国家学前教育改革中的一项重要举措，该政策同样得以以法律形式刚化，有效保证了各相关政府部门在发展学前教育事业中的统一领导、分工明确与协调合作。如英国《2004 年儿童法》第二部分的主旨即通过各政府部门的合作来促进儿童教育和儿童健康成长，其规定："英格兰每个儿童服务当局（children's services authority）均必须促进以下方面的合作，包括地方当局，地方当局的相关合作者，当局认为合适的在其辖区内从事儿童事务的其他人士或组织"①，而相关合作者包括地区委员会、健康当局、基础保育当局、学习与技能委员会和警方等。《2006 年儿童保育法》则明确规定：教育、卫生、基础保育、劳动与培训等"每个相关部门都必须与地方当局及其他合作者共事，召开相关联席与协调会议，做出工作部署"。巴西《宪法第 14 号修正案》也明确规定在发展学前教育事业过程中要实行相关政府部门合作，其第 3 条第 4款规定：要加强政府部门的合作。巴西《2000 年国家教育计划》特别就学前教育领域的政府部门协作做出明确规定：要使教育部和其他相关部委的技术、管理、财政等方面的资源实现整合。确保财政部、社会福利部和卫生部分的资源用于与教育、学前教育事业发展的相关方面和项目中。这为巴西依法规范并促进学前教育事业部门协作提供了重要依据与法律基础。

表 3-6　关于政府部门学前教育职责及其协作的法律及政策规定摘要

颁布部门与时间	法律及政策名称	关于政府部门学前教育职责及其协作的规定内容
英国议会（2006 年）	《儿童保育法》（第 4 条）	为达成该法目标，相关部门包括该地区的教育部门、健康与卫生部门、基础保育部门、劳动与培训部门等。

① 英国议会. Children Act 2004（2004，第二部分）. http//www. opsi. gov. uk/acts. htm，登录日期：2007 年 7 月.

续表

颁布部门与时间	法律及政策名称	关于地方政府学前教育职责的规定内容
英国议会 （2004 年）	《儿童法》	英格兰每个儿童服务当局均必须促进以下方面的合作，包括地方当局、地方当局的相关合作者、当局认为合适的在其辖区内从事儿童事务的其他人士或组织。
法国教育部 （2003 年）	第 2002~959 号 政令	教育部首要职责包括在准备并实施政府有关在校及未入学的所有政策，保障全体公民接受包括学前教育在内的教育。
法国教育部 （2003 年）	第 2003~317 号 政令 （第 4、8、11 条）	学校教育司制定并执行学前教育、中小学及职高的相关政策；以拨款和包括幼儿学校在内的小学、公立中学职位编制的形式向学区机构下拨经费；制定包括幼儿学校在内的中小学教育机构组织运转的规章制度；确定幼儿学校、中小学教师继续培训的方针等。教师管理司负责包括幼儿教师在内的中小学教师聘用与管理政策的制定，提出有关教师与研究人员条例的改革方案等。财务司则负责协调面向全体人员的法定津贴待遇；以拨款和包括幼儿学校在内的小学、公立中学职位编制的形式向学区机构下拨经费；制定包括幼儿学校在内的中小学教育机构组织运转的规章制度；确定幼儿学校、中小学教师继续培训的方针等。教师管理司负责包括幼儿教师在内的中小学教师聘用与管理政策的制定。
巴西议会 （2001 年）	《国家教育计划》	要使教育部和其他相关部委的技术、管理、财政等方面的资源实现整合。确保财政部、社会福利部和卫生部分的资源用于与教育、学前教育事业发展的相关方面和项目中。

三、明确政府学前教育财政投入责任，预算单列并设专项经费

考察一个国家对教育事业重视程度的重要指标之一即学前教育财政性经费是否充足。当今国际上越来越多的国家，如美、英、德、日等发达国家，以及巴西、印度等国家和地区，都正在不断加大对学前教育的财政投入，尤其是通过相关法律及政策明确各级政府对学前教育投入的责任，通过专项经费、预算

单列等途径保障并增加财政投入总量，同时通过多种方式依法扶持非公立学前教育发展。

（一）明确各级政府学前教育投入基本职责及其分担比例①

许多国家都通过专门的学前教育法和相关教育法、拨款法等法律规定，明确并强化各级政府特别是中央政府对学前教育的财政投入责任，一些国家还通过法律形式将各级政府的学前教育财政投入比例加以确定，对加大财政投入力度、为本国学前教育事业发展提供最基本和必要的经费保障起到了至关重要的作用。

1. 明确并强化中央政府的学前教育财政投入职责

中央政府对本国的学前教育发展负有不可推卸的职责，而这种职责的重要体现之一即保障对学前教育事业的财政投入。很多国家均在其学前教育法中明确规定了中央政府对学前教育财政投入的基本责任，尤其是一些发展中国家和地区相关法律及政策中对中央政府的学前教育投入职责作出了多处明确规定。巴西在这方面的规定比较突出，1988 年《宪法》、《宪法第 14 号修正案》中对"要加大政府对教育的财政投入"有明确规定，巴西《国家教育计划》中更将国家保障教育投入的责任明确化，巴西政府要在 10 年内通过联邦、州、联邦区和市各级政府的共同努力，将教育公用经费在 GDP 中的百分比提高到 7%，并针对学前教育发展专门明确指出："提高学前教育质量要有相应的财政投入保障"②。同时，2006 年《巴西国家学前教育政策》中关于学前教育发展宗旨的第一条就是"要确保维持与发展学前教育的经费"。在国家法律及政策中有如此力度的规定以及如此明确的教育财政投入目标，足见巴西政府努力发展教育事业特别是包括学前教育在内的基础教育事业、促进教育教育公平的立场与决心。作为发展中人口大国的印度，其在 70 年代通过的《国家儿童政策》中即明确规定，国家要根据可利用的资源和财力开展针对较为贫弱地区学前儿童的非正式教育项目。此外，日本《学校教育法》、《儿童福利法》等学前教育法律中也对中央政府学前教育投入职责作出规定。如依据《学校教

---

① 此问题中相关论述主要涉及美、英、德、日、印、巴等国家，我国台湾地区不在此部分论述之列。

② 巴西议会. 国家教育计划（2000，第二章第 1.2 条）. http：//www. mre. gov. br/，登录日期：2007 年 5 月.

育法》、《儿童福利法》规定，日本中央政府对其所设立的国立幼儿园依法应负担其经费，并由中央政府负担进入儿童福利机构幼儿的所有费用。

2. 明确地方政府的学前教育财政投入职责以及各级政府财政分担比例

除中央政府的投入外，地方政府对学前教育的投入也是目前大多数国家和地区学前教育经费的重要来源，同时也构成了地方政府在学前教育事业发展中的重要责任之一，很多国家和地区也对此通过相关法律使之明确和刚化。综观这些国家和地区对地方政府学前教育财政投入的规定，其法定职责主要包括以下一些主要方面：按照不同层级政府各自分担比例，保证学前教育实际投入、提供有关地方政府财政投入的法律与政策支持、将专项税收用于发展学前教育、学前教育机构的投资建设与日常管理费用，以及学前教育机构财政资助款项的监管及没收等。英国学前教育法律中即有多处对地方政府的学前教育投入责任做出了原则性基本规定，其《儿童保育法》第8条明确规定："地方当局提供的支持包括财政支持、工作部署上的支持，以及涉及地方当局财政支持方面的法律条款支持"，这为地方政府提供学前教育投入奠定了法律基础。巴西也在相关法律中对地方各级政府的学前教育投入责任与各级政府经费分担比例做出了明确规定，其《教育指导方针和基础法》第69条规定，各州、联邦区及各市的专项税收是本地区包括学前教育在内的公共教育经费的重要来源。其国家根本大法1988年《巴西宪法》还特别对各级政府教育经费支出占本级财政税收的比例，以及统筹考虑联邦、州、市教育系统的资金等做出明确规定，充分体现了巴西对包括学前阶段在内的教育事业发展的高度重视和切实保障。日本《儿童福利法》中则对市町村的学前教育投入责任加以明确规定。同时，法国、英国等国家还对地方政府关于学前教育机构投资建设、日常管理，及其所得财政资助监管等财政责任做出明确规定。由此，地方政府学前教育财政责任的明晰加之中央政府财政投入责任的强化，为上述国家学前教育事业发展提供了必要的经费保障及其法律依据。

表3-7　关于各级政府学前教育投入职责的法律规定摘要

颁布部门与时间	法律名称	关于各级政府学前教育投入职责的规定内容
英国议会 （2006年）	《儿童保育法》 （第8、9条）	地方当局提供的支持包括财政支持、工作部署上的支持，以及涉及地方当局财政支持方面的法律条款支持。

续表

颁布部门与时间	法律名称	关于各级政府学前教育投入职责的规定内容
日本国会 （2006 年）	《学校教育法》 （第 5 条）	学校设立者管理其设立的学校，除法令中有特殊规格的情况外，应负担其学校的经费。因而依据此法律规定，日本中央政府对其所设立的国立幼儿园依法应负担其经费。
巴西教育部 （2006 年）	《国家学前教育政策》	国家要确保维持与发展学前教育的经费。
日本国会 （1997）	《儿童福利法》 （第 51 条）	市町村政府负责其设置的保育所用于幼儿保育的所有费用。
巴西议会 （1996 年）	《巴西教育指导方针和基础法》 （第 69 条）	各州、联邦区及各市的专项税收是本地区包括学前教育在内的公共教育经费的重要来源。
巴西议会 （1988 年）	《巴西宪法》 （第 211、212 条）	联邦政府应资助联邦公共教育机构，并通过对州、联邦区、市的技术和财政支持，在教育事务中履行再分配和补充的职能，以保障教育机会的平等和教育的基本质量标准。 联邦政府每年应支出不少于 18% 的税收额，州、联邦特区和市应支出不少于 25% 的税收额，包括来自财产转让的收益，用于维持和发展教育事业。
法国国会 （1983）	《1983 年法》	小学和幼儿学校由市镇政府负责投资与管理。

（二）保障并增加学前教育专项经费，重点资助弱势群体

明确各级政府对学前教育财政投入的基本责任是前提和基础，但仅有此方面的法律规定尚不充分，世界主要国家和地区学前教育法律规定的另一特点即通过法律规定明确保障并持续增加学前教育专项经费投入，同时经费流向的重点非常明确：重在扶持和资助弱势幼儿群体，保障其学前教育权利的实现。

1. 保障并不断增加学前教育专项财政经费，重在扶弱

在诸多发达与发展中国家和地区，立法确立并不断增加学前教育专项财政经费都是其保障学前教育事业发展所需基本经费的重要手段和有效措施，并且其学前教育专项经费的投入重点也十分明确，即重点扶持和帮助那些来自农村

地区、城市贫困家庭的贫困儿童及残疾儿童等弱势幼儿群体。英国《2002 年教育法》第 14 条明确规定：“英格兰教育大臣可以直接对任何为达成如下目的或与之相关目的的人士直接提供或安排相应的财政资助”。上述目的的第二项即：“在英国提供儿童保育或与之相关的服务项目”，该条明确规定了国家对儿童教育和保育提供财政支持、并由政府下达专项经费的责任与权力，为英国政府履行学前教育投入职责提供了强有力的法律依据。英国《2002 年教育法》第 15 条还明确了英国政府对学前教育进行财政资助的多种途径，包括拨款、贷款、担保、资助项目运转已花费的设备费用，及受资助人为项目运转而发生的其他费用等。

美国自 20 世纪 80 年代开始就通过《提前开始法》、《入学准备法》、《儿童保育与发展固定拨款法》等学前教育专门法及相关法律的形式，明确规定对“提前开始”项目等美国学前教育项目的专项拨款，有效保障了美国学前教育的发展，特别是有效促进了美国弱势幼儿群体受教育权利的实现。1981年《提前开始法》中规定“联邦政府对提前开始项目的拨款为 10.7 亿美元”，2003 年该法的修订案《入学准备法》中进一步增加该项目专项拨款，规定“2004～2008 年联邦政府在每个财政年度要保证 68.7 亿美元的‘提前开始’项目拨款”，而在 2005 年对‘提前开始’项目的再次授权中，则明确规定“保证 2006～2011 财政年度对‘提前开始’项目 68.99 亿美元的拨款①”，可见此学前教育专款金额递增幅度之大。除此之外，美国还在《不让一个儿童落后法》、《儿童保育与固定拨款法》中明文规定了相关学前教育项目的专项拨款。如《儿童保育与固定拨款法》中则规定，为促进各州和地方儿童保育服务的开展，特别是提高对低收入家庭儿童的早期看护与教育的关注程度，1996～2002 每个财政年度联邦政府对该法授权的儿童保育服务提供 10 亿美元拨款。而在 2005 年提出的对该法的最新修订案《儿童保育法案》中，拨款数额明显增加。联邦政府在该法授权的儿童保育方面的拨款 2006 财政年度为 23亿美元，是《儿童保育与发展固定拨款法》中规定的 2002 年拨款额的 130%，此后每年增加 2 亿美元，2010 年该拨款额达 31 亿美元，从而满足美国教育改革大背景下各州和地方儿童保育项目、早期儿童教育项目在数量扩张和质量提升方面的要求。再如《不让一个儿童落后法》中对学前教育的投入也相当可

---

① 美国国会．School Readiness Act（2005，A Bill）．

观。为提高幼儿园和小学阅读、数学、科学等教师的素质，促进阅读、数学和科学教育质量的提高，该法为这些方面教师的培训和聘任提供了充裕资金，2002 财政年度用于这方面的资金为 30 亿美元，比前一年增长超过 35%；2003 财政年度用于该方面的预算高达 40 亿美元。此外，为改善儿童的阅读能力，仅"早期阅读优先"一项，2002 财政年度联邦投入已高达 7500 万美元。该法规定，此后连续五年即 2003 ~ 2007 年，联邦政府每年对该项目要有与上述额度相当的拨款，专用于促进学前儿童语言、前阅读能力的发展。美国联邦政府对发展学前教育事业的决心和财政支持力度由此可见一斑。

对弱势群体财政补助的倾斜在其他国家和地区特别是发展中国家和地区的相关法律及政策中也有相关明确规定，如印度《国家儿童行动计划》中指出：在预算分配上要确保优先那些属于最弱势群体的儿童①。我国台湾地区 2007 年提交地区"立法院"审议的"儿童教育及照顾法草案"第 51 条则明确规定：直辖市、县（市）主管机关对其主管之教保机构优先招收经济、文化、身心及族群等不利条件儿童者，得予补助；其补助之自治法规，由直辖市、县（市）主管机关定之。

2. 规范学前教育专项经费的合理使用及其监管

为了保证各级政府对学前教育的财政投入、特别是对学前教育的专项经费能够足额、按期下拨，并且真正用到该用之处、避免出现被挪作他用或滥用、侵吞等恶劣现象，依法加强对学前教育财政投入的监管十分重要。一些国家和地区基于其国情，特别是针对已经出现的学前教育经费管理中的某些问题，对此做出了相应法律规定。例如，依据 1988 年《巴西宪法》规定：在公立教育的维持和发展上，联邦政府每年至少投入 18% 的税收，州、联邦特区和市政府每年至少投 25% 的税收。该法第 70 条即对上述财政投入比例的审核及其法律责任做出规定：因不遵守硬性规定的最低百分比而发生的、预期收支与实际收支之间的差额，应在每个财政年度结清并予以纠正。凡拖欠拨款者，有关当局可对之罚款，并追究其民事和刑事责任。美国 2005 年对 1981 年《提前开始法》进行修订的重要动因之一即应对"提前开始"项目运作中所出现的财政经费管理不善甚至资金滥用等问题，因此专门制定了相关条款，包括要求扩大家长对"提前开始"项目管理、运营和资金使用的知情权；要求地方"提前

---

① 印度妇女和儿童发展部. 国家儿童行动计划（2005，第六部分）.

开始"项目董事会雇佣高素质的财务人员并设立"独立审计人员";要求"提前开始"项目受助机构每年提交一份公开的年度财务报告;使该项目竞争机制、特别是淘汰机制更加切实有效等方面的明确规定。英国《2006年儿童保育法》第9条的规定更加具体且有针对性:如儿童保育服务的提供者没能达到地方当局的要求,特别是地方当局特别说明的条件不能达到令人满意的程度,地方当局有权要求其偿还全部或部分财政资助。上述规定在相当程度上明确了英国各级政府对其财政投入使用的监管责任,有助于国家财政投入的合理分配及有效使用,也有助于保障学前教育财政投入的科学化、规范化和稳定化,为英国学前教育事业的持续健康发展奠定了良好的物质基础和法律保障。

表3-8　关于学前教育专项经费及其监管的法律及政策规定摘要

颁布部门与时间	法律及政策名称	关于学前教育专项经费及其监管的规定内容
英国议会 (2006年)	《儿童保育法》	如果儿童保育服务提供者没能达到地方当局的要求,特别是地方当局特别说明的条件不能达到令人满意的程度,地方当局有权要求其偿还全部或部分财政资助。
美国国会 (2005年)	《入学准备法案》	保证2006~2011财政年度对"提前开始"项目68.99亿美元的拨款。
印度妇女和儿童发展部 (2005)	《国家儿童行动计划》	在预算分配上要确保优先那些属于最弱势群体的儿童。
美国国会 (2003年)	《入学准备法》	2004~2008年联邦政府在每个财政年度要保证68.7亿美元的"提前开始"项目拨款。
英国议会 (2002年)	《教育法》	英格兰教育大臣可以直接对任何为达成如下目的或与之相关目的的人士直接提供或安排相应的财政资助。(如下目的第二项即"在英国提供儿童保育或与之相关的服务项目"。)
美国国会 (2001年)	《不让一个儿童落后法》	2002财政年度拨款9亿美元用于"阅读优先"项目,其目的在于帮助各州和学区在幼儿园至3年级发展各种以科学研究为基础的阅读项目,从而提高儿童的阅读能力。

颁布部门与时间	法律及政策名称	关于学前教育专项经费及其监管的规定内容
美国国会 （1990 年）	《儿童保育与 发展固定拨款法》	为促进各州和地方儿童保育服务的开展，特别是提高对低收入家庭儿童的早期看护与教育的关注程度，1996～2002 每个财政年度联邦政府对该法授权的儿童保育服务提供 10 亿美元拨款，获得拨款的机构要将其中不少于 4% 的部分用于改进和提高儿童保育服务的质量，包括促进家长选择权的活动、为儿童及家长提供相关保育信息的服务等。
美国国会 （1981 年）	《提前开始法》	联邦政府对提前开始项目的拨款为 10.7 亿美元。

（三）学前教育经费预算单列且金额逐年递增

在对学前教育财政投入总量的保障与持续增加提供法律依据的同时，近年来世界主要国家和地区学前教育立法的另一重要内容与特点即将学前教育经费预算纳入国家年度财政预算，实行学前教育经费单项列支，以此使学前教育财政投入更具长期稳定性，并且近年来世界主要国家和地区的学前教育法定预算呈现明显增长趋势。其中英国、印度在这方面的法律及政策规定最为突出，分别成为发达国家和发展中国家的典型代表。

英国议会每年都要讨论通过当年的政府预算及各项单列开支的具体金额，并以《拨款法》这一法律形式颁布执行，其中包括教育部预算和英格兰学校总督学办公室预算两大项，该两项又有进一步细分的预算项目，其中就有专门的学前教育预算，如"通过'确保开端'项目促进婴幼儿身体、智力和社会性的全面发展"（简称"确保开端"）预算；"借助儿童基金，通过帮助弱势儿童与青少年及其家庭，应对儿童贫困和社会排斥现象，以打破机会剥夺与弱势地位之间的恶性循环（主要针对 5～13 岁儿童）"（简称"弱势儿童基金"）预算，以及"通过英格兰学校总督学办公室的独立的督导、管理和建议，提高英国教育和儿童保育的质量与标准"（简称"儿童保教标准与质量督导"）预算等。并且其预算金额已从 2001～2002 年度的 1.8 亿英镑逐年增长至 2007～2008 年度的 17.6 亿英镑，其预算额及其增长幅度均相当可观。综上，通过对近十年英国《拨款法》的追踪与考察发现：英国政府对学前教育的预算拨款经历了一个由缺乏单列预算到专门单列预算，学前教育预算单列项目由少到多、由概要到详细，且预算数额由少到多的显著变化过程。这不仅为英国大力发展学前教育事业提供了坚实的经济基础，有助于扩大学前教育服务的范围，提高学前教育标准并改善其教育质量，同时也反映出英国政府对学前教育的高度重视和切实保障。

印度也十分重视政府的学前教育财政投入责任，且对学前教育预算单列有着非常细致、明确的国家政策保障。《国家儿童行动计划》首先对印度的儿童预算作出总体上的明晰，规定要整合来自中央和邦政府的必要的财政、物质、技术和人力资源。具有详细规定的儿童预算和计划的部门应确保100%的投入，且应考虑大量的儿童数而加强预算；全面的预算应该由预算、支出和监督构成；在预算分配上要确保优先那些属于最弱势群体的儿童；要确保经济和社会政策之间的协调。其次，印度政府将学前教育经费纳入印度全国《五年计划》，将学前教育财政预算作为包括健康、保护、发展等在内的综合性预算项目"儿童财政预算"的一个重要组成部分单独列支。"儿童财政预算"由儿童保护、儿童健康、儿童发展与儿童教育这四项子预算组成，其中儿童教育所占份额最大，以2007～2008财政年度为例，印度用于儿童教育的财政预算占"儿童财政预算"总额的72%，是其他三项子预算总额的约2.6倍。"儿童教育"预算中相当一部分主要用于印度学前教育项目的运转，其中最主要的公立学前教育项目即儿童全面发展服务项目（ICDS）和托儿所计划，这两个学前教育项目每个财政年度均有相应专门的中央财政预算。第三，印度儿童教育预算在全国财政预算总额中的比例近年来还在不断增加。以近两年的数据为例，2006～2007财政年度政府对儿童的投入占全国总的财政预算的4.63%，其中分配给儿童教育的经费占全国财政总预算的3.41%，关于儿童教育的预算在对儿童的预算中占70.14%。2007～2008财年印度对儿童的投入则占全国总财政预算的5.08%，其中分配给儿童教育的经费占全国财政总预算的3.63%。关于儿童教育的预算在对儿童的预算中占72%。可见，印度2007～2008财年的儿童财政投入、儿童教育财政预算，以及儿童教育预算占儿童财政预算的比例等三项重要指标均比上一财政年度有所增长，分别增长0.45%、0.22%和1.86%①。第四，有关法规和政策还就印度儿童财政预算的经费来源

---

① 印度妇女儿童发展部. 2007～08年度报告.

做出规定，包括妇女儿童发展部、人力资源开发部、健康与家庭福利部、劳动部、社会公正与授权部、青年事务与体育部，以及部落事务部等在内的多家政府部门均应参与该项财政预算的投入，这也是对印度政府部门学前教育职责的要求与规定。

（四）不同方式实现对非公立学前教育机构的财政支持

学前教育本身具有多方面重要价值与功能，学前教育事业也具备很鲜明公益特质，而无论是学前教育本身的价值、还是学前教育事业所具备的公益性，都不应该由于学前教育机构所有权形式的不同而有所区别，也正是从这个意义上来讲，合法设立、合理运转、不以盈利为目的的非公立学前教育机构，同样是国家和地区学前教育事业的重要组成部分与发展途径，因此政府也应该对合格的非公立学前教育机构给予适当的财政资助。对此，一些国家和地区的学前教育法律及政策中已经做出明确规定。

1. 明确非公立学前教育机构获得财政资助的权利

依法将财政用于公立学前教育机构以外的由慈善机构、宗教团体及个人等兴办的学前教育，以此促进多种学前教育形式并存且依法健康发展，是近年来世界主要国家和地区学前教育法律规定中的重要内容之一。巴西学前教育法律规定的重要特色之一就在于，公用经费不仅可以用于公立学校，还可依法投向符合规定的民办学校等。巴西《宪法》第 213 条明确规定：公共资金应用于包括公立学前教育机构在内的公立学校。根据以下规定，也可用于民办学校、教会或慈善学校：1) 确保非盈利的目的，并将其利润用于教育；2) 确保当终止活动时，将其资产转让给社区、宗教或慈善学校，或移交政府；3) 政府有优先投资和扩展地方公共教育系统的法定义务，当学生居住地的公共学校系统中位置不足或没有正规课程，政府确证无条件履行此义务时，本条所提供的资金可以用于初等和中等民办、教会或慈善学校的奖学金；4) 大学科研和发展活动可以获得政府财政支持。该项原则还在 1996 年《巴西教育指导方针和基础法》中得到进一步重申和延伸。在德国，自由承办者举办的学前保教机构十分普遍，其在扩大德国学前教育机会、促进德国学前教育事业发展中也起到了非常重要的作用。鉴于此，德国专门在《儿童和青少年救助法》中明确规定了政府对学前保教自由承办者的财政资助。该法第 74 条规定：只要自由青少年救助者创建了相应的机构，提供了服务或组织相关活动，以保证实现本法所规定的服务，政府及其有关部门则可根据其积极性对其进行资助，资助的方式及金额可以由政府公共青少年救助机构根据其财政情况来决定。

2. 建立合同制、学券制、奖励制等制度形式保障对非公立学前教育机构的财政资助

一些国家和地区还在学前教育法律及政策中规定建立不同的制度形式，如合同制、学券制等，以确立和保障政府对非公立学前教育机构的财政资助。法国、我国台湾地区、香港特区等在这方面的规定比较有特色。首先，法国1959年颁布实施的《DEBRE法》即对包括学前教育在内的非公立学前教育机构如何通过与国家签订合同而获得财政资助等事宜做出了明确规定。依据该法规定，包括私立幼儿学校在内的法国私立学校可以在不改变与国家关系的前提下，通过与国家签订合同加入法国公共服务系统。与国家签订合同的私立幼儿学校，一方面必须遵守国家教育大纲并接受国民教育部门在教学方面的检查；另一方面中央政府则需向这些私立幼儿学校提供财政资助，主要是负责发放符合资质要求的教师工资，地方政府也要对该校运转经费予以财政支持。政府对这些签订合同的私立幼儿学校财政资助的力度还会因其合同种类的不同而不同，主要包括简单合同与合作合同两大类，法国政府对与其签订合作合同的私立幼儿学校负有更大的财政责任①。与此同时，很多国家和地区还对在学前教育领域实行学券制的相关事宜做出细致、明确的法律及政策规定。我国香港、台湾等地均已实行学前教育学券制度，并在相关法规政策中予以明确规定，以增加对私立非盈利学前教育机构的财政资助，减轻家长负担，促进不同性质学前教育机构的均衡发展。如香港特区《学前教育新措施》、《申请参加学前教育学券计划》等重要学前教育政策中即对学券计划开始推行的时间、对象、学券面额及其补贴用途与具体金额、学前教育机构参与学券计划的必备条件及其评审等做出了明确规定。该政策对参与机构提出了明确要求，特别是将盈利性学前教育机构排除在外，有助于通过政府对非营利机构的资助而引导一部分盈利性学前教育机构转变为非盈利性质，进而促进学前教育更好地满足普通民众的需求，有助于学前教育公平与均衡发展。

此外，我国台湾地区还对政府通过补助、奖助、税收减免等方式资助私立学前教育机构做出了多项规定，以此推进私立学前教育机构优质发展。台湾地区"教育基本法"第7条要求政府对于私人及民间团体兴办教育事业"应依

---

① 法国议会. DEBRE法（1959）.

法令提供必要之协助或经费补助"，"教育经费管理与编列法"第 7 条也明确提出"政府为促进公私立教育之均衡发展，应鼓励私人兴学，并给予适当之经费补助与奖励"，充分体现了地区政府对包括私立幼儿园在内的私立教育机构的财政支持。近年来，台湾地区政府对私立学前教育机构特别采取了更多积极扶持与财政奖励的政策。"幼稚教育法"即明确规定："私立幼儿园办理成绩卓著者，由主管教育行政机关予以奖励"。"私立幼稚园奖励办法"第 9 条则对奖励经费的来源进一步做出明确规定，"奖励私立幼稚园所需要经费，应由直辖市或县（市）主管教育行政机关按实际需要编列预算支应之"①。与此同时，台湾地区政府还通过相关立法，推行以减免税收的方式，实现对私立学前教育机构的间接资助。其"幼稚教育法"第 15 条即明确规定：私人或团体对公立幼儿园或办妥财团法人登记之私立幼稚园之捐赠，除依法予以奖励外，并得依所得税法、遗产及赠与税法之规定免税"。此外，根据"私立学校法"第 50 条、第 52、第 53 条以及"幼稚教育法"第 16 条的规定，私立学前教育机构还可以享受进口图书、仪器、设备及必需用品的免税待遇、土地赋税及房屋税的减免待遇等间接资助。上述法律及政策规定均为这些国家和地区非公立学前教育的积极、健康发展提供了重要法规依据和切实保障。

表 3 - 9 关于非公立学前教育财政投入的法律及政策规定摘要

颁布部门与时间	法律及政策名称	关于非公立学前教育财政投入的规定内容
香港特区 教育局 （2008 年）	《申请参加学前 教育学券计划》 （2008/09 学年）	只有本地非牟利幼儿园或本地非牟利幼儿园暨幼儿中心有关班级，才符合资格兑现学券计划下的学券。幼儿园所收取的学费须符合规定，即以半日制学额计算，不超过每名学童每年港币 24，000 元，以全日制学额计算，不超过每名学童每年港币 48，000 元，才可兑现学券。所有幼儿园须经质素保证机制评审，从而使到由二零一二/一三学年起，只有符合指定标准的幼儿园才可兑现学券。

---

① "私立幼稚园奖励办法"（1999）. http：//tpctc. tpc. edu. tw/law/view_ top. asp，登录日期：2007 年 6 月.

颁布部门与时间	法律及政策名称	关于非公立学前教育财政投入的规定内容
香港特区 教育局 （2007 年）	《学前教育新措施》	学券计划将由二零零七/零八学年起推行。直接向家长提供学前教育学费资助，以供支付年满两岁八个月的子女的学费。每张学券的面额为 13000 元，其中不少于 10000 元用于学生的学费补贴，其余 3000 元用作资助幼儿教师的专业发展。
法国 议会 （1959 年）	《DEBRE 法》	设立合同制度，使私立学校可以选择不改变与国家的关系，也可以选择加入公共服务系统，或者与国家签订一个简单合同或合作合同。 简单合同——公共权力部门证实有关私立学校满足一定条件（如教学应在卫生的场所进行并追求与公立小学一样的目标。师生比应该与公立小学一样。教师应具有适当的学衔。）后可批准签署简单合同；国家发放资格教师的工资，但他们仍是私立教育机构负责人管理下的私法意义上的受雇佣者；工资及附属社会保险费用之外的所有物质运转经费由学生家长承担。地方政府可以参与学校运转经费的支持，但所支出的金额不得超过给予同类公立小学的经费支持；国家进行教学和财务方面的检查。 合作合同——其批准条件比简单合同严格，申请学校应：满足一定教育需求，拥有必要权利与权力的人提出申请，在实现合作之前已经运行了一定时间，拥有适当场地和设施，能够证明校长及教师持有公立教育所要求同等的学衔和资格；合同的最后发放还取决于是否存在公共预算负担的教师职位；一旦签订合作合同，国家将负担学校所有教学人员的工资。持有所要求学衔及在其具有资格的学科教授一半以上课程的教师为国家的合同雇员，由学区长或省督学在校长的同意下任命，具有公法规定的权利与义务。

四、明确幼儿教师身份、地位、权益与资质要求

教师是影响幼儿身心发展的重要他人，教师对幼儿发展的影响是多方面、多层次、全方位的。就学前教育事业而言，优质的幼儿师资队伍则是学前教育事业健康发展、特别是保证和提升学前教育质量的不可或缺的必要条件和重要保障。这也正是世界诸多国家和地区近年来纷纷制定并出台相关法律及政策，明确并刚化幼儿教师的身份与地位、保障幼儿教师的工资待遇等各项权利、规范并提高幼儿教师资质条件，以及大力保障并促进幼儿教师的培训与专业发展的重要原因所在。

（一）明确并刚化幼儿教师的身份与地位

幼儿教师具有怎样的身份和地位，直接决定了幼儿教师群体自身的认同感、荣誉感及价值意识，同时也是社会及国民如何看待幼儿教师职业，是否尊重幼儿教师的重要评价尺度和参照，它直接关系到幼儿教师这一职业能否吸引优秀青年投入于其中，直接决定幼儿教师的工作热情、工作积极性与稳定性，因而对于幼儿教师队伍的稳定、发展与素质提升至关重要。

1. 日益重视并刚化幼儿教师的价值与重要性

近年来，越来越多的国家和地区愈发重视幼儿教师队伍建设对于提高学前教育质量、促进幼儿身心全面发展的重要作用，并在全社会积极倡导尊重幼儿教师，提升幼儿教师地位，并以法律及相关重要政策的形式使之明确和刚化。发达国家中美国是一典型代表。美国政府日益认识到：对美国"未来发展最有影响力的人物就是美国的教师"[1]，而幼儿教育领域则是未来提高教师素质过程中最需要关注和聚焦的领域[2]。美国联邦政府通过立法手段，制定、修订了多部法律，较有代表性的如《提前开始法》、《2000年目标：美国教育法》、《高等教育法修正案》、《不让一个儿童落后法》、《入学准备法》，以及《幼儿园及中小学教师激励法案》（Incentives to Educate American Children Act,

---

① Mrs. Laura Bush. Preparing Tomorrow's Teachers. http：//edworkforce. house. gov/issues/107th/education/nclb/flotus31402. htm，2002 ~3 ~14，登录日期：2006 年4 月.

② President George W. Bush. Radio Address. http：//edworkforce. house. gov/issues/107th/education/nclb/bushradioaddress. htm，2002 ~3 ~2，登录日期：2006 年4 月.

2005)、《全体儿童的优秀教师法案》（Teacher Excellence for All Children Act，2005）等，对包括幼儿教师在内的教师资质要求、培训与专业发展、工资待遇、责权利等多个方面进行了细致、严格的规定，大力提升幼儿教师的地位。英国在《儿童保育十年战略》中也指出："在促进学前教育质量和儿童保育的三条最主要的途径中，建设一支高质量的师资队伍是提升并长久保持学前教育质量的最佳保证"①。在近年来英国出台的多部法律及政策中，也对包括幼儿教师在内的基础教育阶段教师的重要程度、权利、待遇、资质、培训等多方面做出规定，以此提升其法律地位与社会地位，促进幼儿教师与中小学教师队伍的稳定和发展。

发达国家如此，发展中国家也越来越重视教师的作用。如拉美人口大国巴西就已认识到幼儿教师队伍水平的高低是决定巴西学前教育质量能否提升的关键因素，其国家根本大法——1988年《巴西宪法》，以及其教育基本法——1996年的《巴西教育指导方针和基础法》中，均对教师的职业价值与社会地位做出明确规定：要"重视教师职业的价值"，"重视教育事业工作人员"，其中很重要的一个组成队伍即幼儿教师，此举无疑有力促进了巴西幼儿教师地位的提升。印度自建国以来，也表现出对提升教师地位的高度重视，在1968年印度教育和社会福利部制定的《国家教育政策》即明确提出：包括幼儿教师在内的教师是决定教育质量及教育对国家发展所作贡献的所有因素中最为重要的因素，必须赋予教师在社会上受人尊敬的地位。

2. 明确规定幼儿教师的身份与地位

要想使幼儿教师具有较高的社会地位，赋予其应有的身份并以法律规定的方式明确之是非常重要的前提和基础。在幼儿教师的身份及其法律规定方面，不同国家和地区情况有所不同，依据幼儿教师的重要性与教师职业的独特性等而对公立幼儿教师身份做出较为明确、高位规定的主要有国家或地方教育公务员、国家公务员、公务雇员三大类。

有相当一部分国家和地区已有法律明文规定，幼儿教师属国家公务人员。日本依据其《教育公务员特例法》中相应规定，国立、地方公立幼稚园园长、教师、专职教育研究人员等为日本教育公务员。国立幼稚园园长、教师以及其

---

① HM Treasury；Department for Education and Skills；Department for Work and Pensions. Choice for Parents，the Best Start for Children：A Ten Year Strategy for Childcare. HM Treasury，2004.

他系部主任等人员（包括国立研究机构的相应人员）的身份为国家教育公务员；公立幼稚园园长、教师、系部主任以及地方专职教育行政人员的身份为地方教育公务员①。这使日本幼儿教师具有同其他学段教师完全同等的身份和法律地位，有效保障了日本幼儿教师队伍自战后至今几十年间的稳定与发展。法国公立幼儿园同小学具有同等法律地位，其教师的身份也完全相同，自《1889 年法》规定起，法国公立幼儿教师已正式成为国家公务人员。此外，英、美等国家幼儿教师依据法律及相关规定具有公务雇员的身份，即公务员兼雇员身份。在其公立学校附属学前教育机构中的幼儿教师一般由地方政府任用，即其任用权在地方教育当局，但任用时，幼儿教师需要与地方教育当局签订合同，以合约方式雇佣，因而具有公务员和雇员的双重身份，进而决定了诸如英、美公立幼儿教师的双重法律关系：一种是雇佣关系，另一种则是公务员关系。无论哪种身份定位，公务员也好、公务员兼雇员也罢；国家公务员也好、地方公务员也罢，明确的身份定位及其法律规定为这些国家幼儿教师依据其合法身份取得其应有的权利、待遇，履行其职责等提供了坚实可靠的法律依据。

表 3-10　关于幼儿教师身份与地位的法律及政策规定摘要

颁布部门与时间	法律及政策名称	关于幼儿教师身份与地位的规定内容
巴西议会 （1988 年）	《巴西宪法》 （第 206 条）	要重视教师职业的价值。
法国议会 （1959 年、1983 年、 1984 年）	《公务员总章》、 《83-634 号法令》、 《84-16 号法令》	初等教育机构中涉及教学、教育与管理人员与非教学人员任命、职位分配、状况处境（在职、离职、临时调动、编制之外、兵役、父母假期）、假期（病假、长病假、长假、产假、收养假……）、半日工作制、公务员身份固有的义务和权利（特别是工会权利的执行）等职业规定均服从公务员总章的原则。
印度政府 （1968 年）	《国家教育政策》	包括幼儿教师在内的教师是决定教育质量及教育对国家发展所作贡献的所有因素中最为重要的因素，必须赋予教师在社会上受人尊敬的地位。

---

① 教育部国际合作与交流司编，国外教育调研选编，2003 年 11 月.

颁布部门与时间	法律及政策名称	关于幼儿教师身份与地位的规定内容
日本国会 （1949 年）	《教育公务员特例法》 （第 3 条）	凡是按照日本《学校设立法》第一条、第二条规定所设立的国立、地方公立的包括幼儿园在内的各级各类学校的校长、副校长、幼稚园长、教师、专职教育研究人员以及各地方教育委员会的教育长和教育行政管理人员等通过教育为全体国民服务的教职员工为日本的教育公务员。国立学校的校长、教师以及其他系部主任等人员（包括国立研究机构的相应人员）的身份为国家教育公务员；公立学校的校长、教师、系部主任以及地方专职教育行政人员的身份为地方教育公务员。
法国议会 （1889 年）	《1889 年法》	法国公立幼儿教师为国家公务人员。

（二）保障幼儿教师的工资、待遇等各项权益

尽管多数国家和地区教师工资近年来有所增长，但在一些地方，教师的工资仍然明显低于其他职业人群的收入，如此境况无疑严重影响了幼教专业的生源以及幼儿教师工作的积极性和热情。如此一来不免形成"幼教工资待遇与权益缺乏保障——幼教领域不能吸引优秀人才——幼教专业生源差——幼教师资水平低——幼教质量欠佳——公众对幼教成效及幼教职业不认可——幼教工资待遇与权益缺乏保障……"的恶性循环。近年来，许多国家和地区为打破这一恶性循环，在提高包括幼儿教师在内的教师工资待遇方面做出了很多努力，特别是将这方面的相关政策规定与改革措施以法的形式加以刚化，切实保障教师的工资待遇与职权利。

1. 规定并提高幼儿教师工资水平，明确政府相关职责

基本的合理工资收入是保证幼儿教师安心工作、稳定幼儿教师队伍的重要条件和基础。二战后，国际组织已开始重视并制定包括幼儿教师在内的教师工资水平依据，以确立和保证国际范围内对幼儿教师工资水平的确定有较为合理、一致的标准与原则。联合国教科文组织早在 1966 年的一次特别会议中即指出，确定教师工资的依据原则包括：1）要反映教育对社会的重要性，也就是教师的重要性及其承担的责任；2）教师的工资应当高于需要类似的或同等

资格的其他职业人员的工资；3）除确保教师本人及其家属的合理生活水平外，还必须为其旨在提高水平而进行的进修、参加文化活动等提供条件；4）还要考虑要求更高的资格和经验并承担更大责任的可能①。

在此基础上，许多国家和地区近年来先后制订并出台学前教育法律，以保障并提高本国幼儿教师的工资水平，以更好地稳定幼儿教师队伍并吸纳更多有志从事幼教事业的青年人。首先，一些国家明确规定并不断提高幼儿教师的基本工资水平。如美国《提前开始法》即明确规定，要增加"提前开始"项目的联邦拨款并用于提高其幼儿教师的工资水平。对于低于联邦政府规定的最低工资标准的"提前开始"教师，"提前开始"机构应依据基于专业经验划分的工资等级，对其进行相应的工资补偿。作为美国公立学前教育质量模范的俄克拉荷马州，其提高学前教育质量的重要措施之一即立法保障幼儿教师工资，稳定幼儿教师队伍。该州先后于1990年和1998年两次颁布教育改革法，提高学前教师的工资待遇，缩小班级规模，增加教师的专业发展机会。目前该州学前教师的平均工资已经远远高于全国平均水平。高工资和好待遇自然吸引更多优秀人才进入该领域，时至今日，俄克拉荷马州的学前班教育项目已成为全美公认的高质量学前教育②。德国近年来同样十分重视幼儿教师的工资问题，并通过相关法规及政策明确加以规定。就幼儿教师工资过低的问题，德国教育学术工会（GEW）指出，目前的工资分级不能体现出德国对于学前教育的重视，随即该工会提出要求，将幼儿教师的起步工资提高到EG9等级，即2290欧元；同时最终工资增长到3180欧元；因为只有这样"幼儿教师才能获得与应用技术大学毕业生的同等待遇"，也只有这样的工资水平才是对幼儿教师所担任的"高要求工作"的合理补偿③。2005年10月1日，德国颁布了新的《公共服务劳资协议》，成为大多数联邦州和地区幼儿教师工资标准的参照，提高了包括幼儿教师在内公共服务人员的工资水平。

其次，通过法律及政策明确各级政府保障并提高幼儿教师工资的责任，是幼儿教师工资发放及相关待遇落实的重要保障。法国在此方面即有明确规定，

① 高天明．国外教师工资的发放及管理概述［J］．比较教育研究，1995（5）：51．

② Gormley，W. T.，Phillips，D. The Effects of Universal Pre – K in Oklahoma：Research Highlights and Policy Implications［J］，2003（10）．http：//nieer. org，登录日期：2006年4月．

③ http：//www. gew – tarifrunde2008. de/Tarifforderungen＿fuer＿Erzieherinnen. html，登录日期：2008年1月．

法国早在《1889年法》中即规定由国家负担全部公立学校教师与行政人员的工资，市镇政府承担相应的税收义务；1979年1月3日法令及此后多次修改条文中则明确规定解决教师住房的有关支出在维持市镇政府运转的总体拨款中解决。2000年法国《教育法典》第 L.211～8 条还规定，国家承担（公立）初等学校和幼儿学校教师人员的工资。与此同时，巴西、印度等国家也通过相关法规和政策规范幼儿教师的工资标准，大力提高幼儿教师的工资水平，强化政府职责，为稳定幼教师资队伍起到了至关重要的作用。巴西则在1988年《巴西宪法》中明确规定：要"重视教育事业工作人员，对教职人员进行职业评估，在遵照法律并尊重高校自治的前提下，保障公共教育师资的职级升迁及职务工资的提升"，"依法保证公立学校教师的职业规划，保证教师职业的最低工资"。总之，很多国家和地区都意识到基本工资的保障及其不断提高是稳定幼教师资队伍的根本和前提条件，通过立法加以明确和规范是必要手段与有效途径。

2. 保障并提高幼儿教师的各项待遇和权利

获得合理的基本工资仅是幼儿教师作为职业工作者的一项最基本的权利，除此之外的各项待遇和权利的保障也是稳定幼教师资队伍、促进幼儿教师工作积极性与投入程度，进而提高幼儿教师职业认同感与自我效能感的重要因素。因此，许多国家和地区除保证幼儿教师的工资以外，还通过法律规定赋予幼儿教师包括减免税务的待遇、特殊津贴的待遇、购买保险的待遇、带薪进修的待遇、提前退休和休假、在职培训与专业发展等在内的多项权利。

首先，很多国家和地区对幼儿教师的津贴、生活补助、保险、退休养老等福利、待遇做出了明确规定。这一点我们在美、英、日、巴西、我国台湾等国家和地区的学前教育法中均可找到明确规定。美国《提前开始法》第9835条规定，要增加"提前开始"项目的联邦拨款并用于增加"提前开始"项目中幼儿教师的生活补助、获得更多的与其职责相关的培训和专业教育，以及用于"提前开始"机构为其幼儿教师购买保险等。英国《2002年教育法》中也重点对教师的待遇及奖励等事项做出明确规定。该法第119条规定："学校教师法定工资与待遇检查工作组"由英国首相指派该工作组主席，由教育大臣指派该工作组其他成员。该检查组应考察教育大臣向其提出的关于与教师专业职责或工作时间相关的待遇方面的所有事宜，并且向英国首相和教育部长递交关于教师待遇事宜及检查组建议的检查报告。此外，英国政府还特别重视退休教师的待遇问题，在每年《拨款法》的预算中均有"教师养老金计划"专项拨款，且该拨款预算不断增加，2003～2004 财政年度该项拨款预算高达 116.5 亿英镑，是 2001～2002 财政年度该项预算（17 亿英镑）的近 7 倍。

作为发展中人口大国的巴西和印度，其在相关法律中也对包括幼儿教师在内的教师的工作条件、职业津贴、医疗与退休津贴、保险、提前退休、住房等方面做出明确规定，为保障幼儿教师的基本权利和各项待遇提供了重要法律依据。《巴西宪法》第 201 条特别对学前教育阶段教师的提前退休待遇做出规定；巴西《2000 年国家教育计划》第 11.3 条则规定："确保国家资源用于联邦公共教育。保证财政部在联邦范围内对公立教育机构中离退休人员的投入"。同为发展中人口大国的印度，近年来也愈发认识到幼儿教育对于普及初等教育以及国家、社会整体发展起着重要作用。1985 年印度全国教师委员会建议"应该把幼儿教师列入教育的主要行列"，"职业津贴、家庭福利措施、医疗卫生设施、退休津贴等都应便利于教师"。该报告还建议在农村地区兴建各种住宅区，提供各种特殊津贴、奖金或其他鼓励性措施解决这些地区短缺的问题，这对进一步提高幼儿教师的专业地位和社会地位，保障幼儿教师应有的待遇，稳定幼儿教师队伍，促进城乡学前教育均衡发展都具有重要的积极作用。此外，我国台湾地区"教师法"也专门对接受聘任的包括幼儿教师在内的教师应该享有的福利、退休、抚恤、保险等各项基本权利和待遇做出了明确规定，对依法保障幼儿教师合法权利、稳定幼儿教师队伍起到了重要作用。

其次，鉴于培训与专业发展对于幼儿教师专业素养提高与师资整体水平提升，以及学前教育质量保证与促进的重要作用，一些国家和地区就幼儿教师该方面的基本权利也做出了重要法律规定。一方面，日本、巴西、我国台湾等将在职培训与专业发展作为幼儿教师的法定权利。如日本早在 1949 年制定的《教育公务员特例法》中即明确规定，教师既有在职培训的义务，又有接受在职培训的权利。其中对幼儿教师进修机会，及不同教龄教师的研修等方面均有规定。巴西也非常重视保障幼儿教师培训权利。规定要"通过初级培训和进修及教学计划使得幼儿教师们得到尊重"，"保证幼儿教师在进修中学到特殊教育领域的专业知识、学前教育机构中的一般及特殊教育需要"，"每个城市都要进行教师培训，尤其是高等教育机构，应不断地对幼儿教师进行培训，增长他们的知识，对于行政人员亦然"等等。另一方面，通过立法将幼儿教师培训制度化、经常化也是世界主要国家和地区学前教育法律规定及其特点的重要方面之一。日本《教育公务员特例法》等相关法律即对不同教龄教师的进修事宜、教育部门、教育机构等的相关职责、进修教师的教龄、个性化研修计划的制定等做出了明确、细致的规定。我国台湾地区"教师法"还分别对教师在职进修的办法、教师进修奖励办法和教师进修的保障及经费进行了规定："为提升教育品质，鼓励各级学校教师进修、研究，各级主管教育行政机关及学校得视实际需要，设立进修研究机构或单位；其办法由'教育部'定之"，"教师在职进修得享有带职带薪或留职停薪之保障；其进修、研究之经费得由学校或所属主管教育行政机关编列预算支应"。印度在 1985 年全国教师委员会建议中也提出："对每一个教师来说，应使在职培训成为强制性的措施，每 5 年至少一次"。

表 3 - 11　关于幼儿教师工资、待遇的法律规定摘要

颁布部门与时间	法律名称	关于幼儿教师工资、待遇的规定内容
台湾地区"立法院"（2006 年）	"教师法"（第 16 条）	教师接受聘任后，依有关法令及学校章则之规定，享有待遇、福利、退休、抚恤、资遣、保险等权益及保障。
英国议会（2002 年）	《教育法》（第 131 条）	教育大臣制定的法规中可要求根据教师表现予以相应方式奖励，且对地方教育当局、学校管理机构、学校校长在教师奖励方面的职责做出规定。奖励结果可以用于确定教师的工资报酬。
法国议会（2000 年）	《教育法典》（第 L. 211 - 8 条）	国家承担（公立）初等学校和幼儿学校教师人员的工资。
巴西议会（1988 年）	《宪法》（第 201、206 条）	保证教师职业的最低工资。保障公共教育师资的职级升迁及职务工资的提升。在学前教育机构中担任教育职责的教师、小学教师以及从事过渡教学的教师，可提前 5 年退休。
美国国会（1981 年）	《提前开始法》（第 9835、9848 条）	要增加"提前开始"项目的联邦拨款并用于提高其幼儿教师的工资水平（包括幼儿教师的生活补助、获得更多的与其职责相关的培训和专业教育，以及用于"提前开始"机构为其幼儿教师购买保险等）。对于低于联邦政府规定的最低工资标准的"提前开始"教师，"提前开始"机构应依据基于专业经验划分的工资等级，对其进行相应的工资补偿。

颁布部门与时间	法律名称	关于幼儿教师工资、待遇的规定内容
法国议会 （1889 年）	《1889 年法》	国家负担全部公立学校教师与行政人员的工资。市镇政府承担相应的税收义务。

（三）规范并提高幼儿教师的资质要求

幼儿教师队伍的建设始终包含两个相辅相成的重要方面，一是对幼儿教师工资、待遇基本权利和职业条件的保障，另一方面则是幼儿教师自身素质的不断增强、资质水平的显著提高，后者对于幼教师资整体水平的提升以及保证和持续提高学前教育的质量来说是十分关键的。正是看到了幼教师资素质的重要性，世界主要国家和地区的学前教育法律及政策均在不同程度上对幼儿教师的资质条件提出相应要求，做出明确规定，其主要内容与特点包括以下几个主要方面：一是幼儿教师任教的学历层次不断提高；二是幼儿教师任教的专业素养与综合素质要求日趋全面；三是幼儿教师资格认定制度逐步完善。

1. 明确并不断提高幼儿教师学历基准要求

对学历层次的要求是大多数国家和地区对幼儿教师资质所提出的最基本也是最为普遍的要求。目前对幼儿教师从教的学历要求不尽相同，一些国家和地区仅从幼儿教师队伍整体出发，对幼儿教师从教的最低学历标准做出规定；还有一些国家和地区则不仅对最低从教学历要求设定基准，而且还在幼儿教师内部划分出不同资质等级，并规定相应不同等级幼儿教师的学历要求。

首先，绝大多数国家和地区均对幼儿教师任教的最低学历要求做出了明确规定。发达国家在此方面比较普遍的规定是大学毕业层次，包括美国、英国、日本等在内的多个国家均将幼儿教师任教的最低学历层次确定为大学本科。例如，依据日本《教育职员许可法》规定，日本幼儿园教师最低应具有短期大学学位或学士学位；任教于美国公立学校附属幼儿园的幼儿教师一般也均具有本科学位或拥有教育硕士学位。任教于"提前开始"项目的幼儿教师学历要求随与传统学历标准有所不同，但其最低学力要求至少要达到相当于我国的大专水平。与此同时，有一些国家和地区基于其本国和地区情况，对幼儿教师从教最低学历尚未做出大学本科层次的要求而确定为中等教育层次。如我国台湾地区"幼稚教育法"第 12 条规定，幼儿园园长、教师以由幼稚师资培育机构毕业者担任为原则，但专科以上有关系、科毕业者，或者高级中等以上学校毕业、曾修习规定的教育学科并获得学分者也可担任①。又如我国澳门特区1991年发布的《订定在官立中文幼儿园及小学教学之合适资格》中明确规定，澳门学前教育教师需获得以下两种学历之一方能符合资质要求，即"由东亚大学开办之幼儿园教师培训课程，其科目将由总督为此目的以批示核准"以及"圣若瑟教区中学之师范课程"。

其次，一些国家还结合幼儿教师资格制度，对不同级别的幼儿教师的学历要求提出相应要求。美国、日本在此方面的相关政策与制度规定比较有特色。美国幼儿教育协会就将幼儿教育从业人员由低到高划分为六个等级，其相应的学历要求也有不同。如第五级别幼儿教师的学历要求是"已取得符合美国幼儿教育协会要求的硕士学位"；而第六级别幼儿教师的学历要求则是"已取得符合美国幼儿教育协会要求的哲学博士或教育博士学位"②。日本同样有类似规定，幼儿教师如想取得专修资格则必须具备硕士学位。可见，已有一些国家对幼儿教师的学历水平提出了硕士、博士层次的更高要求，这一方面反映出这些国家对高学历高素质幼儿教师的实际需求，同时另一方面也体现了未来幼儿教师学历层次逐步提高的发展趋势。

而值得关注的一点是，无论是已经对幼儿教师学历做出大学及以上层次较高规定的国家和地区，还是尚未做出此规定的国家和地区，国际幼儿教师任教学历的相关要求均在不断提高。如美国在原有《提前开始法》的基础上，在该法2003年修订案中对"提前开始"教师任职学历要求做出更高规定，要求从2011年9月30日起，所有任职于"提前开始"的教师均要拥有儿童早期教育的协士、学士或更高级学位。我国香港特区去年制定并发布的《学前教育新举措》中也对幼儿园园长和教师的学历提出进一步要求，规定从2009/2010学年起，所有新任园长须持有幼儿教育学士学位或同等学力③。以巴西为代表的发展中大国近年来也一直在持续不懈地为提高幼儿教师的基本学力水平而努力，并通过相关法律和政策保障其实现。巴西即在其教育基本法——1996年巴西《教育指导方针和基础法》中明确规定：从本法公布后1年起，实施国家教育十年规划。到教育十年规划完成时，只有受过高等教育者或经过在职培

　　① 中国台湾地区"立法院"."幼稚教育法"（1981年），第12条.
　　② 陈志超，曾红.美国幼儿教师任职资格标准［J］.学前教育研究，1995（1）：59～61.
　　③ 香港特区立法会教育事务委员会.学前教育新措施（香港立法会cb（2）369/06～07（01）号文件）.

训的人员才可任教。2006 年巴西《国家学前教育政策》中也明确规定：要保证在 5 年内，所有幼儿教育教师和小学 4 年级以下教师均拥有中等水平学历。在 10 年内，在联邦、州和市共同努力下，确保 70% 的幼儿教师和基础教育阶段教师拥有高等学历，并具有有资质的正规机构颁发的证书。

2. 幼儿教师任教的专业素养与综合素质要求日趋全面

学历要求仅是保证幼儿教师具有一定文化素质水平的一条基本衡量标准，也是最基本的素质要求，然而，相关专业素质和综合素养对于胜任幼教工作来说是必不可少的职业素养。很多国家和地区对此也十分重视，均通过相关法律及政策对此做出明确规定。

首先，诸多国家和地区均明确规定了幼儿教师从教前所必需修习的基本课程特别是幼儿教育专业课程。如德国《儿童及青少年救助法》即明确规定，幼教专业人员应具备"完成任务所需的个人能力"，在政府的高度重视、社会的强烈需求，以及社会各方的积极努力下，截至 2007 ~ 2008 冬季学期，德国全国共有 24 所应用科技大学和 4 所综合性大学能够提供"早期儿童教育"课程①。日本《教育职员许可法》则规定：志愿成为教师的人，其中包括幼儿教师，要在大学阶段学习三大类课程：一般教育课程、学科专业课程和教职专业课程。一般教育课程就是通识教育课程，分为人文、社会和自然三大领域；学科专业课程就是将来要教授的学科领域，如物理、化学、生物、英语等；教职专业课程包括教育学、心理学及学科教学法等方面的课程以及教育实习。英国对幼儿教师的课程要求比较多样，但基本上都必须具有 0 ~ 8 岁儿童教育与保育的 1 年或 2 年学院课程毕业证书②。我国台湾地区 1994 年颁布实施的"师资培育法"第 7 条也对包括学前教育阶段在内的师资职前必修课程做出明确规定：师资职前教育课程包括普通课程、专门课程、教育专业课程及教育实习课程③。综上，教育基本理论与教学法、心理学特别是儿童心理学、幼儿保育与健康等是大多数国家和地区对幼儿教师职前修习课程的普遍共同要求，并在相关重要法律与政策中明确加以规定与执行。

其次，课程的学习是基本知识与能力的入门，实践能力、专业素养与个人

---

① http：//www. gew. de/Studiengaenge_ fuer_ Erzieherinnen_ und_ Erzieher. html.

② 李生兰. 英国学前教育的特点及启示［J］. 外国教育研究，2004（11）：20 ~ 24.

③ 中国台湾地区"立法院"."师资培育法"（1994 年），第 7 条.

综合素质的培养与提高是提升幼儿教师队伍质量的更为重要的一个方面，实际上从上述国家和地区对幼儿教师必修课程的设置结构上已经能够看出其对幼儿教师素质的要求绝非仅仅局限于专业理论业务知识，而是强调综合的能力与素养。美国 1981 年《提前开始法》中对"提前开始"教师的任教要求除学位要求之外，即是专业能力与综合素质的要求①。日本《教师资格认定考试规程》、《教育职员许可法》、《儿童福利法施行规则》等法规中也对从事幼儿教育与保育工作人员的实际技能与综合素质要求做出相应规定②。德国文教部长会议则于 2000 年通过《关于幼儿教师培训和考试的框架协议》，并对幼儿教师的专业素养做出详细规定，且在各联邦州具有普遍约束力。该协议中规定，幼儿教育专业人员应该具备的素质和能力包括：尊重儿童；了解儿童；教育教学的计划、实施和评价能力；拥有崇高的教学伦理、完整的人格、良好的社会和个人能力、行为策略，团队精神；具备工作所需交流能力等。巴西在《2000 年国家教育计划》中也专门对幼儿教师的综合知识结构做出规定："学前教育应得到特殊关注，教育 0 ~ 6 岁儿童的幼儿教师要以特殊的资格条件来要求，要包括关于儿童发展科学的知识、教学方面的知识，以及关于教学实践的知识"，该规定对明确并提高巴西幼教师资的整体素质与幼教质量具有重要影响。

由此可见，当前很多国家和地区对幼儿教师专业素质和个体综合能力已经提出较为全面的法律及政策要求与规定，基本可分为三大方面：一是专业理论知识素养，其中又包括教育教学基本理论、儿童心理发展理论，以及有关儿童保育与健康方面的基本知识；二是教育教学的实际技能，包括教学能力、课堂与班级管理能力、因材施教的能力等；三是对幼儿教师更加综合、全面的个人素质与能力要求，如对人品的要求、对交流与沟通能力的要求，以及综合评价儿童及自我的能力等。

3. 完善幼儿教师资格认定制度

资格认定制度与相应资格证书的考取是当今国际幼儿教师资质法规及政策中非常重要的一个组成部分。近年来一些国家和地区都在逐步建立和完善本国的幼儿教师资格认定制度，日本、美国和我国台湾地区在此方面的做法比较有特点，其相关法律及政策规定也较为健全。二战后的日本打破了原来由师范学

---

① 美国国会. 提前开始法, 1981. 第 9843a 条.
② 日本国会. 教师资格认定考试规程, 1973. 第 3 ~ 4 条.

校培养教师的封闭型教师培养体制，建立了由综合大学参与教师培养的开放式培养体制①，并专门制定并颁布了《教育职员资格证书法》（又译《教育职员许可法》），对取得教师资格证书所需修习课程、获得学分和相关认定考试等方面做出了详细规定②。我国台湾地区在幼儿教师资格认定方面的改革路径与日本相似，并同样注重通过法律、政策保障之。20 世纪 90 年代随着"师资培育法"、"教师法"和"高级中等以下学校及幼稚园教师资格检定办法"③ 等一系列法律法规的颁布和修订，要想成为幼儿教师也必须依照相关规定参加并通过台湾地区举办的幼儿教师资格检定考试，合格者方能获得幼儿教师资格证书。美国尽管各州教师资格制度不尽相同，但通过相关法律与政策建立和完善包括幼儿教师在内的教师资格制度，并努力形成州与州之间教师资格互认是美国各州的普遍做法。美国《不让一个儿童落后法》中即明确规定，自 2002 年 9 月 1 日起，所有美国公立小学 K～12 年级的新聘教师都必须符合两个条件，其一是至少具有四年制本科院校授予的学士学位；其二即要通过包括资格认证考试和学科教学能力考试在内的严格的州级考试，以表明应聘者已经具备扎实的学科专业知识和必备的教学技能④。美、日等国家和我国台湾等地区幼儿教师资格认定制度的改革与发展，特别是相关程序与标准的确立和完善，与这几个国家和地区相应政策、法律的明确规定与有力保障密不可分。总之，教师资格制度及其聘任的相关法律规定，对提高幼儿教师准入门槛和聘任质量，提高幼儿教师队伍的整体素质，进而促进学前教育质量的提升均具有重要意义，因而成为当前世界主要国家和地区学前教育法律规定的主要内容与重要特点之一。

① 安春梅.日本教师资格认证制度及其对我国的启示［J］.淮阴师范学院学报，2007（3）.
② 日本国会.教师资格认定考试规程，1973.第 3～4 条.
③ 中国台湾地区"教育部"."高级中等以下学校及幼稚园教师资格检定办法".
④ 蔡敏.美国高质量教师法案的实施策略分析［J］.比较教育研究，2006（9）：43～47.

表 3 – 12　关于幼儿教师资质要求的法律及政策规定摘要

颁布部门与时间	法律及政策名称	关于幼儿教师资质要求的规定内容
日本国会 （2007 年）	《教育职员许可法》	日本幼儿园教师最低应具有短期大学学位或学士学位，如欲取得专修资格则必须具有硕士学位。幼儿园教师资格证由高到低分为专修资格证、一种资格证和二种资格证三个等级。志愿成为教师的人，要在大学阶段学习三大类课程：一般教育课程、学科专业课程和教职专业课程。一般教育课程即通识教育课程，分为人文、社会和自然三大领域；学科专业课程就是将来要教授的学科领域，如物理、化学、生物、英语等；教职专业课程包括教育学、心理学及学科教学法等方面的课程以及教育实习。
香港特区教育局 （2007 年）	《学前教育新举措》	从 2009/2010 学年起，所有新任园长须持有幼儿教育学士学位或同等学力。
巴西教育部 （2006 年）	《国家学前教育政策》	保证在 5 年内，所有幼儿教育教师和小学 4 年级以下教师均拥有中等水平学历。在 10 年内，在联邦、州和市共同努力下，确保 70% 的幼儿教师和基础教育阶段教师拥有高等学历，并具有具备资质的正规机构颁发的证书。
美国国会 （2003 年）	《入学准备法》	从 2011 年 9 月 30 日起，所有任职于"提前开始"的教师均要拥有儿童早期教育的协士、学士或更高级学位。
美国国会 （2001 年）	《不让一个儿童落后法》 （第 1119 条）	美国所有教授核心课程的教师（包括幼儿园和中小学教师）都必须达到"高级资格"要求，同时终止使用所有教师临时证书。依该法规定，"高级资格"教师的必备条件是：拥有学士学位；持有州完全合格证书；在所教科目上具备相当的能力。
巴西议会 （2001 年）	《国家教育计划》	学前教育应得到特殊关注，教育 0 - 6 岁儿童的幼儿教师要以特殊资格条件来要求，包括关于儿童发展科学的知识、教学知识及教学实践知识要求。

续表

颁布部门与时间	法律及政策名称	关于幼儿教师资质要求的规定内容
美国国会 (1981 年)	《提前开始法》 (第 9843 条)	要求到 2003 年 9 月 30 日之前全国至少有 50% 的"提前开始"教师拥有协士学位或早期儿童教育的高级学位。"提前开始"教师要增强以下专业能力：包括通过发展儿童的识字、口语、书写和数字认知，对语言的理解和运用，对复杂程度不断增加的各种词汇的理解和运用，对书籍的热爱，以及问题解决能力，来促进儿童为入学做好准备。教师要在鼓励幼儿家庭参与该项目、促进幼儿及其家人关系发展方面具备综合素养。
日本文部省 (1973 年)	《教师资格认定考试规程》 (第 3、4 条)	想接受幼稚园教师资格认定考试者，必须具备文部科学大臣规定的条件：在大学学习两年以上者，且修满 62 学分以上；或高中毕业者或符合教育职员许可法施行规则第六十六条规定者。幼稚园教师资格认定考核的笔试、面试包括对应试者学力之外的实际技能和人品的考核。

五、扶助弱势群体，促进学前教育公平

学前教育是基础教育的起始阶段，学前教育的公平是起点教育的公平，没有教育起点的公平，就没有真正意义上的教育公平。正是从这个意义来讲，缺乏教育起点的公平，就难以建构整个教育大厦的公平，并对构建公平和谐的社会带来负面影响。基于此，世界越来越多的国家和地区高度重视作为起点公平的学前教育公平，特别是对于因城乡与地域差异、经济条件落后、少数种族或民族，以及残疾等所造成的各类弱势幼儿群体的学前教育机会与公平问题表现出越来越多的关注和扶持，其中一个非常重要的举措和有效途径即通过立法与制定相关重大政策的途径为弱势幼儿学前教育权利的实现提供刚性依据和切实保障。

（一）保障全体儿童享有平等的学前教育权利

诸多国家和地区政府保障并促进弱势幼儿群体受教育权利的重要前提均基

于对全体儿童应该享有平等的学前教育这一法定权利的承认与维护，因此，确认并保障全体适龄儿童均能享有平等的学前教育权利是世界主要国家和地区学前教育法律中首先明确规定并强调的重要内容。

很多国家首先在《宪法》、《人权法》、《平等法》及教育基本法中明确了教育平等原则，从学前教育上位法的角度确立了所有公民均应享有的包括学前教育在内的平等受教育权利。在普遍确立了平等教育权原则的基础上，很多国家和地区在教育基本法、学前教育专门法及相关国家教育政策中进一步对全体幼儿享有平等的学前教育权利做出了明确规定。美国在其《2000 年目标：美国教育法》中确立的全美几大教育目标之首即"保障每个美国儿童都能够获得学前教育"，《提前开始法》、《不让一个儿童落后法》等重要学前教育法律的立法宗旨也都十分明确，即要保障全体美国儿童的教育权，特别是扶助那些由于身心残疾、经济条件差、家庭环境不利等原因而形成的弱势幼儿群体。德国《儿童及青少年救助法》、《日托扩展法》中也明确对 0 ~ 6 岁幼儿的学前保教权利做出明确规定："儿童在三岁以上至入学之前有获得幼儿园位置的权利。对于三岁以下以及学龄儿童，需根据需要为其准备日间机构的位置"①，"三岁以下的儿童"在下述条件②下"应必须能够获得日托机构或者日托保育中的位置"③。法国《教育指导法》第 2 条则明确规定弱势幼儿群体的优先受教育权利："每个儿童均可根据其家庭的要求，自 3 岁起进入幼儿学校或儿童班。优先照顾那些处于不利的文化、社会地位的儿童，他们的教育可自 2 岁起开始"④。一些国家和地区的学前教育专门法中也对学前儿童受教育权平等原则做出了明确规定，如我国台湾地区"儿童教育及照顾法草案"第 6 条即专门针对学前儿童的受教育权利做出明确规定：教保服务应以儿童为主体，遵行儿童本位精神，秉持性别、族群、文化平等、教保并重等原则办理。总之，学前教育权是世界诸多国家和地区全体儿童的一项法定基本权利，也是学前儿童身心得以全面和谐发展的重要前提和基础，让更多的学前儿童依法接受平等的

---

① 德国议会. 儿童及青少年救助法（1990，第 24 条）.

② 具体条件包括：教育权所有人（父母双方），或者当儿童只与一名教育权所有人（父母一方）共同生活的情况下，该人处于工作状态，或者正在受初等或高等教育，或者正在参加职业培训……或者，如果没有日托位置则无法保证教育权所有人的福利。

③ 德国议会. 日托扩展法（2004，第 24 条）.

④ 法国议会. 教育指导法（1989，第 2 条）.

教育已经成为诸多国家和地区学前教育立法的重要原则与规定内容。

（二）确立政府扶持弱势的基本责任与财政投入职责

诸多国家和地区政府已普遍意识到，处于社会不利境遇的各类弱势幼儿群体恰恰是最需要政府扶持的人群，缺乏政府的政策倾斜与财政资助，这些弱势幼儿群体往往根本无法实现其应有的学前教育权利，而其学前教育权的缺失对一个国家和地区学前教育均衡发展与教育公平的实现将带来极大负面影响。正是基于上述战略性思考，诸多国家和地区在立法明确全体儿童平等学前教育权的基础上，进一步对国家和政府保护弱势幼儿群体、促进学前教育公平的职责特别是财政投入责任做出了相应明确规定。

1. 明确并强化政府扶助弱势群体、促进学前教育公平的重大责任

很多国家和地区的学前教育法律及政策中均对国家和政府扶助弱势儿童群体、促进教育特别是学前教育公平的基本责任做出明确规定，规定内容涉及政府促进学前教育机会与质量公平、提供全面与平等的保教服务、制定相关政策，以及地方政府促进学前教育公平的职责等多个方面。美国、日本、巴西等国家和地区的学前教育法律及政策中首先从总体上对政府促进学前教育公平的职责作出明确规定。如美国《提前开始法》规定美国政府要"通过向低收入儿童及其家庭提供健康、教育、营养、社会和其他特定服务，以增强低收入儿童的社会与认知发展，从而促进其入学准备"。日本《教育基本法》第16条规定，为维持全国性的教育机会均等与教育水平的提高，政府及有关部门必须综合地制定教育相关政策与措施。印度《国家儿童政策》也对国家教育政策的制定宗旨做出规定："国家的政策目标应该是在所有儿童成长的所有阶段为其提供平等的发展机会，以服务于更大范围的减少不平等和促进社会公平的目的"，该政策进一步对国家促进包括学前教育在内的儿童教育的职责内容做出具体规定："国家要逐步增加相关服务的范围，以使所有儿童均衡成长能享受到最优的条件"，国家要采取措施"为确保机会均等，应向那些处于社会弱势地位，如属于表列种姓和表列部落以及城市和农村属于经济弱势地区的儿童提供特别的帮助"。与此同时，一些国家和地区不仅对政府促进学前教育机会平等的责任做出规定，还进一步从教育质量平等的层面对政府促进学前教育公平、照顾与扶助弱势幼儿群体做出了相应规定。如印度《国家儿童行动计划》中即将"普及学前教育，使所有儿童获得高质量教育""确保最弱势儿童群体优先"作为印度政府在儿童教育领域所必须达成的重要目标之一。

2. 明确政府保障并促进弱势幼儿群体受教育权实现的财政投入职责

政府保障并促进弱势幼儿群体学前教育权利的重要举措与有效途径即对弱势幼儿群体实行财政投入上的倾斜与优先照顾，这种财政上的优先扶持充分体现出国家和政府对弱势幼儿群体及其学前教育权利实现的高度重视与重点资助，并已列入多个国家和地区的学前教育法律及政策中。首先，一些国家和地区的相关教育法律及政策中对政府预算向弱势地区弱势群体倾斜、优先做出规定。如印度《国家儿童行动计划》规定，政府"在预算分配上要确保优先那些属于最弱势群体的儿童"，我国台湾地区"教育基本法"和"教育经费编列与管理法"分别明确规定，"各级政府应宽列教育经费，保障专款专用"，"对偏远及特殊地区之教育，应优先予以补助"；"为兼顾各地区教育之均衡发展，各级政府对于偏远及特殊地区教育经费之补助"。其次，很多国家和地区就政府对各类弱势幼儿群体的补助做出了细致规定，所规定的补助形式包括托教补助、学费补助、教育券、奖学金等不同方式和途径。我国台湾地区在此方面的法律及政策规定尤为细致、到位。该地区"儿童教育及照顾法草案"、"特殊教育法"中均有相关规定，如"市、县（市）主管机关对其主管之教保机构优先招收经济、文化、身心及族群等不利条件儿童者，得予补助"①。台湾地区教育行政主管部门颁布的"'教育部'学前各项补助措施说明"中则对旨在保障学龄前弱势幼童受教育权的幼儿教育券、中低收入家庭幼童托教补助、原住民幼儿就读公私立幼稚园学费补助、扶持5岁幼儿教育计划学费，及弱势家庭脱困托教服务补助5项政府资助政策措施做出了细致规定②，有效保障了台湾地区弱势幼儿群体早期保教权利的实现。巴西《教育指导方针和基础法》第79条也就政府对包括学前教育在内的经济困难儿童发放奖学金的相关政策措施做出明文规定。上述一系列法律及政策规定有效确立了政府对优先保障弱势群体、促进学前教育公平方面的法定责任，从财政经费方面为促进弱势幼儿学前教育权利的时限、进而促进学前教育公平提供了切实保障。

---

① 中国台湾地区"立法院"."儿童教育及照顾法草案"（2007，第51条）.
② 中国台湾地区"教育部"."'教育部'学前各项补助措施说明"（2008）.

表 3 - 13   关于保障学前教育公平及其政府职责的法律及政策规定摘要

颁布部门与时间	法律及政策名称	关于保障学前教育公平及其政府职责的规定内容
台湾地区"教育部"（2008 年）	"'教育部'学前各项补助措施说明"	"教育部"为保障学龄前弱势幼童受教权益，并减轻家长经济负担，规划相关学前幼童补助措施，包括幼儿教育券、中低收入家庭幼童托教补助、原住民幼儿就读公私立幼稚园学费补助、扶持 5 岁幼儿教育计划学费，及弱势家庭脱困托教服务补助 5 项措施。
台湾地区"立法院"（2007 年）	"儿童教育及照顾法草案"（第 6 条）	教保服务应以儿童为主体，遵行儿童本位精神，秉持性别、族群、文化平等、教保并重等原则办理。
英国议会（2006 年）	《儿童保育法》（第 6、7 条）	地方当局必须使儿童保育对于家长来说是可支付的，并应适合残疾儿童的需要。必须根据各辖区有关 0 - 5 岁儿童法规规定，确保以下年龄段儿童接受免费学前教育：（1）达到当地法规规定年龄；（2）未达到义务教育年龄。
台湾地区"立法院"（2006 年）	"教育基本法"（第 5 条）	各级政府应宽列教育经费，保障专款专用。对偏远及特殊地区之教育，应优先予以补助。教育经费之编列应予以保障。
印度政府（2005 年）	《国家儿童行动计划》	普及学前教育，使所有儿童获得高质量教育。确保最弱势儿童群体优先。在预算分配上要确保优先那些属于最弱势群体的儿童。
美国国会（2001 年）	《不让一个儿童落后法》（第 1001 条）	应确保所有儿童都拥有获得高质量教育的公正、平等和重要的机会。促进弱势儿童群体的教育与发展，不让一个儿童落后。
台湾地区"立法院"（2000 年）	"教育经费编列与管理法"（第 6 条）	为兼顾各地区教育之均衡发展，各级政府对于偏远及特殊地区教育经费之补助，应依据教育基本法之规定优先编列。
德国议会（1990 年）	《儿童及青少年救助法》（第 24 条）	儿童在三岁以上至入学之前有获得幼儿园位置的权利。对于三岁以下以及学龄儿童，需根据需要为其准备日间机构的位置。

续表

颁布部门与时间	法律及政策名称	关于保障学前教育公平及其政府职责的规定内容
法国议会 (1989 年)	《教育指导法》 （第 2 条）	每个儿童均可根据其家庭的要求，自 3 岁起进入幼儿学校或儿童班。优先照顾那些处于不利的文化、社会地位的儿童，他们的教育可自 2 岁起开始。
台湾地区"立法院" (1984 年)	"特殊教育法" （第 30 条）	各级政府应按年从宽编列特殊教育预算，在地方政府不得低于当年度教育主管预算百分之五。地方政府编列预算时，应优先办理身心障碍学生教育。政府为均衡地方身心障碍教育之发展，应视需要补助地方人事及业务经费以办理身心障碍教育。
美国国会 (1981 年)	《提前开始法》	通过向低收入儿童及其家庭提供健康、教育、营养、社会和其他特定服务，以增强低收入儿童的社会与认知发展，从而促进其入学准备。任何相关项目、计划或活动如果对于种族、信仰、肤色、性别、生理缺陷等方面有歧视性的规定，将拒绝给与其财政援助。
印度政府 (1974 年)	《国家儿童政策》	国家的政策目标应该是在所有儿童成长的所有阶段为其提供平等的发展机会，以服务于更大范围的减少不平等和促进社会公平的目的。国家要逐步增加相关服务的范围，以使所有儿童均衡成长能享受到最优的条件。为确保机会均等，应向那些处于社会弱势地位，如属于表列种姓和表列部落以及城市和农村属于经济弱势地区的儿童提供特别的帮助。项目实施中的优先项目主要包括，儿童健康的预防和促进；婴幼儿健康；孤儿和被遗弃儿童的生存、教育和培训；托儿所和其他为工作或体弱母亲的孩子进行保育的机构，以及残疾儿童的保育、教育、培训和康复等。

（三）重点扶持弱势地区，促进学前教育均衡发展

一些国家和地区由于社会经济发展不平衡以及某些历史遗留问题，造成不同区域间、城乡间学前教育发展呈现显著差异，对于实现学前教育公平与均衡

发展造成很大障碍，由此，重点扶持农村等弱势地区，促进学前教育在地区间的均衡发展也成为这些国家和地区学前教育法律及政策规定的重要内容与特点之一。

首先，德国、巴西等一些国家针对学前教育地域发展不均衡的问题出台相应法律，大力发展弱势地区的学前教育事业并实行财政经费的适当倾斜。德国由于战后长期处于分裂状态，1990 年东西德实现统一后，其东部与西部学前教育发展却存在比较明显的差异与不均衡状况，因而缩小东西联邦州之间在学前教育方面的差距是近年来德国学前教育发展之要务。德国依据其宪法及有关基本法的规定和精神，制定并出台了学前教育相关法律，体现出促进东西部新老联邦州学前教育均衡发展的指导思想。巴西作为一个发展中大国，其地域经济发展极不平衡，巴西针对这一现实国情在制定教育法律及相关政策时也非常重视不同经济条件的地区间的平等与均衡发展。如 1996 年巴西《教育指导方针和基础法》第 75 条即在生均经费核算中考虑到不同地区经济水平差异，以在保证教育质量的前提下每个学生的最低费用为计算依据，共同确定基础教育招生名额的最低标准。而本条所述最低生均经费，将由联邦政府于每年年终计算出，计算时应考虑各地区间原材料成本的差异和不同层级和形式教育之间的差异。此外，我国台湾地区相关重要法律也明确规定：应注重各地区教育之均衡发展，并推行社会教育，以提高一般国民之文化水准，边远及贫瘠地区之教育文化经费，由"国库"补助之。

与此同时，一些国家和地区对农村地区幼儿学前教育权的保障与政策倾斜做出明确规定，以促进城乡学前教育的均衡发展，特别是通过优先保障农村地区幼儿的学前教育权利进而促进学前教育公平的实现。例如法国在其《教育法典》中即对农村幼儿学前教育权利的保障及其优先待遇等做出明确规定，该法典第 L.113 条规定：幼儿班或幼儿学校向农村和城市环境中未达到义务教育年龄的儿童开放。对于 2 岁儿童的接收优先扩大于处境不利的城市、农村或山区的学校。法国《关于教育指导法的附加报告草案》中还明确提出：与因地理原因造成的不平等作斗争，就是在整个国土内实行均等教育，特别是发展全体 3 岁儿童的学校教育。印度《国家儿童政策》中也明确规定，国家的政策目标应该是在所有儿童成长的所有阶段为其提供平等发展机会，以服务于更大范围的减少不平等和促进社会公平的目的。国家应向那些处于社会弱势地位、如农村经济弱势地区的儿童提供特别的帮助。

（四）切实保障各类弱势人群的学前教育权

除对弱势地区加以重点扶持和政策倾斜外，世界主要国家和地区还针对贫困儿童、少数种族儿童、少数民族儿童，以及残疾儿童等各类不同群体的弱势幼儿，对其学前教育权利的维护和保障做出相应法律及政策规定，以切实维护和保障其享有平等的学前教育权利并促进全体儿童的学前教育公平。

1. 保障贫困、少数种族与少数民族等处境不利儿童的学前教育权

贫困儿童不仅生活在农村、山区或边远地区，城市中经济条件较差家庭的幼儿也往往因经济困难而处于社会不利处境，其受教育权往往无法得到有效保障；与此同时，贫困儿童和少数种族、黑人移民、少数民族、原住民等又往往有着密切的联系，正是由于民族、种族、经济条件、家庭环境等客观条件，很多国家和地区还存在着由上述原因而产生的一部分甚至是规模可观的弱势幼儿群体，他们的学前教育权利往往难以实现或无法接受合格的学前教育。因此，如何保障这些处境不利儿童同样可以获得平等的学前教育机会，近年来已经成为这些国家和地区学前教育法律规定的重要方面之一。

美国在此方面较有代表性，尽管美国是世界头号发达国家，但少数民族儿童、黑人儿童、贫困家庭儿童等处境不利儿童一直以来就是美国学前教育中的弱势群体，由于其合法的受教育机会不能得到有效保障，进入小学学习之前，他们就已经在入学准备方面落在其他同龄儿童之后，而这种差距还会随时间推移逐渐拉大。美国政府关注到这一教育公平问题，并在法律中对弱势儿童群体的受教育权问题加以规定。让每个学前儿童都"获得享受高质量教育的公正、平等和重要的机会"成为美国学前教育法的另一重要取向与特点。这一点在《不让一个儿童落后法》与《提前开始法》等几部法律中均有明显体现。如"早期阅读优先"项目和"同一起跑线"项目中都规定向低收入家庭的儿童提供更多的机会。《儿童保育与发展固定拨款法》的立法宗旨中也着重提出是"为促进各州和地方儿童保育服务的开展，特别是提高对低收入家庭儿童的早期看护与教育的关注程度"，可见其对低收入儿童予以特别关注。《不让一个儿童落后法》也非常强调倡导每个儿童——富有的、贫穷的、黑人、白人、城市的、农村的——都应获得学习和接受高质量教育的机会。其第一章即"促进弱势儿童的学业进步"，其目标之一是旨在确保所有儿童都拥有获得高质量教育的公正、平等和重要的机会，并规定通过满足多种弱势儿童群体的教

育需求，包括学业成绩差的儿童、英语不熟练的儿童、移民儿童、印第安土著儿童、被忽视或有过失的儿童，以及需要阅读帮助的幼小儿童，缩小表现优秀儿童与表现落后儿童之间的成绩差异，尤其是缩小少数民族儿童和非少数民族儿童、处境不利儿童与其相对优势儿童群体之间的差异鸿沟。

依法保障弱势幼儿群体受教育权也是英国学前教育法律的重要原则与主要内容之一：幼儿不能因为种族、文化或宗教、母语、家庭背景、特殊的教育需要、缺陷、性别或能力而遭到排斥或被置于不利地位。强调每一个儿童在园受教育的权利、机会、过程的公平①。英国《2002 年教育法》、《2005 年教育法》及《2006 年儿童保育法》等法律中也均有对包括贫困儿童、少数民族儿童等弱势儿童群体的不同方面不同程度的法律规定。《拨款法》中还有一项单列预算就是专门针对扶助弱势儿童，促进其受教育权利实现的。该项目即"借助儿童基金，通过帮助弱势儿童与青少年及其家庭，应对儿童贫困和社会排斥现象，以打破机会剥夺与弱势地位之间的恶性循环"，2004 ~ 2005 财政年度该项拨款的法定预算金额达 2 亿英镑，比 2001 ~ 2002 年度翻了一番。与此同时，我国台湾地区非常注重对原住民等少数族群学前教育权利的保护。其"教育基本法""原住民教育法"、"儿童教育及照顾法草案"及"社会救助法"等多部相关法律中均对于原住民及其他弱势族群的教育加以维护与保障。

2. 维护残疾儿童的学前教育权利

除上述因经济、身份等不利处境而形成的弱势幼儿群体外，残疾儿童作为弱势幼儿群体的主体之一，其接受学前教育的权利已经为越来越多国家和地区所关注，世界主要国家和地区对于由于肢体或智力方面的问题而罹患残疾的儿童的学前教育不仅十分重视，并为保障其学前教育权利制定了全面而细致的法律规定。美国、英国、日本、巴西、法国等多个国家和我国台湾地区在此方面均有相应明确的法律及政策规定。

很多国家和地区首先对国家和政府及其有关部门对保障残疾幼儿学前教育权利的责任做出了明确规定。如巴西《宪法》、《教育指导方针和基础法》中即明确指出，"国家的教育责任是保证实施：给残疾人提供特殊教育，最好是在正规教育体系中进行"②；"提供特殊教育服务，作为国家的宪法义务，应开

---

① 海存福. 我所看到的英国幼儿教育 [J]. 学前教育研究，2003（11）：54 ~ 57.

② 巴西议会. 巴西宪法（1988，第 208 条）.

始于 0~6 岁学前教育阶段"。日本《儿童福利法》也对保障残疾幼儿的受教育权做出了明确而全面的规定，规定所有儿童必须得到生活保障，并得到爱护。国家及地方公共团体有责任与儿童的保护者一同促进儿童身心健康的成长。为充分保障残疾儿童的权利，日本还依据《儿童福利法》设置了儿童福利审议会，都道府县设置儿童福利相关的审议会及其他合议制机构，该机构可以对儿童、孕妇及产妇、障碍儿的福利有关的事项进行调查审议。英国则对地方当局的相应责任做出了多项明确规范和强化，其《儿童法》、《儿童保育法》中将"为有需要的 0~5 岁儿童和尚未入学的儿童在其辖区内提供日间看护"作为每个地方当局必须履行的职责，同时满足残疾儿童等有特殊需要儿童的保教服务，维护并保障其"有机会获得或维持合理的健康或发展水平"[1]，"重视家长需要：使儿童保育对于家长来说是可支付的，并应适合残疾儿童的需要"[2] 等也是地方当局不可推卸的责任。法国则在《关于教育指导法的附加报告草案》中明确提出：与不平等作斗争也需要对残疾早期发现。自幼儿学校开始，残疾检出就是一项主要义务。学区权力机构在其管理中应当考虑到由融合计划和接收残疾儿童而引起的一些特殊需要。在此基础上，一些国家和地区还进一步对政府保障残疾儿童受教育权的财政投入责任做出了明确规定。为了保障特殊群体的权利，日本在《儿童福利法》第二章第四节还专门规定了障碍儿设施支付费、高额障碍儿童设施支付费、特定障碍儿童食费及障碍儿童设施医疗费的支付等方面的规定，并对国库、都道府县以及市町村对儿童福利设施的财政义务做出明确规定。

表 3-14　关于优先保障弱势地区弱势人群学前教育权的法律及政策规定摘要

颁布部门与时间	法律及政策名称	关于优先保障弱势地区弱势人群学前教育权的规定内容
台湾地区"立法院"（2007 年）	"儿童教育及照顾法草案"（第 6 条）	教保服务应以儿童为主体，秉持性别、族群、文化平等、教保并重及尊重家长之原则办理。政府对处于经济、文化、身心、族群及区域等 条件之儿童，应优先提供其接受适当教保服务之机会。

---

① 英国议会 . Children Act of 1989（第 17 条）.
② 英国议会 . Childcare Act of 2006（第 6 条）.

颁布部门与时间	法律及政策名称	关于优先保障弱势地区弱势人群学前教育权的规定内容
香港特区教育局 （2007 年）	《学前教育新措施》 （第 18 条）	有社会需要及/或财政困难的家长，可透过申请幼稚园及幼儿中心学费减免计划获得协助。
英国议会 （2006 年）	《儿童保育法》 （第 6 条）	地方当局必须重视家长需要：使儿童保育对于家长来说是可支付的，并应适合残疾儿童的需要。
台湾地区"立法院" （2005 年）	"社会救助法" （第 16 条）	市、县（市）主管机关得视实际需要及财力，对设籍于该地之低收入户提供以下特殊项目救助及服务，包括托儿补助和教育补助。
台湾地区"立法院" （2001 年）	"特殊教育法" （第 25 条）	为提供身心障碍儿童及早接受疗育之机会，各级政府应由医疗主管机关召集，结合医疗、教育、社政主管机关，共同规划及办理早期疗育工作。
美国国会 （2001 年）	《不让一个儿童落后法》 （第 1001 条）	促进弱势儿童群体的教育与发展，不让一个儿童落后。通过满足多种弱势儿童群体的教育需求，包括学业成绩差的儿童、英语不熟练的儿童、移民儿童、印第安土著儿童、被忽视或有过失的儿童，以及需要阅读帮助的幼小儿童，缩小表现优秀儿童与表现落后儿童之间的成绩差异，尤其是缩小少数民族儿童和非少数民族儿童、处境不利儿童与其相对优势儿童群体之间的差异鸿沟。
法国议会 （2000 年）	《教育法典》 （第 L. 112、 113 条）	幼儿班或幼儿学校向农村和城市环境中未达到义务教育年龄的儿童开放。对于 2 岁儿童的接收优先扩大于处境不利的城市、农村或山区的学校。残疾儿童与青少年有接受教育的义务，帮助他们融入普通学校环境是首要目标。
台湾地区"立法院" （2000 年）	"教育经费编列与管理法" （第 6 条）	为保障原住民、身心障碍者及其他弱势族群之教育，并扶助其发展，各级政府应依据原住民族教育法、特殊教育法及其他相关法令之规定，从宽编列预算。

颁布部门与时间	法律及政策名称	关于优先保障弱势地区弱势人群学前教育权的规定内容
台湾地区"立法院"（1998 年）	"原住民教育法"（第 10 条）	台湾地区政府应补助其地方政府，于原住民聚居地区普设公立幼儿园，提供原住民族幼儿入学机会。各级政府对就读公私立幼儿园之原住民族幼儿，视实际需要补助其学费，其办法另定之。
巴西议会（1996 年）	《教育指导方针和基础法》（第 4、57 条）	国家对教育的责任通过如下方面保障其实现：对有特殊教育需要的受教育者给予免费的专门教育，特别是在普通教育范围内。提供特殊教育服务，作为国家的宪法义务，应开始于 0~6 岁学前教育阶段。
法国议会（1989 年）	《关于教育指导法的附加报告草案》	早期学校教育对儿童以后的成功，尤其是对小学教育，具有特别有益的影响。从 2 岁起招收这类儿童和从 3 岁起招收全部儿童进入幼儿学校构成教育政策的一项目标。幼儿学校在帮助家境不利儿童跨入知识大门方面发挥着明显的作用。在教育优先区内，2 岁儿童的学校教育受到优先对待。与不平等作斗争需要对残疾早期发现。自幼儿学校开始，残疾检出就是一项主要义务。学区权力机构在其管理中应当考虑到由融合计划和接收残疾儿童而引起的一些特殊需要。
台湾地区"立法院"（1984 年）	"特殊教育法"（第 9、17 条）	各阶段特殊教育学生入学年龄及修业年限，对身心障碍国民，除依义务教育之年限规定办理外，并应向下延伸至三岁，于本法公布施行六年内逐步完成。为普及身心障碍儿童及青少年之学前教育、早期疗育及职业教育，各级主管教育行政机关应妥当规划加强推动师资培训及在职训练。
日本国会（1947 年）	《儿童福利法》（第 8 条）	都道府县设置儿童福利相关的审议会及其他合议制机构，可以对儿童、孕妇及产妇、障碍儿的福利有关事项进行调查审议。

综上，通过上述对世界主要国家和地区多部学前教育专门法与相关法律及政策规定的主要内容与特点的较为深入的分析可见，美、英、德、日、巴西、

印度、我国台湾地区等均非常重视通过学前教育立法及相关政策的制定保障和促进学前教育事业各方面的发展，其学前教育法律及政策中从学前教育的性质、地位，学前教育事业发展中的政府职责，政府对学前教育的财政投入，幼教师资队伍建设，以及扶助弱势幼儿群体、促进学前教育公平等多个方面做出了大量明确而细致的规定，对其学前教育事业积极健康发展与依法治教起到了重要作用。上述对世界主要国家和地区学前教育法律及政策规定内容与主要特点较为深入、细致的分析，也为进一步对国际学前教育立法经验的提炼与概括，进而为提出学前教育立法的思考和启示等提供了扎实基础和重要依据。

第四章

国际学前教育立法经验分析

引言

随二战后特别是近十几年来世界主要国家和地区学前教育法律的先后出台与实施，这些国家和地区的学前教育事业发展呈现出良好发展态势，学前教育法律的效果在诸多方面逐步显现：学前教育的地位以及政府对学前教育的重视程度显著提升、学前教育普及程度逐步提高、幼儿教师素质与学前教育质量稳步提升，与此同时，学前教育事业的发展带来了多方面社会效益，包括对基础教育成功率的贡献，以及对儿童贫困与社会排斥现象的改善等。本部分在对世界主要国家和地区学前教育法律的制定背景、法律规定的主要内容与特点分析的基础上，结合相关法律效果，进一步提炼和概括出当前国际学前教育立法的特色与经验，认为将公益性与公平性作为学前教育立法的根本原则与价值诉求；将强化政府职责尤财政投入责任作为决定学前教育事业积极走向的主导性规定；通过立法确立多种途径保障学前教育财政投入，建立学前教育经费分担机制；稳定并发展幼儿教师队伍与建立健全学前教育督导制度双管齐下，以保证并提高学前教育质量；以及强化政府学前教育立法权，建构并不断完善学前教育法律体系，注重适时修订等，是当前国际学前教育立法的重要经验，可以在不同程度上为我们的学前教育立法提供借鉴与参考。

一、公益性与公平性是学前教育立法的根本原则与价值诉求

法需要以正义作为其基本价值目标，从而使法在其基本路向上达至比较理

想的境况①。法律正义是主要解决国家生活和社会生活基本问题的正义，是正义中的基本正义；是以成形的制度形式表现出来的、转化为法律规范的正义，是有形的正义；法律正义也是经有权国家机关选择并确认，体现国家意志的正义②。对当今国际具有代表性的主要国家和地区学前教育法律的研究可见，学前教育公益性与公平性是诸多国家和地区学前教育法律中普遍吸纳和体现的法律正义，即学前教育的公益性与公平性已成为充分体现权力意志、并由有权机关选择并确认的基本正义，正是这种作为法定正义的学前教育公益性与公平性构成了当今国际学前教育立法的根本原则和基本价值追求，并由此成为确定学前教育法律关系主体各项权利与义务的基本前提和依据，成为有关学前教育事业发展各方面具体规定的根本原则和重要基础。

（一）公益性与公平性原则体现了国家与社会发展的基本正义

当今国际社会已经越来越多、越来越深刻地认识到学前教育对于个体发展特别是对于国家与社会长远发展的重大意义，通过对具有代表性的世界主要国家和地区学前教育法律的分析和解读可以发现，公益性和公平性正是国际学前教育立法集中凸显的基本价值目标和正义诉求；学前教育的公益性与公平性已成为诸多国家和地区学前教育法律中的基本正义原则。一方面，作为法定正义的学前教育公益性与公平性具有丰富而深刻的内涵；另一方面，公益性和公平性原则也构成了确定学前教育法律关系主体各项权利和义务、制定学前教育事业发展各方面具体规定的基本依据和根本原则。

1. 作为法定正义的学前教育公益性与公平性具有丰富而深刻的内涵

正如前文在探讨世界主要国家和地区学前教育立法背景中所分析的，国际学前教育立法的动因首先来自于社会经济、政治、文化与教育等的发展需求，包括社会经济发展的危机与变革、社会保障制度的改革、人口与家庭就业模式的变迁，消除社会贫困与促进社会公平的迫切需求，以及教育改革与发展的困难与挑战等等，另一方面则来自于对学前教育本身功能、价值与重要性，特别是对于社会发展重大战略意义的越来越多、越来越深刻的研究与认识。同时，越来越多的国家和地区将学前教育的重要功能与价值以法律形式加以表达和确认，公益性与公平性恰恰是其集中提炼与概括。

---

① 周旺生. 法理学 [M]. 北京大学出版社，2006：99.
② 周旺生. 法理学 [M]. 北京大学出版社，2006：96~97.

作为法定正义的学前教育公益性与公平性充分体现了权力意志和社会理性，其经过诸多国家和地区学前教育法律的确认与诠释，具有丰富而深刻的内涵。首先，在学前教育基本性质层面上来理解，作为法定正义的学前教育的公益性即学前教育具有公共性与正外部性（对象的受益性）。很多国家和地区学前教育法律中均将学前教育的这种公共性，特别是个体与社会从学前教育中的受益性，或者说学前教育事业发展对于个体发展以及社会进步的多方面深远意义与不可替代的重要价值，做出了明确阐释与确认；学前教育的公平性即基于学前教育的奠基性与起始性而使学前教育具有的、促进教育起点公平进而促进教育公平乃至社会公正的基本性质与应然价值。其次，在学前教育事业发展的价值追求层面上来理解，作为法定正义的学前教育公益性即要求学前教育事业发展的一切路经与方式的最终目标和核心价值诉求均在于最大程度上维护学前教育的公共性、最大限度内实现学前教育的收益和价值；学前教育的公平性即学前教育应以尽可能满足和保障全体适龄儿童接受学前教育为基本宗旨与发展目标，这种公平性保障不仅是机会的平等，而且体现在学前教育质量的平等权利上。

通过对国际学前教育立法的研究和分析发现，公益性和公平性已成为当今国际学前教育法律普遍遵循的根本原则与核心价值追求。特别是，凡是那些学前教育事业长期以来有较好发展，或者近年来学前教育改革取得较大进展的国家和地区，也正是那些在其相关法律中集中凸显学前教育公益性与公平性原则、将公益性与公平性通过学前教育法律确认并作为基本正义原则的国家和地区。这也是国际学前教育立法最重要、最具根本性的经验所在。

2. 公益性与公平性原则是确定学前教育法律关系主体权利与义务的基本前提和依据

学前教育法律关系涉及各级政府、主管政府部门及相关部门、学前教育机构、教职人员、幼儿及其家长、社区及社会团体等多方主体，其各自权利与义务的确定十分复杂、具有各种不同情况和标准，但法律关系主体权利与义务的划分具有其基本依据和原则。通过对世界诸多国家和地区学前教育法律的研究和分析发现，公益性与公平性是确定学前教育法律关系主体权利和义务的普遍准则与根本依据，即各方利益主体，无论是各级政府及相关职权部门权力的赋予和履行，还是学前教育机构与幼儿教师、幼儿及其家长各自权利与义务的界定与实现等，均以是否符合学前教育的公益性与公平性、是否有助于实现学前教育的公益性与公平性为出发点和前提依据。国际学前教育立法的经验也表明，只有在明确并始终遵循学前教育公益性与公平性的原则基础上，才可能对学前教育事业发展中各相关主体的权利与义务加以合理明晰；或者说，学前教育的公益性与公平性一旦依法确立，学前教育事业发展的基调与总体方向即随之确定，相关一系列重要方面，如学前教育政府职责、学前教育财政投入保障、幼儿教师队伍建设、学前教育机构管理及其教育质量督导、弱势幼儿群体受教育权益保障等等，也就随之找到了法律原点和最根本依据。因此，将学前教育公益性与公平性的基本正义作为学前教育法律的核心价值追求是国际学前教育立法经验的集中体现。

（二）公益性与公平性原则是经由法律确认的制度正义

将确认和维护学前教育公益性与公平性上升为权力意志，通过学前教育立法使之刚化是学前教育基本正义法定化的首要方面，国际学前教育立法经验还进一步表明，只有将这种正义原则进一步制度化、形成制度化的法律规定，才能够保证学前教育公益性与公平性的实现。

1. 免费或义务提供学前教育的法律规定是学前教育公益性与公平性的制度化保障

基于对学前教育公益性与公平性原则的确认和诠释，世界主要国家和地区学前教育法律中进一步将公益性与公平性的基本正义制度化、有形化，通过规定不同的制度措施进而保证学前教育公益性与公平性的有效实现，使其成为经权力机关确认并强制保障的以法律制度形式表现出来的制度正义。经学前教育法律确认并规范的、直接体现学前教育公益性与公平性的事业发展的根本制度保障主要有三个层面：一是纳入学制，作为学校教育体系与基础教育的奠基阶段；二是实行学前教育全部或部分年龄段的免费制度；三是实行学前教育全部或部分年龄段的义务教育制度。

综合多个国家和地区情况可见，将 0 ~ 6 岁或部分年龄段学前教育纳入学制系统，以及对全体或部分适龄幼儿实行免费学前教育是这些国家和地区学前教育法律中普遍确立的制度保障。其中，3 ~ 6 岁阶段全体幼儿学前教育免费制度是这些国家和地区经学前教育法律规定中比较一致和集中的年龄段。就立法确立的学前教育免费对象范围而言，有面向全体适龄幼儿的普遍免费制度，也有如美国、印度等的主要面向弱势幼儿群体的排富免费制度。将学前教育纳入义务教育范畴的相关法律制度目前仍以学前一年或两年为主要调整范畴，而巴西将0~6岁全部列为国家提供义务教育的法定职责范畴。法国虽不强制，但面向所有2~6岁儿童提供免费学前教育、且立法强化政府职责，这些在更大程度和更大力度上为学前教育公益性与公平性的制度化提供了法律保障。

2. 纳入学制、义务或免费制度使学前教育公益性、公平性获得制度依托与切实保障

从某种意义上讲，学前教育法律规定即有关学前教育事业发展的各种制度的法定体系，那么该制度体系中又存在着不同位阶、不同性质的制度，或者说其中又有根本制度（或称关键制度）、中观制度和具体制度之分。前文所分析的义务或免费制度即学前教育法律规定中带有根本性、关键性的上位法定制度，它一方面是学前教育公益性与公平性的深化与制度延伸，另一方面它也构成了学前教育事业发展中诸如政府职责及其履行、财政投入、教师队伍建设、机构管理与质量督导等重大制度的上位根本制度与前提依据。在相关法律中仅将学前教育纳入学制体系而不实行免费或义务教育，或是将学前教育纳入学制并实行免费教育，再或是不仅免费而且实行义务学前教育的不同法律规定，以及向全体适龄儿童提供免费或义务的学前教育，还是向部分年龄段、部分人群提供，这些法定制度均直接决定了各级政府在学前教育事业发展中应该扮演怎样的角色、占据怎样的地位、怎样发挥以及在多大程度上发挥怎样的职能；决定了财政性经费在学前教育经费总量中的比重及其投入重点；决定了幼儿教师应该具有怎样的身份、地位与基本权益，应该具备怎样的素质水平；同时也决定了学前教育机构，不论公立还是私立性质，其办学宗旨和基本标准、教育质量应该达到怎样的基本水准，等等。实践证明，正是那些在学前教育法律中就学前教育的学制地位，特别是就免费或义务学前教育制度做出规定的国家和地区，其学前教育的重要价值与功能在全社会范围内得以进一步深刻认同，学前教育的公益性与公平性得以凸显和坚持，其学前教育事业发展中的各项政府职责得以明晰和强化，因而其学前教育事业改革与发展有条不紊、富有成效且具有可持续性。因此，坚持学前教育的公益性与公平性并使之成为体现权力意志的法律正义，特别是经由学前教育法律在适当范畴内确立学前教育免费或义务的原则制度，是国际学前教育立法最为重要的经验之一。

二、强化政府职责尤财政投入责任是决定学前教育事业走向的主导

基于对学前教育性质与地位的深刻认识与相应法律规定，诸多国家和地区对学前教育事业发展中的政府职责做出明确规定，并不断使之强化和完善；特别是就政府职责的集中体现——学前教育财政投入的责任，很多国家和地区均做出规范和保障，其中不乏一些值得借鉴的立法经验。特别是，国际学前教育立法经验表明，学前教育法律中对政府职责的界定奠定了其他方面的基调和根本依据，强化政府职责特别是最高一级政府职责、政府的财政投入责任是决定学前教育事业积极走向与健康发展的主导性规定。

（一）明确并强化政府职责、优先扶弱是立法保障之关键①

综观本研究所聚焦的世界主要国家和地区，一些发达国家学前教育事业长期以来发展稳定、良好，也有一些发展中国家虽然基础薄弱，但近年来随其学前教育法制的不断建设和完善，其学前教育整体发展也呈现出非常可喜的态势。无论属哪类情况，这些国家和地区的共同点在于非常重视学前教育立法及相关政策的制定，有的国家长期以来对包括学前教育在内的教育立法的重视一以贯之；有的国家具有悠久良好的教育法制传统，且近年来对学前保教立法及政策制定高度重视并举措频出；还有一些发展中国家和地区，尽管学前教育基础较为薄弱，但近一段时期以来也大力加强教育与学前教育法规政策的建设与完善。无论属于哪种具体情况，这些国家和地区学前教育立法实践均凸显出一共同经验，即明确各级政府职责，特别是强化最高一级政府职责，这是有效规范和推动学前教育事业发展的重要途径和必要保障。

1. 明确各级政府职责，建立政府举办为主体的学前教育格局

基于对世界主要国家和地区学前教育法律及政策规定与特点的深入分析和研究发现，一些国家通过在相关法律及政策中明确各级政府的学前教育职责，特别是强化中央政府职责，有效规范并促进了该国以中央政府为主导、各级政府举办为主体的学前教育发展格局，极大保障并推动了该国学前教育事业持

---

① 此问题中相关论述主要涉及美、英、德、日、印、巴等国家，我国台湾地区不在此部分论述之列。

续、稳定的整体发展。其中，巴西、英国和法国的相关立法经验非常具有代表性。

巴西与我国国情相近，同属发展中人口大国，其学前教育事业发展基础十分薄弱。但近年来巴西学前教育法制进程逐步加快，特别是自 20 世纪末至今的十几年间，《教育指导方针和基础法》、《国家教育计划》、《国家学前教育政策》等一系列与学前教育密切相关的法律和专门针对学前教育的国家政策陆续出台，从立法及相关政策制定上为其学前教育事业发展提供了非常良好和日趋完善的法制环境保障。特别是，通过上述法律及政策规定，巴西各级政府学前教育职责的划分十分明晰、中央政府职责的权重得以强化。依据《巴西宪法》、教育基本法与学前教育国家政策的有关规定，巴西联邦政府在学前教育事业发展中负有重大责任：全国学前教育法律法规、发展规划、基本政策等的制定，依据宪法和教育基本法规定的份额保证学前教育财政投入和转移支付，联邦、各州及地方教育管理系统与机构的组织、维持与发展，学前教育标准与幼儿教师资格要求的制定，全国统一课程数量及其内容基准的确定，组织、协调各州、市学前教育发展规划及其协调、配合，以及收集、分析和公布学前教育信息、数据资料等，均为巴西联邦政府的法定学前教育职责。而各州和市的学前教育法定职责也十分明确，包括依据联邦教育政策和规划等制定并实施本州和市的学前教育政策与计划，依据宪法和教育基本法规定的份额保证各州、市政府的学前教育财政投入、维持和发展公立学前教育机构等的职责；负责本市学前教育的布局调整、机构批准与监督等。与此同时，《巴西宪法》与教育基本法中还明确规定，巴西联邦、州和市各级政府要相互合作，合理分担包括学前教育在内的教育财政经费，建立协调统一的教育体系。可见，尽管巴西是典型的联邦制国家，但其学前教育立法所确立的恰恰是"中央政府为主导、各级政府职责分明、中央与地方沟通顺畅"的这样一种非常强调政府尤中央政府职责的发展与推进模式，集中体现出其国家和政府对学前教育事业发展的高度重视。目前，巴西幼儿进入公立学前教育机构的比例已占据明显主体，在园儿童中有超过 70% 以上的幼儿均在由巴西各级政府举办的公立学前教育机构中接受教育；巴西学前教育事业发展的财政性经费近年来也持续增加，其学前教育财政投入总额已由 1999 年的 38.5 亿雷亚尔增长至 2004 年的 68.4 亿雷亚尔，几乎翻了一倍。这与其学前教育法律及政策中对各级政府职责的明确，特别是中央政府主导作用的确立，进而以政府为主体大力推进学前教育事业发展有着密不可分的联系，其相关立法经验值得进一步深入研究和借鉴。

英国基于社会政治、经济、教育发展新动向及国际竞争新趋势，特别是妇女解放及其就业率提升的现实，其政府近年来空前意识到发展学前教育事业的必要性与紧迫性，积极介入和推行学前教育改革与发展，进一步明确各级特别是中央政府及其相关负责人职责，强化部门合作，加强绩效管理等优化学前教育管理体制，并通过制定和出台相关法律加以刚化和保障。并由此依法形成了"中央政府主导、各相关部门协作，政府举办占主体"的学前教育发展模式，其经验值得研究和借鉴。英国立法强化政府尤其是中央政府职责的经验主要有以下几个比较有特色的方面：首先，加大中央政府的学前教育立法及国家宏观政策的制定力度、加快制定进程，并在这些重要法律和政策中就中央政府统一领导、统筹规划、制定全国统一教育内容与课程标准、建立并完善学前教育国家督导制度、以及有关学前教育事业发展重大方面的英国中央政府职责做出明确规定和保障。其次，通过《教育法》、《儿童法》、《儿童保育法》等多部法律建立并重申包括学前教育在内的教育督导制度，明确相关责任机构及负责人的督导职责，并建立议会问责制等。由此，学前教育国家督导不仅被列为英国女王学校总督学的重要职责范畴，其相关督导结果与报告还必须尽快递交英国议会以备审查，更为重要的是上述制度依据相关法律规定而被纳入法制范畴，依法得以刚化和保障。这些有效促进了英国学前教育机构及其人员的规范管理、合理发展及其学前教育质量的提高。第三，英国学前教育立法及政策制定中还非常注重对相关政府部门协调合作的规定及其制度化，建立起学前保教的"跨部门联动"机制，明确将"儿童、学校与家庭部"作为包括学前教育在内的青少年儿童及其家庭事务的统筹管理部门，通过了以教育部门为首要责任部门，教育、财政、健康、卫生、安全与家庭福利多部门联合行动的方式，并依法建立各相关部门学前保教"联席协调会议"、建立并维持各部门学前保教"合资基金"等长效制度，有效促进了英国学前教育事业的整体、协调发展，有效推动了英国幼儿保教融合与儿童全面发展的实现。目前，英国政府举办的学前教育机构发挥着绝对主体作用，据 2004 年联合国教科文统计数据显示，英国全部在园幼儿中，有超过 90% 的儿童均就读于公立机构[①]；同时，除全体

---

① UNESCO. Strong Foundations：Early childhood care and education, EFA Global Monitoring Report 2007. Paris, UNESCO, 2006.

5～7岁儿童接受义务教育外，英国3～4岁幼儿也已经享受到不同形式的免费学前教育；学前教育财政拨款也持续增加，仅"确保开端"项目这一项预算，已由1998～1999财政年度1.79亿英镑增至2005～2006财政年度的11.58亿英镑，增长了近5.5倍①，这还不包括英国政府用于其他学前教育项目及提高幼儿师资水平方面的财政投入。其间，英国明确政府学前教育职责，特别是加强中央政府职责、促进部门协作制度的建立与完善的相关立法举措起到了不可忽视的重要作用。

法国面向全体适龄儿童的免费学前教育的形成由来已久，学前教育事业发展水平较高，尽管这与其自身长期的社会、文化与教育传统密切相关，其他国家和地区在对其学习和借鉴方面存在较明显的社会文化差异，但对法国如何通过立法明确各级政府学前教育职责、特别是确立和维护中央政府的绝对领导、同时强调中央政府的责任等方面的相关经验进行剖析，仍然会在相当意义上带给我们有益的思考和启示。法国是典型的中央集权制国家，其学前教育的权力配置也表现出显著的中央集权性质，政府在学前教育事业发展中既发挥主导作用，同时又是直接举办学前教育的绝对主体。可以说法国的学前教育立法既是这种权力配置的重要体现和反映，同时，通过立法，其中央与地方政府学前教育权力的这种配置方式也进一步得以明确和强化。具体而言，相关立法所确立的法国中央政府学前教育职责主要包括以下四个方面：首先是学前教育的创建权。虽然法律规定乡镇承担幼儿学校的基本建设责任，但乡镇并无权创建幼儿班级或幼儿学校，乡镇委员会只有在征得国家代表的意见之后，才可以决定创建或设置初等或幼儿班级与学校②。特别是当国家认为有必要开设幼儿班级或幼儿学校以满足接收学生的要求时，即使在乡镇政府并未准备建立幼儿学校并为其投资的情况下，乡镇政府也必须执行并承担相应责任，法国中央政府的学前教育法定权力及其贯彻力度由此可窥见一斑。其次，中央政府负责所有公立学校教师与行政人员的管理、培训与工资，甚至还有符合条件的私立学校教师的工资；再次，中央政府负责统一制订教学大纲，安排课时，制订考试与颁发文凭的规章。第四，中央政府负责确定教学管理规则，包括提供大型或新型教

---

① Department of Education and Skills（DfES）. Departmental Report 2004. The Stationery Office（TSO），2004.

② Loi n° 83～663 du juillet 1983，article 13.

学设施等。乡镇政府作为法国的基层政府，在学前教育事业发展中的作用也非常关键，但乡镇政府的角色更多是处于中央政府直接领导下的贯彻与执行职能。具体来讲，法国乡镇政府直接建设幼儿学校，并负责对幼儿学校的经费投入。公共教育的初级学校和幼儿学校的创建与设置是乡镇政府的法定强制性支出①。法国学前教育长期以来的良好发展以及法国全体适龄儿童均可免费享有学前教育这一事实，可以说在相当程度上正是依赖于其依法明确各级政府职责特别是中央政府职责，以及依法确立的中央政府负有主要、重大责任的中央与地方学前教育职权配置方式。

2. 确立并强化中央政府扶助弱势的职责重点，积极发挥地方政府职能

基于对多个国家和地区学前教育法律及政策的研究发现，美、印、德这三个国家通过立法强化中央政府扶助弱势、促进学前教育公平职责的经验比较突出，并各具特色，值得进一步概括、提炼与综合分析。总体上来看，美国、印度和德国均是联邦制国家，教育事务在传统上属联邦和各州（邦）政府的并行职责，甚至有些方面联邦政府不得干预。然而近年来随着这三个国家对学前教育重要性与价值的进一步认识，特别是对学前教育对于消除贫困、促进社会公平等重要作用的高度重视，其联邦政府的学前教育职责日益凸显，学前教育法律及相关政策中均明确并逐步强化了中央政府在学前教育事业发展中的职责重点：即优先扶持弱势地区弱势群体，促进学前教育公平与均衡发展。与此同时，也依法确立了地方政府发展学前教育的自主权和灵活性，有效促进了这些国家基于分权制的学前教育联邦职责的不断强化与重点突破，进而推动了国家层面学前教育事业的均衡发展与学前教育公平的实现。

美国是典型的联邦制国家，其《宪法》及其修正案确立了联邦政府和州政府的权限划分：宪法所未授予联邦也未禁止各州行使的权力，均由各州或人民保留。包括学前教育在内的教育事务恰属在联邦立法权中没有做出明确规定之列，因而被解释为各州的"保留权力"而具有自主权，联邦政府不得随意干预。美国各州在学前教育事业发展及其立法上也享有很大自主权和灵活度。然而如前所述，近年来美国教育发展面临诸多挑战，公立教育质量持续滑坡，诸如此类问题和挑战一方面使美国联邦政府不得不加强对教育的干预，并逐渐将解决问题的良药寄希望于学前教育的发展，进而增加联邦政府对学前教育的

①　法国议会．法国教育法典（2000，第 L. 212～1，L. 212～5 条）．

干预和管理、强化联邦政府的学前教育职责亦即成为美国近年来学前教育发展的宏观战略与立法要点。特别是 20 世纪八九十年代以来，随着美国联邦政府对学前教育重视程度的不断提升，其学前教育联邦立法进程加快，有多部相关法律相继出台，并且学前教育法律规定中从不同方面明确和强化联邦政府的学前教育责任，包括增加联邦政府对学前教育的财政拨款，加强联邦政府对学前教育财政经费的管理和监督，明确并强化联邦政府对学前教育机构的申请、授权、教育质量及其评价与监督，推进联邦政府及其科研机构的学前教育研究等多方面等等。特别是，《提前开始法》、《入学准备法》及《不让一个儿童落后法》等一系列重要法律中均对美国联邦政府优先扶持贫困儿童、残疾儿童、学习障碍儿童、少数种族儿童等处境不利幼儿，促进其学前教育权利的实现，进而推进教育起点公平乃至整个美国教育公平的职责做出了明确规定和强化。结合对美国学前教育立法背景及其法律效果的分析，美国学前教育立法中对联邦政府职责的强调与 20 世纪 90 年代以来美国政府职能的改革与重塑、通过促进教育公平向贫困宣战、提高教育质量等一系列重要背景和挑战密切相关，而十几年后当今美国学前教育发展的实践则表明，学前教育发展，特别是扶持弱势幼儿群体，是促进整个美国教育特别是基础教育成功的必要举措，是促进美国教育公平与社会平等的重要途径，而通过立法明确并不断强化联邦政府的学前教育责任也成为美国学前教育立法的重要经验之一。

印度是当今世界最具代表性的发展中人口大国之一，其学前教育事业基础薄弱、可谓发展困难重重，特别是由于社会政治、经济、文化、传统等的影响，学前教育发展不均衡、不公平的现象比较严重。而近年来印度学前教育事业发展的实践表明，其学前教育事业发展取得了非常显著的进步与成效，学前儿童入园率、在园幼儿数以及学前教育财政性经费总额等多项衡量事业发展状况的重要指标值均呈现明显上升趋势。关键原因何在？可以说印度学前教育法律与政策中对中央政府职责的明确与强化所产生的积极影响是重要原因之一，这也构成了印度学前教育立法及国家政策制定的重要特色与宝贵经验。印度虽然是联邦制国家，但自 1976 年印度《宪法》第 42 号修正案对联邦和各邦政府教育职权划分原则的确立，印度教育权力的配置即逐步趋向中央集权化的方向发展，印度联邦政府承担起更多的职责以加强教育的国家性和整体性，保证教育质量和教育标准，从整体上满足国家和社会发展对人才培养的需要。具体就学前教育领域而言，印度中央政府主导公共学前教育的特点与趋势颇为显著。尽管印度《宪法》及相关法律、政策中并未确立联邦政府免费或义务向全体或部分幼儿提供学前教育的职责，但通过对印度学前教育法律及政策的研究可见，通过学前教育立法和相关国家政策的制定，明确并强化联邦政府通过公立学前教育项目保障和扩大弱势幼儿群体受教育权的各项责任，确立联邦政府在学前教育事业中的主导地位和职责重点，是印度学前教育立法与政策制定的重要经验，也是保障学前教育公益性与公平性、促进和推动印度学前教育整体发展的有效途径。以印度目前最具代表性的项目即儿童全面发展服务项目（ICDS）为例，相关法律与政策中明确规定了印度联邦政府在该项目推进中的各项职责，主要包括四个方面：一是制定有关项目推进的政策、规范、指导原则，特别是优先实施的步骤及特殊照顾的群体等；二是向有关部门和机构提供有关该项目及其服务之间的联系；三是确保项目的信息与反馈渠道畅通，并密切监测该项目的运行情况；四是负责培训项目工作人员并帮助他们尽快尽好地适应各自工作①。综上，明确联邦政府职责、特别是强化联邦政府重点扶持弱势群体学前教育的职责，由此确立其在学前教育事业发展中的政府主导作用，并推进整个学前教育事业发展，是印度学前教育立法与政策制定中值得研究和借鉴的重要经验。

德国学前教育立法经验与美国、印度的相同之处在于同样强调学前教育的均衡发展，同样强调政府职责；而不同点则在于，近年来德国学前教育立法中强化的政府职责重点更多是在于如何促进东、西部不同地域间学前教育的均衡发展，以及通过联邦立法加强对学前教育事业的宏观规划与各联邦州就学前教育事务享有独立立法权相结合。德国学前教育立法有其特殊的社会背景：二战后东、西德的长期分裂分属不同国家占领，学前教育发展政策截然不同，致使重新统一后的德国学前教育发展呈现出东部与西部的极不平衡。西部联邦州（原西德）一直保持着学前教育属于社会福利系统的特性，强调自由承办者在学前教育中的地位，从而疏于政府方面的组织管理，因此西部各联邦州在学前教育位置供应、资金投入和师资配备方面都落后于东部各州。直到20世纪六十年代，德国西部各联邦州还只能够为四分之一的适龄儿童提供幼儿园位

① 印度第十一个五年计划 ECCE 部分 SUB GROUP REPORT Early Childhood Education in the Eleventh Five Year Plan（2007～2012）.

置①。而伴随世界范围内的经济危机、积极就业政策的推行，以及家庭就业模式的变迁，20 世纪下半叶开始德国妇女就业率也有所上升，民众对学前教育位置的需求增加，德国政府面临着严峻挑战，自此开始，德国联邦政府不仅加强了相关立法，而且在立法及政策制定中明显加大了对西部学前教育事业发展的倾斜力度。德国西部学前教育的发展也正是与 20 世纪 90 年代德国联邦政府逐步加快的学前教育立法进程基本吻合，随着 1990 年德国《儿童及青少年救助法》面向全德且特别针对西部各联邦州"所有年满三岁至入学年龄儿童获得幼儿园位置权利"的确认，直接带来了德国西部学前教育的快速发展，并且，德国 16 个联邦州中 13 个州的学前教育法均在此后相继出台；此后，德国联邦政府还颁布了《日托扩展法》等学前教育法律及政策，其中对各级政府特别是联邦政府积极促进西部学前教育事业发展的职责又有进一步规定和强化。目前，德国西部联邦州已有 90% 以上的 3~6 岁儿童都能进入幼儿园，尽管其中包含一部分从 4 岁或更晚时候才入园的儿童，但与《儿童及青少年救助法》之前较长时期的情形相比已有非常显著的进步。与此同时，德国学前教育立法的特色经验还在于其充分发挥各联邦州的学前教育发展职权，各联邦州依法享有学前教育立法权以及维持并促进学前教育机构发展等职权。德国每个联邦州都有本州的学前教育法，并在其中对本州及所辖市镇的学前教育政府职责做出相应规定，从而使各州及市镇政府的学前教育职责在联邦法的框架下、在州法的层面上加以明确和细化，同时又根据各州不同情况体现出不同的职责特点与侧重。综上，德国学前教育立法在促进区域均衡发展、确认并促进地方政府学前教育立法权、以联邦法为框架与指导并在州法层面上具体明确和强化各级地方政府学前教育职权等方面的相关经验具有较强研究和借鉴的价值。

（二）单项列支、专项拨款、公私兼投，力保学前教育财政投入

政府在学前教育事业发展中的职责最集中最重要的体现之一即学前教育财政投入。综观世界主要国家和地区学前教育法律及政策规定，其中，以项目为依托、设立学前教育专项拨款并重点扶持弱势群体，将学前教育投入纳入财年预算并单项列支，以及对符合条件的私立学前教育机构以多种方式给予财政资

---

① Frühkindliche Bildung, Betreuung und Erziehung. http://www.bildungsbericht.de/daten/c_web.pdf，登录日期：2007 年 8 月.

助，以及建立学前教育经费分担机制等，均构成这些国家和地区立法保障并持续增加学前教育财政经费的宝贵经验。

1. 将学前教育投入纳入财年预算并单项列支

财政预算是权力机关批准的政府在未来一定时期内（通常为一年）的财政计划，是政府组织分配集中性财政资金、优化资源配置的重要工具①，大多数国家和地区均已依法建立本国和地区的财政预算制度。通过对世界主要国家和地区学前教育法律及政策的研究发现，多个国家和地区在有关法律中对学前教育事业发展经费预算做出了明确规定，一些国家和地区还依法实行学前教育预算的单项列支，通过立法建立和保障的学前教育中央财政预算制度。在依法实行学前教育财政预算、保障学前教育财政投入方面做得比较好的国家和地区，也正是近年来学前教育财政投入总量特别是中央财政的力度不断加大、学前教育经费来源充足、稳定的国家和地区。英国和印度在这方面立法及政策制定的经验尤其值得关注。

英国近年来学前教育事业的迅速发展即与其通过立法保障并持续增加学前教育预算密切相关。英国历年的《拨款法》中，有多项针对促进教育公平、保障全体儿童权利、发展并提高学前教育与保育质量的专门拨款预算，包括"确保开端学前教育项目"预算、"弱势儿童基金"预算，以及"儿童保教标准与质量督导"等单独列支的预算科目，且近年来的《拨款法》中针对上述几项的预算额均呈现逐年递增的趋势，为英国学前教育事业的发展，特别是近年来英国学前教育改革的顺利推进提供了必不可少的财政保障。来自英国儿童、学校与家庭部2008年的数据显示，2000~2001财年至2005~2006财年期间，英国政府在0~5学前教育领域的实际财政投入逐年增加，已由2000~2001财年的20多亿英镑增长至2005~2006财年的41亿英镑。英国学前教育事业之所以有着充足、可靠的财政经费保障，与其通过立法明确并刚化政府的学前教育投入职责，特别是在拨款法中将学前教育预算单项列支有着直接联系，其在该方面的立法经验值得借鉴。

依据相关法规、国家发展规划和相关政策规定，印度学前教育财政投入也纳入了每个财政年度的中央预算，且以儿童教育预算科目单项列支。印度学前教育财政预算是作为包括健康、保护、发展等在内的综合性预算项目"儿童

---

① 胡乐亭. 财政学基础［M］. 中国财经出版社，2000：292~293.

财政预算"的一个组成部分来规划的。"儿童财政预算"由儿童保护、儿童健康、儿童发展与儿童教育这四项子预算组成，其中儿童教育所占份额最大，以2007～2008财政年度为例，印度用于儿童教育的财政预算占"儿童财政预算"总额的72%，是其他三项子预算总额的约2.6倍。同时，该预算经费在来源上充分体现了印度各相关部门的通力合作，参与该项预算的投入部门不仅包括妇女儿童发展部，还包括了人力资源开发部、健康与家庭福利部、劳动部、社会公正与授权部、青年事务与体育部，以及部落事务部等多个国家政府部门。在"儿童财政预算"子项"儿童教育"预算中有相当一部分用于印度学前教育项目的运转，其中最主要的公立学前教育项目即儿童全面发展服务项目（ICDS）和托儿所计划，即ICDS和托儿所计划每个财政年度也均有相应专门的中央财政预算。并且在ICDS和托儿所计划这两项预算内，均有更详细的子预算科目，如用于日常机构运转的经常性项目预算，以及用于基础设施建设、设备与家具购置及更新等非常规项目预算等子项目。并且，近年来印度依照相关法律及政策确定的学前教育财政预算总额不断增加，以ICDS项目预算为例，印度政府对该项目的财政预算从第八个五年计划时期（1992年～1993年至1996年～1997年）到第九个五年计划再到第十个五年计划，其预算额翻了两番多。其中第九个五年计划ICDS项目预算为5720.31亿卢比，比第八个年计划的2601.28亿卢比翻了一番多，而到了第十个五年计划时期，ICDS项目预算又比第九个五年计划时整整翻了一番，达到了11684.5亿卢比[1]。制度化、法制化的学前教育财政预算及其单项列支有效保证了印度中央政府对学前教育事业的投入，使更多的印度幼儿能够享有接受学前教育的机会和权利，极大促进了近年来印度学前教育事业的发展及其教育起点的公平。

综上可见，依法规定并实行学前教育财政预算单列，充分反映出政府对学前教育事业的高度重视和政府责任的切实履行，更为重要的是，经由上述实践表明，该举措是切实保障学前教育事业发展经费的有效途径，且其保障力度与效果是其他方式所不及的，对学前教育事业持续、稳定发展发挥着不可替代的重要作用。

---

① 印度妇女儿童发展部官方网站. http: //wcd. nic. in/，登录日期：2008年7月. 该数字与妇女儿童发展部2007～08年度报告的财政预算数字略有出入，本义选用了妇女儿童发展部官方网站公布的数字。

2. 以项目为依托保证学前教育专项拨款，明确财政投入重点

依法对学前教育项目专项拨款的额度、用途及其监管等进行规范和保障，也是国际学前教育立法带给我们的重要经验之一。很多国家和地区还依法明确了学前教育项目专项拨款的投向与重点，即保障弱势幼儿群体的受教育权，优先扶助处于各种不利处境的弱势幼儿及其家庭。美国《提前开始法》、《入学准备法》等学前教育法律中对"提前开始"项目的专款规定、《不让一个儿童落后法》中就"早期阅读优先"项目的专款规定，以及印度相关法律及政策中对"儿童全面发展服务"项目拨款的规定等等，其核心宗旨与重要目标均在于通过经费保障，促进弱势幼儿学前教育权利的实现，进而推动其教育公平，包括学前教育公平的实现。与此同时，英国、德国、日本、我国台湾等国家和地区在学前教育法律中也对弱势儿童的专门性财政补助、儿童津贴等做出明确规定，依法保障了补偿性津贴与补助的发放。我国台湾地区"儿童教育及照顾法草案"、"特殊教育法"及"扶持五岁弱势幼儿及早教育计划"在这方面的规定就较为细致到位，提出以循序渐进的方式，对经济落后地区、原住民地区、全台湾地区低收入及中低收入家庭 5 岁幼童逐步进行学费补助。正是在这样的法律保障下，上述国家和地区正在不断加大对弱势群体的补偿力度，并依法逐步建立起对贫困儿童、残疾儿童、少数民族儿童等弱势儿童群体的财政资助制度，对保障弱势幼儿的受教育权，促进学前教育的均衡发展与公平起到了重要作用，其经验可资借鉴。

3. 建立对私立学前教育机构的财政资助制度

当今国际学前教育立法的另一重要经验是不仅明确并强化政府对公立学前教育的财政投入责任，同时也就政府对符合要求的私立学前教育机构的财政资助做出相应的明确规定。这种对私立学前教育机构财政资助制度的具体形式在不同国家和地区有所不同，但其主要目的均在于通过经费的注入及其附带条件等，引导和规范私立学前教育机构的运营与管理，在整体上提高本国和地区的学前教育总体质量，不论其是公立抑或私立性质。法国、英国、德国、日本、巴西及我国台湾地区、香港特区在此方面均有相关规定。实践表明，通过立法明确并规范私立学前教育机构的财政资助制度，一方面有助于规范和引导私立学前教育机构的健康、合理发展，保证其教育质量；另一方面也可在一定程度上引入公立与私立机构的竞争机制，有助于从量和质两方面促进学前教育事业的整体发展。

法国以政府提供的公立学前教育为主体，非公立学前教育机构所占比例非常小，但法国历来重视对非公立学前教育机构的管理和财政资助，这与其较早较细致的立法保障有着密切关系。法国1959年颁布实施的《DEBRE法》即对包括学前教育在内的非公立学前教育机构如何通过与国家签订合同而获得财政资助等事宜做出了明确规定。依据该法规定，包括私立幼儿学校在内的法国私立学校可以在不改变与国家关系的前提下，通过与国家签订合同加入法国公共服务系统。与国家签订合同的私立幼儿学校，一方面必须遵守国家教育大纲并接受国民教育部门在教学方面的检查；另一方面中央政府则需向这些私立幼儿学校提供财政资助，主要是负责发放符合资质要求的教师工资，地方政府也要对该校运转经费予以财政支持。政府对这些签订合同的私立幼儿学校财政资助的力度还会因其合同种类的不同而有所不同。

与此同时，很多国家和地区立法规范学前教育学券制、并以此扶助非盈利性私立学前教育机构的实践也取得了良好效果，其立法经验值得借鉴。我国香港、台湾等地就已经实行学前教育学券制度，并在相关法规政策中予以明确规定，以增加对私立非盈利学前教育机构的财政资助，减轻家长负担，适当引入竞争机制，促进不同性质学前教育机构的均衡发展。如香港特区《学前教育新措施》、《申请参加学前教育学券计划》等重要学前教育政策中即对学券计划开始推行的时间、对象、学券面额及其补贴用途与具体金额、学前教育机构参与学券计划的必备条件及其评审等做出了明确规定，并明确将盈利性学前教育机构排除在外。这有助于通过政府对非营利机构的资助而引导一部分盈利性学前教育机构转变为非盈利性质，进而促进学前教育更好地满足普通民众的需求，有助于学前教育公平与均衡发展。台湾地区则对政府通过补助、奖助、税收减免等方式资助私立学前教育机构做出了多项规定，以此推进私立学前教育机构优质发展。上述法律及政策规定均为这些国家和地区非公立学前教育积极、健康发展提供了重要法规依据和切实保障。

综上，国际学前教育立法遵循学前教育公益性与公平性原则，实行对符合要求的非公立学前教育机构多种方式的财政资助，使在公立机构和私立机构的儿童均能同等享有包括国家财政支持在内的公共资源，并在一定程度上平抑了私立学前教育机构过高的收费水平，同时也有助于规范私立学前教育机构的管理，促进其教育质量的提高。目前我国大陆地区私立学前教育机构所占比重较大，政府对私立学前教育发展职责尤其是财政投入责任该如何界定，在有关法律中如何规定，政府在多大程度上以及以何种方式对私立学前教育机构负有财政责任等都是需要深入思考的问题，国际学前教育立法实践在此方面的经验可以带给我们有益思考和启发。

4. 建立学前教育经费合理分担机制

通过学前教育立法建立并规范学前教育经费分担机制是国际学前教育立法的另一重要经验，这种经费分担机制既包括了政府、家长和承办者之间的经费分担制度，也包含了学前教育财政性经费的各级政府财政投入的分担比例。德国、日本、巴西等国家均已依照相关法律及政策建立起学前教育经费分担机制，其立法经验值得分析和借鉴。

德国的学前教育经费构成与其他国家不同，由于其基本法规定联邦政府不能直接参与对学前教育机构的资助，因此，德国学前教育机构的主要资金来自于联邦州、地方政府、承办者和家长四个方面。各联邦州对学前教育经费的分担模式及其比例基本上均有相应的法律及政策规定，从 16 个联邦州的平均水平来看，目前德国学前教育经费中有 75～80% 来自州和地方政府，14% 来自幼儿家长，其余部分则来自于自由承办者①，可见其经费分担中州和地方政府的财政投入占据了绝大部分。日本依据《学校教育法》等法律规定实行学前教育经费主要由设立者负担，同时实行学前教育经费由各级政府、学前教育机构设立者及幼儿家长三方分担的原则。国立和公立幼稚园，分别由中央政府和地方政府设立，因而其经费由国家和地方政府负担较多，家长缴费只占极少部分；而私立幼稚园中，家长缴费则占 2/3 以上。与此同时，日本相关法律中对中央和各级政府学前教育财政投入的分担比例所做出的相应规定，为各级政府明确各自的学前教育财政投入责任及开展相互合作提供了重要法律依据。根据日本《儿童福利法》相应规定，日本保育所的经费除家长缴费之外，政府负担不足部分，并由国家、都道府县和市町村各级政府按照一定比例分担。国家负担的部分为"国家负担金"，都道府县负担"都道府县负担额"，市町村则承担"市町村负担额"。具体比例为：由市町村设立和管理的保育所，其经费不足部分国家负担 8/10，都道府县和市町村各负担 1/10；由都道府县设立和

① OECD. Die Politik der frühkindlichen Betreuung, Bildung und Erziehung in der Bundesrepublik Deutschland. 2004. S. 35.

管理的保育所，其经费不足部分国家负担 8/10，都道府县负担 2/10①。巴西在其《宪法》和教育基本法中也对联邦政府和地方政府包括学前教育在内的教育投入占本级税收的比例做出了明确规定，联邦政府每年应支出不少于 18% 的税收额，州、联邦特区和市应支出不少于 25% 的税收额，用于维持和发展包括学前教育在内的教育事业。综上，上述国家和地区均通过相应法律规定，以不同方式在不同程度上确立了学前教育经费的多方分担以及各级政府分担的基本制度，有效保证了本国学前教育事业发展的经费总额及其中的财政投入。

三、建设教师队伍、健全督导制度，保证并提高学前教育质量

注重并不断提升学前教育质量是近年来世界诸多国家和地区学前教育法律及政策的重要目标，一方面源于对学前教育对于个体终身发展起重要奠基性作用的认识，另一方面很多国家和地区确实面临着中小学教育质量下滑、学生整体素质下降等棘手问题，甚至已经危及其人力资源储备及国际竞争力的强弱，致使这些国家和地区不得不对学前教育表现出前所未有的重视，对学前教育质量也密切关注。而幼儿教师队伍建设和学前教育机构管理与质量督导成为很多国家和地区促进并提高学前教育质量的重要手段。特别是近年来很多国家和地区均就这两方面中的关键问题以及体现政府职责的重要方面，做出了非常明确的法律规定，使幼儿教师队伍建设与学前教育质量督导等具有了刚性制度保障，有效保障和促进了学前教育质量的提高。

（一）明确身份与地位是队伍稳定之关键，规范资质是提高质量之必需

综观世界主要国家和地区的学前教育事业发展，"幼儿教师身份规格高——社会地位高——基本待遇与各项权益有保障——幼儿教师队伍稳定——学前教育质量有保证并持续提高——学前教育事业积极、健康发展"是已由多个国家和地区实践证明的学前教育事业发展的良性循环趋势。而国际学前教育立法的经验表明，确立并保证幼儿教师具有明确的且具有较高规格的身份与地位，最关键的即为幼儿教师的身份、地位提供法律依据和保障，而一旦幼儿教

---

① 李永连、李秀英. 当代日本幼儿教育 [M]. 太原：山西教育出版社，1997：153.

师的身份与地位具有了法律保障，幼儿教师队伍建设链条中的后续环节——工资待遇及各项基本权益的实现、资质要求的明确与提高、资格制度和培养培训制度的健全等，也就都具有了合法依据与有效保障。因此，立法明确幼儿教师的身份、地位是稳定和壮大幼儿教师队伍的关键；而相应的资质要求与资格制度的健全则是有效提高幼教师资质量的必需，此两方面均应作为学前教育立法的重要方面，这是国际学前教育立法带给我们的又一宝贵经验。

1. 明确幼儿教师的教育公务员、准公务员身份，提高地位，保障权益

通过对世界主要国家和地区学前教育立法的研究发现，一些国家幼儿教师具有明确身份定位与较高社会地位、各项基本权益具有切实保障，并不因其任教于最基础阶段的学前教育而在身份、地位、工资、待遇、资质、培养、培训等任何方面与中小学教师有区别，并不"低人一等"。这一方面充分体现出这些国家对学前教育的正确认识和高度重视，同时这种认可与重视并非流于观念或口头，而是在这些国家均已通过相关法律切实建立起幼儿教师队伍建设的制度保障，尤其是一些国家已经通过立法及国家政策明确了幼儿教师的准公务员、教育公务员的法律身份，通过立法确立并不断提升幼儿教师的价值与社会地位。其中日本、法国的相关立法经验值得进一步研究和剖析。

日本早在 20 世纪 40 年代末即在《教育公务员特例法》中明确规定，按照日本《学校设立法》规定所设立的国立、地方公立的包括幼稚园在内的各级各类学校的校长、副校长、幼稚园长、教师、专职教育研究人员以及各地方教育委员会的教育长和教育行政管理人员等，通过教育为全体国民服务的教职员工，均为日本的"教育公务员"。并且，具有不同身份还分为"国家教育公务员"和"地方教育公务员"，国立幼稚园的园长、教师以及其他系部主任等人员（包括国立研究机构的相应人员）的身份为"国家教育公务员"；公立幼稚园的园长、教师、系部主任以及地方专职教育行政人员的身份为"地方教育公务员"①。此法律规定使日本幼儿教师具有了与其他学段教师完全同等的法律身份和地位，有效保障了日本幼儿教师队伍自战后至今几十年间的稳定与发展。法国虽然没有明确将包括幼儿教师在内的中小学教师定名为"公务员"或"教育公务员"，但依据法国《公务员总章》及相关法律规定，法国幼儿教师不仅与公立中小学教师法律身份和地位完全相同，并且同样享有法国公务员

---

① 教育部国际合作与交流司编，国外教育调研选编，2003 年 11 月.

待遇：公立学前教育机构中涉及教学、教育与管理人员与非教学人员的任命、职位分配、状况处境（在职、离职、临时调动、编制之外、兵役、父母假期）、假期（病假、长病假、长假、产假、收养假……）、半日工作制、公务员身份固有的义务和权利（特别是工会权利的执行）等的职业规定均按照法国公务员总章的原则执行。因此，法国幼儿教师具有准公务员的身份和地位，除了没有相应头衔之外，其所有权益均享有公务员待遇，有效确立并提高了法国幼儿教师的社会地位与声望，对吸引新鲜力量、稳定幼教队伍具有重要意义。

由于对幼儿教师身份的明确特别是赋予公务员的法定法律身份，使日本、法国的幼儿教师与其他国家和地区相比，具有明显较高的社会地位和声望，幼儿教师的工资、待遇、各项基本权益的保障，幼儿教师队伍的稳定和人口质量的保证等，均走在其他国家和地区的前列。以日本为例，由于其长期以来的尊师重教传统，特别通过立法保障幼儿教师身份、地位与各项基本权益，其国立和公立幼稚园教师的工资比一般国家公务员还高出 20% 左右①，吸引了众多高素质从教人士，日本公立、私立幼稚园教职人员数量从 1955 年至今均呈现持续增长趋势。2003 年，日本公立幼稚园教职人员已达 2.58 万人，是 1955 年的近 4 倍，私立幼稚园教职人员则达到 8.27 万人，为 1955 年的 4 倍多，幼儿教师队伍不断壮大。法国的情况也非常相似，其幼儿教师由于其准公务员身份，由中央财政直接拨付幼儿教师工资，其工资待遇非常有保障，社会地位也较高，幼儿教师是很多年轻人争相投身的理想职业。从这个意义上来讲，日、法两国立法明确与保障幼儿教师身份、地位的经验尤其值得研究和借鉴。

2. 建立幼儿教师资格制度、合理制定并提高资质要求，促进幼教师资全面素质提升

吸引高素质的人才，不断充实并稳定、壮大教师队伍是一个重要方面，而如何不断提高幼儿教师的素质则是提升师资队伍整体水平、保证并促进学前教育质量持续提高的根本途径与必要手段。国际学前教育教育立法的经验显示，通过立法建立并规范幼儿教师资格制度、制定合理的资质要求并不断提高资质水平，是规范幼儿师资准入标准、提高幼儿教师专业水准与综合素质水平的有

---

① 高益民，于颖，金红莲. 日本学前教育立法状况分析报告［R］. 北师大国际学前教育立法比较研究课题组，2008.

效途径和切实保障。日本、法国、美国及巴西均已在学前教育立法中明确做出相关规定并取得了良好实效。

首先，世界诸多国家和地区的学前教育立法经验表明，同时重视学历水平、专业素质与综合素养三方面、制定并提高幼儿教师的整体资质要求，是各国和地区社会发展与教育发展需求对幼儿教师资质及其立法的新要求，也是有效促进幼儿教师整体质量提高的重要法律保障。目前，不仅绝大多数国家和地区均对本国幼儿教师任教的最低学历要求做出了相应明确规定——发达国家在此方面比较普遍的规定是大学毕业层次，包括美国、英国、日本等在内的多个国家均将幼儿教师任教的最低学历层次确定为大学本科；一些国家还做出了硕士层次的更高规定；并且，当前很多国家和地区对幼儿教师专业素质和个体综合能力已经提出较为全面的法律及政策要求与规定，主要涵盖三大方面：一是专业理论知识素养，其中又包括教育教学基本理论、儿童心理发展理论，以及有关儿童保育与健康方面的基本知识；二是教育教学的实际技能，包括教学能力、课堂与班级管理能力、因材施教的能力等；三是对幼儿教师更加综合、全面的个人素质与能力要求，如对人品的要求、对交流与沟通能力的要求，以及综合评价儿童及自我的能力等。

以巴西为代表的发展中大国近年来也一直在持续不懈地为提高幼儿教师的基本学力水平而努力，并通过相关法律和政策保障其实现，其经验特别值得关注和借鉴。巴西在其教育基本法1996年巴西《教育指导方针和基础法》中明确规定：从本法公布后1年起，实施国家教育十年规划。到教育十年规划完成时，只有受过高等教育者或经过在职培训的人员才可任教。2006年巴西《国家学前教育政策》中也明确规定：要保证在5年内，所有幼儿教育教师和小学4年级以下教师均拥有中等水平学历。在教儿童时，能够满足其年龄需求和特点。在10年内，在联邦、州和市共同努力下，确保70%的幼儿教师和基础教育阶段教师拥有高等学历，并具有有资质的正规机构颁发的证书。值得注意的是，巴西对幼儿教师学历水平的规定并不高，"5年内所有幼儿教师拥有中等学历水平"，甚至与一些发达国家相比还很落后，但这正是巴西学前教育立法及政策制定带给我们的宝贵经验：并非对幼儿教师的学历水平规定越高越好，而是应该结合本国国情，在本国社会、经济、教育发展的不同阶段制定既相对合理、可行，又能够满足教育需求的学历要求，这样才能更切实地促进幼儿教师整体素质的稳步提升，进而推动学前教育质量的提高。实践表明，巴西近年在其学前教育法及相关政策中对幼儿教师资质水平的明确要求和相应规定取得了较好效果。目前在所有巴西幼儿教师中，除少部分学历水平偏低外，大部分幼儿教师均已达到法律规定的高中毕业或更高的大学学历水平，且已基本和巴西小学教师队伍的学历构成相近。尽管高中后学历水平教师在巴西幼儿教师总体中所占比重与国际平均水平还有差距，但综合考虑巴西人口众多、经济落后、学前教育起步较晚的现实制约等因素，近年来通过政府采取包括立法和加大政策支持力度、增加投入、加强幼教师资建设等举措大力发展学前教育，而有这样的成绩已实属不易，也恰恰从一个侧面反映出学前教育法律与政策对其学前教育事业发展的重要保障和推动作用。

其次，资格认定制度与相应资格证书的考取是当今国际幼儿教师资质法规及政策中非常重要的一个组成部分。一些国家和地区立法明确了幼儿教师与中小学教师贯通一致的资格序列及其资质要求，有效保证了幼儿教师具有较高的基本素质。如前所述，日本、法国由于其幼儿教师教育公务员和准公务员身份的法律保障，其幼儿教师与中小学教师身份、地位没有本质区别，其学前教育法律中对幼儿教师资格制度及其资质要求的规定也与中小学教师的相关要求作为一个整体加以规定。且相关法律还对幼儿教师资格内部等级的划分做出详细规定，如按日本有关法律的规定，凡是教师必须持有教师许可证。对幼儿园教师来讲，按照《教员许可法》、《教员许可法施行令》等法律的规定：首先，不论国、公、私立与否，凡幼儿园教员均需具备幼儿园教员许可证；其次，幼儿园教员许可证分普通许可证和临时许可证两种。普通许可证分三类：第一类是幼儿园教员专修许可证，一般能发给硕士学位的毕业生；第二类是幼儿园教员一级许可证，发给学士（本科学历）；第三类是幼儿园教员的二级许可证，发给接受2年以上高等教育的毕业生。持有普通许可证的幼儿教师为教谕，且一旦获得该许可证，终身有效，并全国通用。法国幼儿教师的资格考试及资格取得也与小学教师完全同属一系列。在教师培训大学学院的一年学习之后，所有学生都要参加教师资格考试。想从事幼儿教师职业的人士，依照相关规定要参加小学教师资格考试，包含预选考试和录取考试，并且法国包括幼儿教师在内的小学教师资格考试及其录取的竞争还相当激烈，由此可见该职业在法国民众中的地位与声望。

（二）建立"督学""督政"结合的独立督导制，强化私立机构监管与促进

学前教育质量督导也是保证和促进学前教育质量所不容忽视的重要方面，

世界主要国家和地区对此也从多方面进行了法律规定，有效保证了其学前教育达到应有的质量水平及学前教育的不断提高。其中有两方面的经验尤其值得重视，一是将学前教育质量督导纳入法律框架，形成具有法律保障和强制进行的督导制度，且不仅仅局限于"督学"，而将对政府相关职责的"督政"相结合；二是通过一定的具有政府激励因素和质量控制标准的法律制度来引导和促进私立学前教育机构的质量保证和提高。

1. 建立较为全面的"督学"、"督政"结合的独立学前教育督导制度

近年来，很多国家和地区如美国、英国、德国、日本、巴西、印度、我国台湾等均越来越重视学前教育机构管理及其教育质量的评价与督导，并通过学前教育立法及相关政策的制定明确了政府对学前教育质量的总体要求和发展目标、学前教育机构设立的基本标准与质量要求等，特别是英国在相关教育法、学前教育法及国家政策中还专门对包括学前教育在内的教育机构管理与质量督导做出了明确规定，促进了学前教育督导法制化，有效推动了近年来英国学前教育质量的提升。

英国在《儿童法》、《教育法》与《儿童保育法》等多部法律及有关的学前教育政策中均对学前保育的政府督导从机构、人员及其工作职权等多方面做出了明确且较为全面的规定。首先，法律规定了作为英国独立于教育部门之外的权威督导机构"英格兰女王学校总督学办公室"（其负责人即"总督学"，下设若干督学）及其负责人、工作人员对所有公立托儿所、保育机构、中小学等负有全面的督察与质量促进的责任，由于其独立于教育部门及其他任何一个政府职能部门以外，因此其督导过程更具客观性与权威性。英国历年《拨款法》中还专门有对该督导工作单项列支的国家预算，以保证督导工作的开展及其质量，由此也可见英国教育督导部门及人员的地位及权威。

其次，总督学及督学在学前教育方面的各项督导职责也被明确地纳入法律规定，且其法定督导的范围十分全面，不仅包括教育质量本身，还包括英国在学前教育方面的法规是否真正促进了英国儿童的健康发展，是否满足、在多大程度上满足了所有学龄前儿童的需求；英国通过学前教育法规中对政府领导与管理质量的规定及其效果如何；学前教育机构的领导与管理质量如何，其财政资源是否得到有效管理等等。可见，其中不仅有对机构质量的微观"督学"，还有对政府职责的宏观"督政"，因此英国学前教育督导范畴已远远超出"督学"的单一范畴，而是比较全面地、既对学前教育政府职责特别是法规制定

与执行的履职情况进行督导，同时对学前教育机构的教育质量、资金利用和领导管理等进行微观层面的督察，这也正是英国立法建立健全学前教育督导制度、保障学前教育质量中极具特色的经验之一。与此同时，英国还在相关立法中规定了学前教育督导的议会报告制度，即总督学有义务定期完成全面反映学前保教督察情况的督察报告，其中要兼有综合性与专题分类的信息汇报，并经由教育大臣及时递交英国议会。上述法律规定使英国学前教育督导制度建立并日趋完善，特别是具有了刚性法律保障，有效促进了近年来英国学前保教政策制定的质量、政府职责的履行、学前教育机构的管理，进而推动了英国学前保教质量的整体提升，其立法经验值得学习和借鉴。

2. 将私立学前教育机构管理与质量促进明确纳入法律框架

私立学前教育机构在很多国家和地区都或多或少不同程度地存在，如何规范并促进私立学前教育机构的发展，如何引导并促进其教育质量达到基本要求并积极提升，也是当今大多数国家和地区所面对且必须关注的问题，特别是在私立学前教育占整体大比重的国家和地区，保证私立学前教育质量、促进其健康发展还是关系到能否促进学前教育公平，使不论就读于公立园还是私立园的全体儿童均享有同等质量学前教育的重要战略举措。在本研究所聚焦的国家和地区中，我国台湾地区、香港特区和法国在此方面的立法经验值得研究和借鉴。

我国港、台地区私立学前教育在整个地区学前教育发展中均占有较大的权重，该两个地区如何通过立法引导和促进私立学前教育机构健康、稳步发展的经验尤其值得关注。香港特区为扶持私立学前教育机构的发展，近年来相继出台相关法律与政策，通过直接资助、租金返还、发放学校发展津贴等多种方式对学前教育机构特别是非牟利性的私立学前教育机构进行财政资助，以此为其发展提供必要的经费支持。但要想获得相应财政资助，私立学前教育机构还必须满足相关法律与政策中对其机构标准、管理规范特别是质量水平的各项要求，以此加强地区政府对私立学前教育机构的引导和监管，保证并促进香港学前教育的质量。如，为更好地实施《学前教育学券计划》，香港特区政府颁布了《学前教育学卷计划下的质素评核架构》，将政府对私立学前教育机构的财政支持同对其质量评价紧密挂钩，凡是想参加学券计划的学前教育机构必须满足两方面要求：一是必须是非牟利性的幼稚园或幼儿中心；二是必须从2007/08学年至2012/13学年接受地区政府相关部门的质量评价，且要达到制定标准，这样才可以从地区政府兑现学券、获得财政资助。此举对加强香港特区政府对私立学前教育机构的管理与基于质量标准的财政资助、促进香港特区学前教育质量的提高具有重要意义，其经验可资借鉴。

在我国台湾地区，私立学前教育也是其学前教育发展的主体力量，因而可以说私立园的办学质量在相当程度上决定了台湾地区学前教育的整体水平，由此台湾地区政府对私立学前教育机构的健康发展非常重视。通过立法明确规范私立学前教育机构的准入条件及其登记注册制度是当地政府的有效举措和宝贵经验之一。台湾地区"幼稚教育法"、"儿童教育及照顾法草案"等对私立园所应具备的基本条件、登记注册制度等均做出了明确强制性规定。此外，台湾地区教育主管部门还出台了"幼稚园设备标准"，进一步对幼儿园设备标准做出了非常严格、细致的规定。这些法律法规以刚性形式明确规定了台湾地区私立学前教育机构的办学条件，建立了较为完善的登记注册制度，使其设置、注册、变更与注销等均得以规范化和法制化，不仅强化了台湾地区政府对私立学前教育的监管职责，也有效促进了台湾地区私立学前教育的质量保障与健康发展。

法国的私立学前教育机构所占比例虽然较少，但法国政府仍十分重视对私立学前教育机构的规范和质量管理，早在 1959 年法国即制定并实施相关法律，通过立法建立国家与私立学前教育机构之间的合同制度，实现对私立学前教育机构的准入监管与质量督导，并且这种监管和督导并非私立学前教育机构被动接受，而是通过法律规定的政府财政资助手段从正面引导和刺激私立学前教育机构积极主动地达到法定标准和质量要求。例如，通过与政府签订合作合同的私立学前教育机构，法国政府将负担该机构所有教师工资，该私立学前教育机构中符合相应资格和工作量要求的教师还会因此而具有国家合同雇员的身份，具有相应的法定权利和义务；但前提条件是，该私立学前教育机构必须在各方面达到与公立机构同样的标准水平，要遵守国家学前教育大纲，同时还要接受国家和教育部在日常教学质量和财务管理方面的检查。由此，法国私立学前教育机构与国家签订的合同，一方面其规定的国家财政资助对私立机构起到了强烈的激励作用，吸引了私立学前教育机构积极与国家签订这类合同，而加入法国学前教育公共服务系统中；另一方面，享受国家财政资助的同时就意味着必须接受国家的监督和管理，就必须保证机构设置标准和教育质量。此举可谓政府与私立学前教育机构双赢的良性循环，有效促进了私立学前教育机构的质量保证与提高，进而推动学前教育事业的全面发展。法国在此方面的立法经验值得学习和借鉴。

四、强化中央立法权，建构并完善学前教育法律体系①

（一）强化中央学前教育立法权，注重立法调研与政策先行

中央立法权的限度是立法权限划分中的重要内容，立法调研是立法程序中不可或缺的组成部分，二者同为一国立法体制建构中的重要方面与环节，此两方面在学前教育立法中同样是直接关系到学前教育法律制定的位阶与效力、立法质量与实际效果的重要因素。

1. 扩张并强化中央立法主体权限，保证国家利益的充分表达与全面贯彻

就当前国际学前教育立法领域而言，行使学前教育法律的制定、审议与表决通过等一系列立法权的国家机关一般为议会或国会，其不同在于有些国家属一级立法体制，即学前教育立法权全部归属中央；有些国家的学前教育立法体制属二级立法体制，即中央与地方立法机关同时具有学前教育立法权；还有一些国家的学前教育立法权归属并不明确，无确凿的法律依据，因而在学前教育立法实践中具有灵活伸缩的限度。无论哪一种学前教育立法体制，当今国际学前教育立法的一条重要经验是共同的：即不断扩张并强化中央层面的学前教育立法权是学前教育事业发展领域国家利益有效表达与全面贯彻的根本而有效途径。主要做法有两种：一是直接制定学前教育法律，以专门条款对学前教育领域做出直接而明确的规定，包括对地方当局在促进和发展学前教育事业方面的要求与规范；另一种做法则是不直接规定，而是通过对相关激励与竞争途径如学前教育拨款的规定间接地对相关主体的学前教育职责与权利等做出规定，从而体现和贯彻国家意志与导向。此举对强化政府、社会与国民对学前教育性质、重要地位与价值的高度重视与深刻认识，从根本上统一思想和观念，并对从国家层面规范学前教育事业的重要方面等均起到了不可替代的重要作用，学前教育事业发展具备了更加高位更具力度的法律保障。

---

① 此问题中相关论述主要涉及美、英、德、日、印、巴等国家，我国台湾地区不在此部分论述之列。

2. 注重立法调研与政策先行，强化立法专业性与规范性

注重立法调研与政策先行，以保证学前教育法律的立法质量与效果是各主要国家和地区学前教育立法中一条非常重要而有效的经验。一方面，在学前教育法案正式提交立法机关并进入审议程序之前的阶段，起草机构与人员会展开大量相关调研工作，以保证学前教育法案的科学性、严谨性与可操作性；另一方面，在法案进入审议程序之后，相关专门委员会或负责部门继续就一些问题特别是在审议过程中新提出的问题进行更为深入和有针对性的调查研究。英国等国家在此方面的经验尤其值得我们借鉴。其学前教育立法过程非常注重吸纳专业人士、广大公众等各方人士的意见和建议。在拟定教育法草案之前，起草法律的相关人员会与专业团体、志愿组织以及其他关心该法律的人士进行商讨，并对认为有必要的问题或个案等进行重点调研和论证，形成学前教育政策"白皮书"或"绿皮书"，其中通常包含有制定或修订相关法律的政策建议，议会还会就该政策建议先行加以辩论，并同时明示其中尚在成形过程之中的立法建议，并就此广泛征求公众意见①。《2004 年儿童法》的政策基础即为英国颇具影响力的《每个孩子都重要》绿皮书，《2006 年儿童保育》和教育基本法等也都经历了上述由政策到法案的过程。在此过程中，一方面，对政策的深入调研与效果评价为学前教育立法的质量与实际效果提供了可靠保障；另一方面，学前教育法律的出台则使经过实践证明为有效的好的政策得以刚化和继续顺利推进，学前教育政策与学前教育法律之间由此形成了良好的相辅相成、互相促进的关系。

（二）建构并完善学前教育法律体系，适时修订

学前教育法律体系即由学前教育专门法，以及教育基本法、学校法、教师法、拨款法、人权法等与学前教育相关的法所组成的内部协调互补、层次结构分明的一类国家法律的总和及其相互关联的结构。近年来国际学前教育立法领域，无论是发达国家还是发展中国家，无论是大陆法系国家还是英美法系国家，均逐步加紧了学前教育及其相关成文法的制定与出台，以构建并逐步完善其本国的学前教育法律体系。特别是尽管英美法系国家的立法实践以判例法为主导，但在包括学前教育在内的教育领域，成文法日益成为其主要形式，近年

---

① 英国"直通政府"官方网站. Law making in the UK Parliament. http：//www. direct. gov. uk/en/Gtgl1/GuideToGovernment/Parliament/DG_ 4003226，登录日期：2007 年 3 月.

来美国、英国等国家学前教育成文法的立法进程逐步加快。

1. 建构并不断完善学前教育法律体系

世界上许多国家业已建立较为完备的学前教育法律体系，并通过制定并出台新的学前教育法、修订已有的学前教育法律等方式使该体系不断完善和丰满。如有日本的以《教育基本法》为根本，以《学校教育法》和《儿童福利法》为两大支柱，以《教育公务员特例法》等为重要组成部分的学前教育法律体系；美国的以《2000年目标：美国教育法》、《不让一个儿童落后法》为基础，以《提前开始法》、《入学准备法》、《儿童发展与固定拨款法》等专门学前教育法为着力点的学前教育法律体系；英国的以《教育法》为根本，以《学校标准与框架法》和《儿童保育法》为两翼，以《儿童法》、《人权法》和《拨款法》为重要组成部分的学前教育法律体系；德国的以《日托扩展法》、《儿童及青少年救助法》为根本，以各联邦州学前教育法律为重要组成部分的学前教育法律体系；还有巴西的以《宪法》为根本，以《教育指导方针与基础法》和《巴西国家教育计划》为两大支柱，虽没有专门学前教育法律，但在上述法律中有专门章节或条款的学前教育法律体系，全方位有效保障了学前教育事业改革与发展的顺利推进。

2. 注重学前教育法律的及时修订

通过对世界主要国家学前教育立法的研究发现，国际学前教育立法非常注重学前教育法律的针对性与时效性。美国和英国在此方面比较典型。不论《2000年目标：美国教育法》、《不让一个儿童落后法》，还是《提前开始法》，抑或《儿童保育与发展固定拨款法》，我们均可清晰地看到其立法往往直指当时所面临的教育问题，具有较强的针对性，其立法重在当代，重在当下问题的解决，因此除宪法外，其学前教育法律时效性均较强，在颁布之时也都明确规定了其适用的期限，通常不超过四年，甚至有的法律只适用1~2年即被废止。与此同时，包括美国、英国、德国、日本、巴西等国家对学前教育法律的修订与完善也非常重视，特别是在21世纪初的这段时间，许多国家纷纷对已有的学前教育法律进行补充和修订，为其学前教育事业在迈入新世纪之际、在国际国内环境在多方面已经发生改变的情形下继续取得健康持久的发展提供了更加切实有效的法律保障。仅英国的教育基本法自二战后至今的几十年间即在1988年、1998年、2002年、2003年、2005年等年份反复修订并颁布过多次，以更好地应对国际国内形势的变化以及教育领域随之出现的新情况与新挑战。

第五章

来自国际学前教育立法经验的启示

引言

当前国家学前教育事业正处于改革与发展的关键阶段，事业发展面临诸多问题与挑战，其中相当一部分问题是带有全局性、根本性的重大问题，这些问题的存在直接影响着学前教育事业的积极、健康与持续发展，而其中一些问题至今仍没有能够很好地得到解决，其关键原因之一即在于缺乏必要适切的法律规范与保障。本部分在对世界主要国家和地区学前教育法律规定与主要特点研究，特别是对国际学前教育立法主要经验的概括与分析的基础上，结合当前学前教育事业发展对学前教育立法提出的迫切需求，对学前教育立法提出了若干思考与建议，认为应尽快制定《中华人民共和国学前教育法》及配套法规，建立健全我国学前教育法律保障体系，并对学前教育事业发展中的若干重要方面做出明确规定，主要包括：深刻阐释学前教育价值，明确学前教育性质、地位与宗旨；明确各级政府及相关部门学前教育职责、强化中央责任，确立政府主导的学前教育发展模式；明确各级政府学前教育财政投入责任与分担机制，完善并创新学前教育财政投入体制；明确幼儿教师身份与地位，保障幼儿教师工资、待遇等基本权益，完善其资质要求及资格制度；规范各类学前教育机构准入与管理，着力规范民办机构发展，强化学前教育质量督导等。

一、法制不健全是阻碍学前教育事业发展
走出困局的根本性制约

正如前文所指出的，20 世纪 80 年代末至 90 年代政府机构改革、政企逐步分开带来的企事业单位幼儿园改制，使全国的学前教育发展受到冲击。近几年情况有所好转，且国家对学前教育事业发展日益高度重视，但我国学前教育事业改革与发展仍面临复杂困境与挑战。学前教育重要价值没有得到充分而广泛的认可；学前教育政府职责不到位，管理体制不健全；合理、有效的学前教育财政投入体制与成本分担机制尚未建立，农村与弱势群体学前教育缺乏经费保障；幼儿教师的身份不明确、编制不足、应有地位与基本权益缺乏可靠保障等，其中既有长期存在而一直以来没有得到很好解决的事业发展的深层次问题，也有随改革进程出现的一些新问题和新挑战，而无论哪一类问题都是学前教育事业发展中必须面对和解决的带有根本性、关键性的重大问题，亟待破解。而之所以存在上述问题，带有根本性和全局性的重要制约因素是当前学前教育法制的不健全，特别是学前教育基本法的缺位，或者说，缺乏有效的法律依据和保障是当前学前教育事业中诸多问题产生、特别是一些关键性问题无法得以明确，因缺乏依据而长期以来难以破解的症结所在。本研究旨在通过对国际学前教育立法经验的概括与分析，结合我国实际提出对我国学前教育立法的启示。因此，除了对国际经验的深入研究，还必须对我们学前教育法制的基本状况特别是其中尚存在的主要问题进行剖析，并结合事业发展的实际情况，进而提出切合实际的学前教育立法建议。

（一）已有学前教育法规亟须健全与完善

新中国成立以来，我们先后制定并颁布了多部学前教育专门性法规与相关法律法规及重要政策，在一定时期内有效保障并促进了学前教育事业的积极、健康发展，但随时代变迁，以 20 世纪 90 年代企事业单位改革引发的学前教育机构改革为标志，学前教育事业发展出现了不同以往的新情况、新问题和新挑战，已远远超出原有学前教育法律法规所规范和调整的范畴，原有学前教育法律法规已无法满足新时期学前教育事业改革与发展的需要，亟待健全和进一步完善。

1. 已有法规对学前教育事业发展起到了重要保障和积极促进作用

新中国成立以来，我们陆续制定并颁布了多部专门针对学前教育事业发展或与之相关的法律法规及重要政策，其中包括根本大法《中华人民共和国宪法》（1954 年、1982 年、1999 年），学前教育上位法《中华人民共和国教育法》（1995 年）、《中华人民共和国教师法》（1993 年），与学前教育相关的《中华人民共和国未成年人保护法》（1991 年）、《中华人民共和国民办教育促进法》（2002 年）等，特别是自 20 世纪八九十年代开始先后出台了专门的学前教育法规《幼儿园管理条例》（1989 年）和《幼儿园工作规程》（1996 年），以及一大批专门性和相关的重要学前教育政策，如《教育部关于发展农村幼儿教育的几点意见》（1983 年）、《中共中央关于教育体制改革的决定》（1985 年）、《全日制、寄宿制幼儿园编制标准（试行）》（1987 年）、《国务院办公厅转发国家教委等部门关于明确幼儿教育事业领导管理职责分工的请示的通知》（1987 年）、《中国教育改革和发展纲要》（1993 年）、《国家教委、国家计委、民政部、建设部、国家经贸委、全国总工会、全国妇联关于企业办幼儿园的若干意见》（1995 年）、《幼儿园教育指导纲要（试行）》（2001 年）、《国务院关于基础教育改革与发展的决定》（2001 年）、《国务院办公厅转发教育部等部门（单位）关于幼儿教育改革与发展指导意见的通知》（2003 年）、《国务院关于进一步加强农村教育工作的决定》（2003 年）、《财政部关于切实做好教育经费预算安排确保实现法定增长有关问题的通知》（2004 年）、《国务院批转教育部 2003～2007 年教育振兴行动计划的通知》（2004 年）等。上述法律法规及政策从多方面对学前教育事业改革与发展做出了相应规定，特别是《幼儿园管理条例》、《幼儿园工作规程》两部专门性学前教育法规在其颁布实施的较长一段时期内对学前教育事业蓬勃发展与积极推进起到了重要作用，其意义和价值不可否认。特别是近几年先后颁布了一系列保障和促进学前教育事业发展的重要政策，如《国务院关于当前发展学前教育的若干意见》（2010 年）、《国家中长期教育改革和发展规划纲要（2010～2020 年）》（2010 年），对促进我们当前学前教育事业发展起到了举足轻重的作用。

2. 当前学前教育法规"三少一无"，亟待健全与完善

近年来，主要是 20 世纪 90 年代中后期开始，学前教育事业改革与发展中出现了一系列新情况、新形势和新问题，加之一些事业发展中长期未能得到有效解决的深层次问题依然存在，新问题与痼疾同时凸显，已有的学前教育法律法规已经远远无法满足学前教育事业发展的新要求，无法在学前教育发展中充

分有效地发挥其法律作用，学前教育事业发展中的带有根本性、全局性，决定事业发展基本方向和宏观战略的重大方面的法律规范和保障处于真空状态；而已有相关政策中的一些规定与措施由于未能上升至法律层面的刚性制度而显保障乏力，由此，学前教育法律法规的健全与完善尤显紧迫。

总体而言，目前学前教育法制不健全的突出特征可概括为"三少一无"，即学前教育专门法规少、相关法律法规中对学前教育的专门条款少、高位阶的学前教育法规少，以及没有学前教育基本法，即尚未制定和出台《中华人民共和国学前教育法》，使学前教育事业的改革与发展在很多方面缺乏基本规范。首先，专门的学前教育法规较少且法律位阶偏低。目前我国《宪法》、《教育法》、《教师法》、《未成年人保护法》、《民办教育促进法》等多部法律中均在不同程度、从不同方面涉及学前教育，但真正专门针对学前教育制定的法律法规很少，且法律位阶较低，缺乏高位阶学前教育专门法，如国家层面专门的《学前教育法》。《幼儿园管理条例》可以说是目前现有法律法规中就学前教育领域而言法律效力最高的一部法规。它是各省、自治区、直辖市人民政府制定相关法规的重要依据之一。但与教育基本法和单行法相比，其法律效力层级仍然较低，且《教育法》所规定的四个学段的学制教育只有学前教育还没有上升为国家法律，由此学前教育事业发展中的很多根本性问题和基本定性、定位难以明晰，缺乏具有权威性的法律保障，各级地方政府在制定相应学前教育法规、政策及制定发展规划等的过程中也缺乏国家层面的上位法依据和支持。其次，与学前教育相关的法律法规中针对学前教育的专门规定较少，规定不到位。目前有一些具有较高法律效力的法律如《教育法》、《教师法》、《未成年人保护法》等，其中对学前教育的一些基本问题和大的方面做出了规定，但由于这些法律制定的根本宗旨和意图并不针对学前教育，因而即使有所涉及也并不充分细致，往往只涉及和该法相关的很小一部分内容，或将学前教育相关事项笼而统之地包含在其他用语中加以阐述，由此造成了学前教育法规的缺乏、零散、含混以及边缘化。再次，现有学前教育法律规定的全面性、适切性及时效性均较差。以《幼儿园管理条例》和《幼儿园工作规程》为主的现有学前教育法规在所规定的内容上存在缺失。就学前教育法规所调整的法律关系和法律关系主、客体来看，仅有的两部全国性法规均以幼儿园工作和管理为主要切入点和侧重点，对幼儿园与相关教育行政部门、幼儿园与教职人员等关系规定的较多，对教师职责、幼儿园审批与日常管理规定较多，而对政府与幼儿园、幼儿园与社会、幼儿园与家长、教师与幼儿等重要关系，幼儿园的地位与权利，教师的地位、权利与待遇，幼儿的权利等重要方面没有或少有相关规定；同时，这两部法规从开始实施到后来的相当长一段时期内的确对学前教育事业发展起到了重要的法律保障作用，而这十几年间，社会经济飞速发展，人民生活环境大为改观，人们的思想观念和行为习惯也发生了很大变化，教育及连带领域随之出现了许多新情况和新问题，已经超出了当时制定法规时所考虑的社会背景和环境，时至今日再来审度某些内容和条款，不免存在用语界定不明确、规定不细致、不合时宜等问题。可见，尽快改变学前教育法规"三少一无"的现状，建立健全学前教育法律体系不仅必要且现实需求紧迫。

（二）现有学前教育法规缺乏对一系列重要问题的界定与规范

通过对目前已有的专门性学前教育法律法规，以及与之相关的法律法规的梳理和分析可见，就当前学前教育改革与发展中的一系列重要的基本问题，已有法规但还缺乏明确、细致的界定与规范，或已有规定但已经明显不合时宜，无法满足事业改革与发展实践的需求，亟须制定、调整与完善。

1. 学前教育性质缺乏明确定位与法律依据

目前《教育法》、《幼儿园工作规程》中均有对教育、学前教育的性质以及地位与宗旨等的规定，特别是在《教育法》中还规定了学前教育是学校教育制度的第一阶段。但仍存在以下主要问题：首先，目前已有相关法律中尚没有对学前教育的性质作出专门的明确阐述，甚至在其高位法《教育法》中也没有对教育性质的明确规定，而仅在第 4 条和第 8 条中指出"教育是社会主义现代化建设的基础，国家保障教育事业优先发展。全社会应当关心和支持教育事业的发展"，"教育活动必须符合国家和社会公共利益"。此外，尽管《义务教育法》中规定"义务教育是国家统一实施的所有适龄儿童、少年必须接受的教育，是国家必须予以保障的公益性事业"，但无法简单迁移至学前领域。其次，作为教育基本法的《教育法》中对学前教育在学制系统中的地位规定的力度还很不够，并没有凸显出学前教育在学制系统中重要的奠基作用与基础地位。再次，《宪法》中关于国家发展学前教育的规定不利于明确学前教育性质、保障学前教育地位，以及在此基础上强化国家和政府职责。《宪法》第 19 条规定中，将学前教育与其他各级各类教育分开来规定，并且在语序排列上在最后一位表述，这在某种程度没有很好地反映出学前教育的奠基性质与重要地位。第四，无论是《教育法》还是《幼儿园管理条例》、《幼儿园工作规程》

中都缺乏关于学前教育重要价值、意义与功能的明确、有力的阐述，直接影响到了学前教育性质、地位的明确与巩固，而这一点无论在美、英等发达国家还是巴西等发展中国家的学前教育法律中都可见明确到位的阐释，对明确学前教育的性质、保障并提高学前教育地位至关重要。第五，《幼儿园工作规程》中虽明确指出幼儿园"是基础教育的有机组成部分，是学校教育制度的基础阶段"，但该提法本身即缺乏严谨性与科学性：幼儿园是实施学前教育的机构，机构本身作为基础教育以及学校教育制度的基础阶段并不合适，采用"学前教育"的提法更为严谨、科学。与此同时，作为教育部部门规章，《幼儿园工作规程》的法律位阶偏低，其对学前教育地位规定的效力与影响力十分有限。而在对有关专家学者的访谈中，诸多被访对象也一致认为，对学前教育重要价值、性质与地位的法律规定不够明确，这是导致事业发展中对学前教育存在错误理解、对学前教育重视不够，以及相关政府职责不到位的根本原因。

2. 各级政府尤其是中央政府在学前教育事业发展中的职责缺乏明确规定

学前教育作为一项公益性事业，特别关系到教育起点的公平，进而对整个国家教育事业的发展、社会公平的促进等均具有非常重要且长期的影响，因此政府特别是中央政府必须充分发挥其应有职能，以促进学前教育公益性的实现。而现有学前教育法规中对政府职责的规定还很不到位、不确切，尤其缺乏对中央政府学前教育职责的明确规定，特别是对中央政府保障农村学前教育、弱势幼儿群体学前教育等重要职责的相关规定缺位，严重阻碍了学前教育事业的健康、均衡与可持续发展。

目前《教育法》、《幼儿园管理条例》及《未成年人保护法》中均有关于各级政府在学前教育事业发展中职责的规定，但问题与不足也较为明显：首先，缺乏对学前教育阶段有针对性的有关政府职责的高位法律规定。目前关于学前教育政府职责的规定仅在《教育法》与《幼儿园管理条例》中可见，前者规定缺乏针对性，后者虽然有对各级政府发展学前教育职责的规定，但法律效力偏低，而且规定本身也比较笼统。其次，缺乏对学前教育事业发展中中央政府职责、中央政府相关部门职责，以及部门之间协调合作的明确规定。在《教育法》、《幼儿园管理条例》及《未成年人保护法》有关政府职责的相关条款中所规定的责任主体的提法均为"各级政府"、"县级以上"或"地方各级人民政府"，而没有任何一个条款中专门对中央政府的职责做出明确规定；教育主管部门责任的规定也定位偏低、过于笼统，仅规定为"主管全国的幼儿园管理工作"，而对其他相关政府部门在发展学前教育中的职责在《幼儿园管理条例》、《幼儿园工作规程》中均没有相关条款，可以参照的是《教育法》第 44 条的规定和《未成年人保护法》第 34 条规定，但前者缺乏对学前教育特点的考虑，规定较为宽泛；后者仅对卫生部门职责做出规定。此外，上述法规中也缺乏对各相关部门之间协调合作的规定。再次，已有法规确立的"地方负责、分级管理"的提法有失妥当和准确。在这样的规定下，我国学前教育事业发展中的管理与投入等重要责任实际处于下放状态，除制定大政方针与规划外，中央政府实际应当承担的其他学前教育职责的重要方面并无明确而具体的法律规定，因而我国中央政府在发展学前教育事业中的法定职责处于缺位状态，相关法律规定亟须制定；此外，目前已有法律中缺乏学前教育发展的政府及其相关部门问责制，缺乏对学前教育"督政"的相关规定。

3. 学前教育经费保障与财政投入等缺乏明确一致的法律依据

学前教育事业经费匮乏、缺乏财政投入保障等问题由来已久，其成因是多方面的，长期以来学前教育经费来源、财政投入主体及其具体责任缺乏明确有效的法律规定是其中一个非常重要的源头性问题。目前已有法规的现状是，作为学前教育上位法的《教育法》中对教育经费来源、财政投入比重及其增长、教育经费支出的财政预算单列等方面均有相应规定，但缺乏对学前教育的针对性和明确性；国家层面的学前教育专门法规中只有《幼儿园工作规程》对此有简单规定，且规定内容存在不妥之处。具体而言主要存在以下几方面问题：其一，《教育法》中对公立学校的教育经费来源做出规定，"国家建立以财政拨款为主、其他多种渠道筹措教育经费为辅的体制，逐步增加对教育的投入，保证国家举办的学校教育经费的稳定来源"，尽管该规定确立"以财政拨款为主"的原则，并适用于公立学前教育机构，但真正适用该法律规定的"国家举办"的学前教育机构在各类园所中所占比例并不高，仅占 1/5[①]。这就意味着，占据学前教育机构主体的教办园以外的各类型学前教育机构的经费来源，特别是政府对其财政投入或资助的责任等，在当前教育基本法中均没有相应明确规定。其二，《幼儿园工作规程》第七章尽管对"幼儿园的经费"做出规定，但规定内容大部分是针对幼儿园经费筹措及其财务管理方面的规定，而缺乏对幼儿园经费来源、政府财政投入责任、各级政府学前教育财政性经费的分

---

① 中国教育部. 2006 年教育统计数据. http：//www.moe.gov.cn，登录日期：2008 年 3 月.

担比例等的明确规定。其第42条"幼儿园的经费由举办者依法筹措，保障有必备的办园资金和稳定的经费来源"的提法，使政府在学前教育经费筹措、财政投入保障方面的责任并未得到明晰，而是趋于模糊化和弱化。特别是对于大量集体办和民办幼儿园来说，依据该规定"由举办者依法筹措"的原则，没有对政府职责、特别是中央政府的学前教育财政投入职责做出规定。其三，《幼儿工作规程》中尽管均对保障学前教育机构经费来源做出原则性要求，《教育法》中还提出"国家建立以财政拨款为主、其他多种渠道筹措教育经费为辅的体制"，但规定均过于笼统，缺乏对学前教育经费来源具体构成、各方责任划分及分担比例等的明确规定。其四，已有法律法规中对学前教育专项经费及其对农村、边远贫困地区等弱势幼儿群体的重点扶持，以及学前教育经费财政预算单列均没有做出相应规定，《教育法》中有关于国务院"设立教育专项资金，重点扶持边远贫困地区"的规定，但所指非常明确为"义务教育"，而对同样属于基础教育阶段并且很大程度上比义务教育阶段更具奠基性的学前教育只字未提。《教育法》第55条对"各级人民政府的教育经费支出""在财政预算中单独列项"做出规定，在没有进一步对不同学段经费预算单列细化规定的情况下，即需要下位法的进一步明确和细化，如《义务教育法》中"国务院和地方各级人民政府将义务教育经费纳入财政预算"、"在财政预算中将义务教育经费单列"的规定，由于《学前教育法》的缺位与已有法律规定的缺失而没有对学前教育经费预算单列的专门规定，使各级政府的学前教育财政预算单列制度均缺乏法律依据。

4. 缺乏针对幼儿教师身份、地位与基本权益的明确规定与有效保障

相对于学前教育事业发展的其他方面，目前对幼儿教师的相关法律规定从条款数量上来看是比较多的，规定所涉及的方面也比较全面，包括幼儿教师的资格制度、聘任制度、工资待遇、培训等方面，但很多规定过于宽泛、笼统，或规定不合理，直接给学前教育实践中师资队伍建设带来了多方面不利影响，其主要问题与不足包括：首先，已有法规中缺乏对幼儿教师身份、地位的明确规定与表述。无论是《教育法》还是《教师法》中都没有对幼儿教师的身份、地位做出明确的规定。只有《教育法》第4条指出"全社会应当尊重教师"。对教师、幼儿教师身份法律规定的缺位，使幼儿教师整体上缺乏合法身份与明确定位，直接影响其法律地位与社会地位的保障与提高。特别是近年来随办园体制改革，相当一部分企事业单位办园和农村幼儿园教师身份定位模糊甚至混

乱，直接影响到这些幼儿教师的地位、工资、待遇等方面，严重危及幼教师资队伍稳定。其次，缺乏幼儿教师编制相关法律规定，目前关于幼儿教师编制标准的规定仅在《幼儿园工作规程》中可见，且仅对编制人员类别做出规定，具体规定参照《全日制、寄宿制幼儿园编制标准（试行)》。而该编制标准不仅制定较早，1987 年出台距今已有二十余年，且编制标准存在明显问题，如对编制标准的规定仅具示范性而不切合现实情况、全日制幼儿园"教职工与幼儿比例"与"教职工配置比例"规定相互矛盾、专职幼儿教师比例偏小而职工比例偏大①。并且，由于缺乏对幼儿教师编制的法律依据，长期以来国家没有单独的幼儿教师编制系列而混编于中小学教师队伍，幼儿教师编制很容易被中小学编制挤占。再次，幼儿教师工资、待遇等基本权利缺乏法律保障。《幼儿园工作规程》和《幼儿园管理条例》中没有对幼儿教师的工资、待遇做出任何具体规定，仅在《幼儿园工作规程》第 36 条采用了"关心和逐步改善工作人员的生活、工作条件，维护他们的合法权益"这一极为宽泛笼统的提法，加之该规程本身法律效力有限，对保障幼儿教师基本工资、待遇没有起到实际作用。《教师法》中虽明确规定"教师的平均工资水平应当不低于或者高于国家公务员的平均工资水平，并逐步提高"，但具体到幼儿教师，由于缺乏学前教育专门法对幼儿教师身份、地位的明确规定，以及缺乏对幼儿教师编制的法规保障，以及缺乏专指幼儿教师的工资水平规定，进而无法保证幼儿教师的工资水平达到《教师法》中的参照标准，甚至在一些地方幼儿教师的工资水平远远低于此水平，农村、贫困地区的情况尤其不容乐观。同时，目前幼儿教师整体素质不高，专业素养欠缺，在职培训制度不健全，与相关法律规定不当与缺位密切相关。综合分析目前《教育法》、《教师法》和《幼儿园管理条例》、《幼儿园工作规程》中有关幼儿教师资质要求与培训的规定发现，对幼儿教师资格制度的规定中较为片面地强调学历水平，而对从事幼教事业所需的专业素养没有规定；对幼儿教师在职培训的规定也非常笼统，没有对培训的制度化、规范化做出规定，这无疑非常不利于幼教师资队伍的专业性发展与整体素质提高，进而直接影响到学前教育的质量。

    5. 对政府及相关部门在学前教育机构监管与质量督导方面的规定过于

---

① 韩小雨. 制约我国学前教育城乡均衡发展的政策分析及对策研究 [D]. 北京师范大学博士学位论文，2007：84～85.

笼统

目前对学前教育机构管理及其质量督导的政府及相关部门职责的法律法规十分不健全，缺乏对各类学前教育机构合理有效的规范与监管，包括对幼儿园的设立、审批、监督评估等均没有相应实质性法律规定。具体表现在：首先，《教育法》中虽规定"国家实行教育督导制度和学校及其他教育机构教育评估制度"，但一方面此规定本身对政府督导责任的规定过于笼统，就相关督导机构、人员设置、责任范畴等均缺乏明确规定；另一方面，由于学前教育专门法的缺位，此上位规定无法在学前教育领域具体化和有效落实，缺乏对学前教育机构教育质量评价标准及其监督的具体规定。其次，《幼儿园管理条例》中虽对幼儿园注册、审批等做出了相应规定，但"国家实行幼儿园登记注册制度，未经登记注册，任何单位和个人不得举办幼儿园"；"城市幼儿园的举办、停办、由所在区、不设区的市的人民政府教育行政部门登记注册。农村幼儿园的举办、停办，由所在乡、镇人民政府登记注册，并报县人民政府教育行政部门备案"的提法过于笼统，缺乏进一步具体化的明确规定，直接导致现实操作与法律法规适用上的混乱和责任不明确。再次，对于民办幼儿园的机构管理与质量督导，尽管《民办教育促进法》第六章有"教育行政部门及有关部门依法对民办学校实行督导"的规定，但"依法"实际上主要是参照《教育法》相关规定，仍不明确，而"教育行政部门及有关部门应当对民办学校的教育教学工作、教师培训工作进行指导"的规定，因其确立的教育等部门与民办学前教育机构的"指导"关系而削弱了政府对其教育质量的监管。

6. 缺乏对民办学前教育机构政府责任、财政扶持及其质量督导的合理规定

目前我国内地民办幼儿园比例已接近60%①，而在一些地方民办园的比例更高，如此大量民办幼儿园的存在，政府应对其持有一种怎样的基本发展态度与方针，政府应承担哪些职责，如何保障并促进民办学前教育机构在安全、卫生、健康等方面达到基本标准，特别是符合教育质量要求，这些不仅是有关部门必须正视的现实问题，而且是关系到学前教育事业总体发展的重要因素。但目前就相关法律法规现状而言，针对民办学前教育机构的各方面法律规定还很不健全，特别是就民办学前教育机构在学前教育事业发展中的定位、政府相关

---

① 中国教育部.2006年教育统计数据.http://www.moe.gov.cn，登录日期：2008年3月.

职责、财政扶持制度，及其质量督导与评价等重要方面和应有制度均缺乏法律依据和保障。第一，对民办学前教育机构政府职责的已有规定散见于《教育法》、《民办教育促进法》和《幼儿园管理条例》等法律法规中，而缺乏集中、系统的定位与规定，容易在一些具体方面产生理解和适用上的错位与不统一；第二，已有规定更多从政府管理本位出发，对民办学前教育机构的设立、监管和指导等作出规定，而对政府在促进民办学前教育机构发展中应该担负哪些职责，应该提供哪些实际支持等，缺乏从民办学前教育机构角度出发的促进其积极、良性发展的规定；第三，在已有的对民办学前教育机构质量督导与评价的相关规定中，"依法对民办学校实行督导"，"应当对民办学校的教育教学工作、教师培训工作进行指导"的提法缺乏力度和实际约束力，在实践中难以落实；第四，没有通过相关规定形成政府对民办学前教育机构政策、财政扶持与对其统一要求、质量监管之间良性互促的法定化制度，因而缺乏对民办学前教育机构的激励机制和质量保证。

7. 对重点扶持弱势地区弱势群体学前教育发展缺乏专门明确规定

广大农村地区、边远贫困地区的学前教育是整个学前教育事业的重要组成部分，从某种意义上来讲，没有农村学前教育的发展也就没有全国学前教育事业的发展，同时，城市贫困家庭儿童、流动儿童、残疾儿童、留守儿童等各类弱势幼儿群体的学前教育也是国家学前教育事业发展中不可分割的重要组成部分。然而现有法律法规的相关规定缺乏针对性，特别是政府从政策、财政等方面对弱势群体重点扶持的相关规定十分欠缺。首先，《教育法》第10条对扶持少数民族、边远贫困地区、残疾人教育事业做出了原则性规定，为学前教育提供了上位依据，但在两部学前教育法规中对此均缺乏参照上位法针对学前教育事业发展的专门性明确规定；其次，我国现有的两部专门性学前教育法规《幼儿园管理条例》和《幼儿园工作规程》的适用对象均为"城乡各类幼儿园"，其中不仅缺乏对上述弱势地区弱势群体学前教育的倾斜性规定与重点扶助，而且一刀切式的规定还存在一些不符合弱势地区实际、难以贯彻落实的情况，从某种意义上给我国学前教育的均衡发展设置了法制障碍，不利于学前教育公平的实现；再次，现有法律法规中缺乏针对弱势地区弱势群体学前教育发展的政府职责，特别是财政投入责任的明确规定，对农村及边远贫困地区学前教育专项经费、城市贫困家庭及残疾儿童学前教育补助等均没有相应法律规定，使广大农村地区和其他弱势地区学前教育事业发展失去法律保障的基本经费支持。

二、基于国际经验对学前教育立法的若干思考和建议

当今世界主要国家和地区相继制定并出台专门的学前教育法，并在宪法、拨款法、教育基本法等重要法律中均已对学前教育事业发展做出明确规定，其规定的主要内容涉及学前教育的性质与地位、政府在学前教育事业发展中的职责、学前教育财政投入、幼儿教师队伍建设、学前教育质量督导与评价，以及保障弱势幼儿群体受教育权等多个方面。通过对当今国际学前教育立法经验的概括和梳理发现，将公益性与公平性作为学前教育立法的根本原则与价值诉求；将强化政府职责尤财政投入责任作为决定学前教育事业积极走向的主导性规定；通过立法确立多种途径保障学前教育财政投入，建立学前教育经费分担机制；稳定并发展幼儿教师队伍、建立健全学前教育督导制度双管齐下，以保证并提高学前教育质量；以及强化中央学前教育立法权，建构并不断完善学前教育法律体系，注重法律解释与适时修订等，是当前国际学前教育立法的重要经验。而针对学前教育法规中存在的上述问题，以上国际经验可为学前教育立法提供不同程度的有益启示和借鉴。

（一）尽快制定《学前教育法》，建立健全学前教育法律保障体系

如前所述，尽管目前我们已陆续出台一系列学前教育专门法规以及与学前教育相关的重要法律，但由于学前教育专门法规少、相关法律法规中对学前教育的专门条款少、高位阶的学前教育法规少，特别是缺乏国家层面的学前教育专门法，学前教育法律体系还很不健全，学前教育事业发展的法律制度保障还很不完善，因此，《中华人民共和国学前教育法》的制定及其相关配套法规的出台，对建立健全学前教育事业发展的法律制度保障尤显迫切和重要。

目前我们还没有国家层面专门的《学前教育法》，而《教育法》所规定的四个学段的学制教育中，中小学有《义务教育法》、高等教育有《高等教育法》，职业教育也有《职业教育法》，目前只有学前教育阶段仍未上升为由全国人大或全国人大常委会通过的具有较高位阶的国家法律。而如前所述，目前法律位阶最高的两部法规即《幼儿园管理条例》和《幼儿园工作规程》，一方面其中很多规定已不能够为当前我国学前教育事业的发展提供充分依据和保障，其可预见的法律效果已有限，亟待修订和完善；另一方面，就这两部法规

的立法宗旨和主要内容而言，前者是以政府管理本位为出发点的"管理条例"，后者是以机构内部运行为出发点偏向微观的"工作规程"，因此从其主旨上来讲，这两部法规的站位不够宏观，不能充分体现积极促进全国学前教育事业改革与发展的国家意识和战略目标，更没能体现国家和各级政府在新时期我国学前教育事业发展中的职责担当，对学前教育经费保障、教职人员队伍建设、弱势扶助等等在这两部法规中也均缺乏高位、全面、系统的战略定位与有效规范。同时，尽管《教育法》、《教师法》、《未成年人保护法》及《民办教育促进法》中都在不同程度上涉及学前教育事业发展或为其提供了有关的上位法律依据，但这些规定都缺乏针对性，且散见于不同法律中，规定之间的联系性也较差，远远不足以对学前教育事业发展形成系统、有效的法律保障。

近年来国际学前教育立法的经验集中表明，系统、全面与针对性强的学前教育法规特别是国家层面的学前教育专门法，对保障和促进国家学前教育事业的发展作用十分关键和重要。因此，无论从学前教育本身的重要性与学前教育事业发展来说，还是从学前教育在学制系统中的奠基地位而言，还是从当前国家学前教育事业发展亟须系统、全面的学前教育法律制度依据与保障的现实需求来讲，都不应该出现《学前教育法》长期缺位的状况。特别是要想从根本上解决当前我们学前教育事业发展中的突出问题和多方面严峻挑战，就必须改变高位阶学前教育法律规定长期缺失的状况。同时，尽快制定并出台《学前教育法》也是本研究中被访专家们所提出的最为集中的呼吁和建议，特别是在对一些地方行政管理人员的访谈中发现，地方学前教育事业发展的很多方面，特别是当改革与发展遇到的困难和问题，非常想寻求国家层面相关法律的上位依据和支持，但恰恰是由于《学前教育法》的缺位，很多地方探索及其法规、政策的制定都显得依据不足、保障乏力、方向不明。

因此，建立健全学前教育法制体系，为事业发展提供全方位、高位阶的法律制度保障的要务，即尽快制定并颁布《中华人民共和国学前教育法》。并且，在该法中突出强调并重点规定以下主要内容：学前教育的价值与重要性、学前教育性质、宗旨及其在国家教育事业中的地位；各级政府特别是中央政府在学前教育事业发展中的职责、各级教育主管部门及相关政府部门的职责及相互协调合作关系；学前教育事业的经费来源、财政投入保障，以及政府专项经费、财政预算单列、优先扶持弱势等制度保障；幼儿教师的身份、地位、资质要求以及工资、待遇、培训等各项权益的保障；学前教育机构的注册、审批与管理以及教育质量督导与评价；弱势地区弱势人群学前教育权利的保障与优先等，为事业发展提供必需与根本性法律依据和刚性保障。

与此同时，法律法规制定过程中一个非常重要的方面即吸纳已有政策及实践的有益经验，适时上升为相关法律规定内容。来自国际方面的经验同样证明了这一点，一些国家非常重视在立法之前相关政策的制定，特别是对政策中经实践证明有效的相关规定和举措的及时法律化。我国幅员辽阔、人口众多，一项国家法律的制定并出台更应慎重与严谨，因此，从立法程序与操作思路上应积极倡导并实行"政策先行、适时刚化"的做法，对国家已有的学前教育专门政策及相关政策进行系统梳理，特别是结合其实际效果吸取其中有价值、有实效的政策规定，在《学前教育法》等相关法规中加以刚化，强化其实施效果。此外，地方学前教育政策与实践经验，也可以结合其在全国范围内的适用性与可推广性，将其中的有益经验上升为国家层面的法律法规，以此进一步建立和健全国家学前教育法律体系。

（二）深刻阐释学前教育价值，明确性质、地位与宗旨

学前教育的价值与重要性、学前教育的性质、宗旨，以及学前教育地位等是学前教育事业发展中的前置性问题和事业定位的重要基础，对这些重要方面的规定无疑也构成学前教育立法的首要方面与价值基础。因此，借鉴国际学前教育立法经验，并密切结合实践及参考有关专家学者意见，本研究认为《中华人民共和国学前教育法》中应从以下几个方面，对学前教育的基本性质、地位与学前教育事业发展基本定位等重要问题做出明确规定：

①深刻阐释学前教育的重要价值与功能。学前教育的重要价值与功能是理解和明确学前教育性质与地位的前提，正是学前教育本身所具有的多方面价值与重要作用才从根本上决定了学前教育应该具有的性质、宗旨与地位。因此，首先应对学前教育对于个体发展与终身学习，国家教育事业发展特别是为基础教育、终身教育奠基，补偿并改变弱势群体不利处境、促进教育起点公平乃至社会公平的重要功能与不可替代的价值，以及对提高国民素质与国家人力资源储备水平，乃至促进国家综合国力与国际竞争力提升的重要奠基作用与潜隐性长期战略影响，做出深刻、全面的阐释与规定。②明确学前教育的性质与地位。基于学前教育的重要价值与功能，应对学前教育的性质、宗旨做出明确规定，确立学前教育的重要地位。建议明确规定：学前教育是面向全体 0~6 岁儿童，旨在促进其身心和谐发展的社会公益性事业，是社会公共服务体系的组

成部分。3～6岁幼儿园教育是国家学校教育制度的重要组成部分,是国家学制系统的奠基阶段。③确立学前教育的根本宗旨与目标。基于学前教育的价值、性质与地位,建议对学前教育的基本宗旨与目标做出如下规定:学前教育应当以"促进幼儿身心全面发展,为个体终身发展与基础教育奠定基础,优先补偿弱势群体、促进学前教育均衡发展与教育起点公平,促进和谐社会的建设与发展,以及为国民素质提高、国家人力资源储备与综合国力提升奠基"为其根本宗旨与基本目标。

(三)明确并强化中央政府学前教育职责,确立政府主导模式

无论是通过相关文献对学前教育事业发展主要问题的研究,还是通过专家访谈得到的对制约学前教育健康发展核心问题的反映,集中所指的重要方面之一均在于:当前政府的学前教育职责不到位,学前教育主管部门及相关部门职责权限不明晰、缺乏必要协作。而国际学前教育立法的经验恰恰表明,凡是那些学前教育事业发展态势良好、长效显著的国家,也正是其立法明确和保障政府职责履行、规范相关政府部门协作机制的国家。因此,必须在我国学前教育法律中对此做出多方面明确规定:

①确立"政府主导"的学前教育发展模式。学前教育是实现个体终身发展、国家教育振兴,特别是促进教育起点公平、促进社会和谐发展的重要公益性事业。政府在学前教育事业发展中必须发挥中流砥柱的作用,政府职责不清、特别是忽视甚至放弃政府职责的后果不仅将严重有损学前教育的公益性,而且对于个体终身发展、国家教育事业基础的稳定,乃至国家人力资源的长期储备来说,均会带来不利影响。因此,呼吁首先通过立法确立学前教育事业发展政府主导的原则与模式,明确反对完全或主要依赖市场来提供学前教育的发展道路,将保障并促进学前教育事业发展作为中央和地方各级政府共同担当的法定责任。同时明确,"政府主导"在不同地区应有不同内涵。在农村与边远贫困地区,"政府主导"应明确规定为"政府主办";而在城市及经济较好地区,则不追求政府举办在量上的绝对优势,鼓励多种形式发展学前教育,"政府主导"则主要通过对各类学前教育机构统筹规划、政策制定、质量监督与促进等职责作用来体现,特别是通过政府举办的优质学前教育发挥示范、辐射作用,引领当地学前教育发展。②明确各级政府学前教育职责,特别是强化中央政府职责,突出重点。《学前教育法》及相关配套法规中应对中央政府与地方各级政府的学前教育职责做出规定,地方学前教育条例则应参照上位法,对

本省（自治区、直辖市）政府及其市、县（区）、乡镇政府的学前教育职责做出相应规定。对中央政府学前教育职责的规定应当包括：对全国学前教育事业发展的宏观规划与战略部署、法律与政策制定、经费保障与财政投入、统筹领导与宏观管理、组织协调、师资建设、质量督导等方面的重要责任，特别是将学前教育事业发展纳入整个社会与国民经济发展规划、教育事业发展规划，并应突出强调和明确规定政府尤其是中央政府在农村及边远贫困地区学前教育发展，以及优先扶助各类弱势幼儿群体方面的法律、政策制定与财政投入上的重大责任。对地方各级政府学前教育职责的规定应包括：省一级政府负责制定本省学前教育发展规划、办园标准，负责对本省学前教育的财政投入、教师队伍配备及其编制等；市、县两级政府负责本级辖区学前教育上级法规政策的贯彻落实及本级政府相关政策的制定、学前教育财政投入，以及征地、幼儿园基础设施建设、机构监管等具体职责；乡镇一级则主要明确其对本乡镇学前教育规划、幼儿园布局制定、乡镇中心园的建设与发展等。③明确教育主管部门及相关部门的学前教育职责，建立健全跨部门协作机制。应在国家层面学前教育法律法规中明确教育主管部门及相关政府部门的职责，如财政部门、人事部门、卫生与计生部门、妇联部门、建筑部门、民政部门等各部门在学前教育事业发展中相应的职责，并加强各部门之间的协调合作，恢复建立并保障各部门定期集中召开学前教育联席会议的协作机制。同时明确规定，完备地方各级学前教育主管部门与专职管理人员，并明确其各项职责。地方学前教育法规中也应参照国家层面法律法规，进一步对本级政府主管部门及相关部门的学前教育职责及其协作机制做出相应明确规定。④分阶段实行学前教育免费，优先扶持弱势地区弱势群体。依据各地实际情况规定学前教育免费范围。确立学前教育免费原则制度是当今诸多国家和地区学前教育立法的重要经验之一，就其免费对象的范围而言各有不同，3～6岁是世界主要国家和地区学前教育免费比较集中的年龄段。就我们的情况而言，一方面，结合现阶段社会经济发展水平及相关实际，就全国范围内实行3～6岁幼儿园教育免费尚为时过早，但作为学前教育公益性与公平性的集中体现，作为保证全体适龄儿童接受学前教育、充分实现学前教育价值的重要手段和制度保障，学前教育免费已成为诸多国家和地区实践证明的重要经验，应当在《学前教育法》中有相应前瞻性与战略性规定；另一方面，一些地方已经获得学前1年或几年免费教育的成功经验，尽管其学前3年免费目前并不具备在全国普遍推广的可能，但考虑利用地方财力，加之中央对弱势地区的财政扶持，全国范围内实行学前1年的免费教育应该是可行的。因此，建议在国家层面法律法规中对学前教育免费做出如下规定：逐步分阶段、分地区实现全国范围内的学前教育免费，在推进过程中采取"分步走"和"弱势优先"原则，社会经济发展与财力较好地方可率先实行。建议立法中规定学前教育免费"两步走"：第一步，实行全国范围内学前1年教育免费，在此目标年份之前，各地依据实际情况逐步推进，可先重点实行农村与偏远贫困地区及各类弱势群体的学前1年免费教育，而后逐步向全体适龄儿童的学前1年免费教育推进；第二步，逐步实现向学前2年、直至3~6岁幼儿的先是重点人群、而后面向全体儿童的免费教育。推进学前教育免费的各地方，其配套法规中应依据《学前教育法》的基本原则，制定进一步细化和结合本地实际的学前教育免费相关规定。⑤健全并完善学前教育"督导"制度，实行"督学"与"督政"相结合。国际学前教育立法经验中非常有特色的一点即学前教育"督政"与"督学"相结合，设立独立于学前教育主管部门之外的督导机构及专职人员，不仅对各类学前教育机构及其教育质量进行监控，其督导范围还包括对国家学前教育法律与政策制定、相关法律与政策的执行与落实情况及其相关负责人履职情况等做出监督、检查与上报。该经验值得借鉴，建议通过法律规定，明确建立包括学前教育在内的国家独立教育督导制度，即在各级政府设立独立于教育主管部门以外的、直接对本级政府及人大负责的教育督导机构及其人员，并在该机构中设立专门负责学前教育督政与督学的专职人员。

（四）明确政府学前教育财政投入责任，完善财政投入体制

学前教育事业发展缺乏基本的经费保障、政府财政投入不到位、财政投入体制不顺等是当前制约我们学前教育事业发展的关键因素之一，在对专家学者的访谈中，财政投入也是反映的问题及立法建议的焦点之一。基于国际学前教育立法经验，本研究认为，明确各级政府学前教育财政投入的职责及其财政投入的分担机制，完善并创新学前教育财政投入体制是学前教育立法中应该重点规定的方面，相关具体建议如下：①将学前教育经费纳入各级政府财政预算并实行单项列支，设立各级政府学前教育专项经费。应在国家层面学前教育法律法规以及地方学前教育法规中明确规定，将学前教育经费纳入各级政府每年的财政预算，并设立学前教育经费专门科目，实行学前教育财政预算的单项列支，按照公办学前教育机构教职工编制标准、工资标准和幼儿园建设标准、学

生人均公用经费标准等，及时足额拨付学前教育经费，确保学前教育机构的正常运转和校舍安全，确保教职工工资按时足额发放。同时，国务院和县级以上地方人民政府应根据实际需要，设立专项资金，扶持农村地区、偏远贫困地区、少数民族地区及其他弱势群体的学前教育发展。②确立中央与地方各级政府分担、省统筹的学前教育财政投入体制。应在国家层面学前教育法律法规中明确，学前教育经费投入实行国务院和地方各级人民政府根据职责共同负担，省、自治区、直辖市人民政府负责统筹落实的体制。各级政府应根据国务院的规定，分项目、按比例分担学前教育财政经费，具体分担比例依据不同地区社会经济发展水平不同可有所调整。③明确规定学前教育财政投入的"三个增长"。应对确保学前教育财政投入的增加做出法律规定，建议规定：确保各级人民政府学前教育财政拨款的增长应当高于财政经常性收入的增长，并使按在园学生人数平均的教育费用逐步增长，保证幼儿教师工资和幼儿人均公用经费逐步增长。④明确政府对民办学前教育机构的财政资助责任与多种方式。民办学前教育也是学前教育的组成部分，其性质也不排除公益性，因此，政府有责任对依法设立、符合质量标准的非盈利民办学前教育机构进行扶持，特别是财政资助。因此，借鉴相关国际经验，建议在相关法律法规中明确规定：通过签订合作合同、发放教育券及幼儿津贴、奖励等方式，实现政府对非盈利民办学前教育的扶持与财政资助。

（五）明确幼儿教师身份、地位，保障基本权益，完善资质要求

针对当前幼儿教师身份不明，工资、待遇等基本权益缺乏有效保障，队伍不稳定，以及幼教师资整体素质不高等现实问题，结合国际学前教育立法经验，本研究认为，应尽快制定相关法律法规，对幼儿教师的身份、地位，工资、待遇、培训等基本权益及其资质要求、资格制度等做出明确规定，为幼教师资队伍的建设与发展提供法律依据和有效保障。具体而言，应重点从以下几方面加以规定：①刚化幼儿教师价值与重要性，赋予其与中小学教师同等身份与法律地位。国际上一些国家已将幼儿教师纳入政府公务员或教育公务员序列，依法享有公务员的各项基本权利，有效保障了幼教师资队伍的稳定与不断壮大。考虑到当前包括义务教育阶段教师在内的教师尚未具备公务员身份，单独将幼儿教师纳入公务员序列并不可行。因此建议：首先在相关法律中明确阐释并强调幼儿教师对于国家学前教育事业发展的重要性、其他学段教师所不能替代的幼儿教师的独特价值、幼儿教师职业的崇高神圣，以及相对于其他学段

幼儿教师职业的特殊性与综合性等；其次应明确规定幼儿教师具有同中小学教师同等的身份与法律地位，修订相关法律法规，将原有的以"中小学教师"另加注释包含"幼儿教师"的提法加以修订，将幼儿教师与中小学教师明确并称为"中小幼教师"。②保障幼儿教师工资、福利、保险、津贴等各项基本待遇和权益，明确规定中央与省两级政府分担幼儿教师工资。国际学前教育立法经验充分表明，保证并提高幼儿教师工资、待遇等水平的最为有效的措施即建立相关法律保障。《教师法》第25条已明确规定："教师的平均工资水平应当不低于或者高于国家公务员的平均工资水平，并逐步提高"。因此，基于国际经验和我们已有的法律依据，建议在专门的学前教育法律中进一步明确规定：各级政府在将学前教育经费纳入财政预算的前提下，保证其中用于发放公办幼儿教师基本工资和福利待遇的经费总额；实行公办幼儿教师基本工资的国务院与省、自治区、直辖市两级政府分担、中央统筹的财政保障体制；规定由中央和省政府设立农村及边远贫困地区幼儿教师特殊岗位津贴，吸引并鼓励幼儿教师到这些急需地区任教。与此同时，还应明确规定非盈利民办园幼儿教师参照公办教师标准，同样享有按劳取酬、获得基本工资与"三险一金"保险等基本权益；财力许可的地方政府还应对依法设立、发展良好的非盈利民办学前教育机构的幼儿教师给予财政资助与奖励。③逐步提高幼儿教师学历水平，完善综合素质要求。明确并逐步提高幼儿教师的学历水平与综合素质要求，是国际学前教育立法的重要经验之一。借鉴其有益经验，本研究认为，首先，逐步提高幼儿教师学历水平是我国学前教育法律中应该明确体现的原则和趋势。其次，现阶段不可盲目"一刀切"式的提高幼儿教师的学历要求，而应分区域、分阶段地逐步提高。在一些经济发展较好、社会需求旺盛、学前教育相对发达的地区，可以幼儿教师学历水平做出更高层次如大专、大本甚至更高层次的要求；在一些经济困难、学前教育相对落后的农村及边远贫困地区，应该在一段时期内仍遵循"幼儿师范学校毕业及其以上学历"的现有法律规定，在适当时候再进一步调整提高。与此同时，除学历水平的要求外，还应对幼儿教师应当具备的综合素质与个人素养做出明确规定，包括专业理论知识素养，教育教学的实际技能，以及对人品、交流与沟通能力以及综合评价能力等，并针对幼儿教师职业的特殊性与独特价值，突出对该职业所需具备的不同于其他学段教师的特殊专业要求。④完善幼儿教师资格认定制度，并引导幼教师资培养与资格制度相配套。应进一步完善并细化幼儿教师资格认定制度，特别是应参照有关国际学前教育立法经验，明确规定幼儿教师资格认定的程序、相关考试与评审的过程与要求、资格认定考试的主要方面、特别是针对学前教育专业理论、知识、素质和教育教学实践能力等考核与评价的要求等，增强幼儿教师资格认定的科学性、规范性与专业性。⑤保障幼儿教师在职培训的权利，建立并规范幼儿教师培训与专业发展的相关制度。近年来，许多国家和地区均将幼儿教师的在职培训与专业发展作为其幼教师资队伍建设与学前教育改革与发展的核心内容，并通过立法予以保障。而我们在这方面的法律法规还比较缺乏，幼儿教师的培训权利尚未得到有效保障，因此建议：首先明确规定，在职培训与专业发展是幼儿教师的合法基本权益，也时幼儿教师的义务；在此基础上应进一步对幼儿教师培训宗旨、目的与主要方面，幼儿教师培训机构，培训经费保障与政府及主管部门职责，培训期间基本工资、待遇的保留等多方面做出明确规定。

（六）优先保障弱势幼儿群体学前教育

近年来，越来越多的国家和地区均已认识到学前教育对于实现教育起点公平，进而促进教育公平、消除社会排斥，实现社会公平与和谐发展的重要而长远作用，因而纷纷制定并出台相关法律，从多方面采取措施，优先扶持弱势地区、弱势群体的学前教育发展，切实保障其平等学前教育权利的实现。当前我国大陆地区学前教育发展不均衡的现象还十分显著，弱势群体平等的学前教育权利也尚未得到有效保障，相关立法亟须出台，而当前国际学前教育立法在该方面的经验值得我们思考和借鉴。基于上述国际经验和现实需求，建议从以下几个方面对优先保障弱势幼儿群体学前教育做出明确规定：①明确并强化各级政府优先扶持和发展农村地区、边远贫困地区学前教育的责任。应首先明确政府特别是中央和省级政府在扶持农村、边远贫困地区学前教育事业发展方面的基本职责，将优先扶持、重点发展农村及边远贫困地区学前教育纳入各级政府社会与国民经济发展规划以及中央和地方各级政府教育发展规划，并从财政投入、教师队伍建设等方面切实提供保障和法律、政策倾斜。②保障并增加对弱势地区、弱势群体学前教育发展的财政投入，加大转移支付力度。应在国家层面学前教育法律法规中明确保障并增加对弱势地区、弱势群体学前教育财政投入是各级政府责任，特别是要加大中央政府和省级政府的转移支付力度，增加针对弱势地区、弱势群体学前教育发展的专项经费。同时，在建立省统筹的学前教育经费保障机制的框架下，明确规定中央政府和省政府重点保障弱势地区学前教育发展的财政分担比例，明确并刚化对弱势地区的财政优先扶持，为农村与边远贫困地区、城市经济困难人群及其弱势幼儿群体学前教育发展提供充足、可靠的经费保障。③加强农村与边远贫困地区幼儿教师队伍建设，明确相关扶持与优惠措施。师资是当前制约弱势地区学前教育发展的瓶颈，因此，发展农村与边远贫困地区学前教育必须重点解决由于身份、地位不明，工资、待遇较差，缺乏专业培训等而造成的农村幼教师资短缺、质量偏低、队伍极不稳定的当务之急。因此，建议在《学前教育法》中明确农村与边远贫困地区幼儿教师的身份，提高其地位，特别是明确政府在保障其工资、待遇、培训等各方面基本权益的责任，并突出强调对农村幼儿教师在工资、待遇、专业发展等方面的优先、优惠政策，通过法律规定建立各项明确、具体的保障与倾斜措施，如设立艰苦地区特殊津贴、优先评优评先、建立城乡幼儿教师定期交流制度等。通过保障基本待遇并优先重点扶持，切实稳定并壮大农村及边远贫困地区幼儿教师队伍。

本研究通过文献法、比较法、访谈法等多种研究方法，采用系统性与代表性相结合，静态分析与动态研究相结合，法律规定分析、主要特点概括与立法经验提炼、总结相结合，以及国际学前教育立法经验与启示的思考相结合的研究思路，围绕世界主要国家和地区学前教育立法背景、法律规定的主要内容与特点，以及国际学前教育立法的主要经验及启示等问题进行了研究和探讨，取得了一些研究结果与发现，并提出了一些观点与建议。但由于国际学前教育立法研究仍是一个相对较新的研究领域，其研究思路、方法与范式尚处于尝试和探索中，本研究也是该研究领域的一个初步尝试。同时，研究本身的宏观性、复杂性，涉猎内容的广泛性也增加了本研究的难度，加之时间、精力与研究经验的局限，本研究尚存在一些不足和有待进一步研究的问题，主要包括以下几个方面：第一，本研究主要聚焦世界主要国家和地区最高权力机关制定并通过的法律，同时辅之以相关法规及政策。由于时间和精力所限，对一些地方具有独立立法权的联邦制国家的州一级学前教育法律尚未进行深入了解和分析，在今后的研究中，可对一些国家州学前教育立法进行较为全面的了解，并对其中一些有价值、可借鉴的州学前教育法进行较为深入的个案研究，以补充和丰富对国际学前教育立法的研究体系。第二，本研究以世界主要国家和地区学前教育立法背景为切入点，重点对世界主要国家和地区学前教育法律规定的主要内容与特点进行研究与分析，并在此基础上结合相关法律效果，提炼、概括当前国际学前教育立法经验，进而提出立法启示。但由于对法律效果系统、全面的考察牵涉较长研究时段，甚至要系统比对法律实施前至实施后十年、二十年的相当长一段时期，因此在有限时间内，很难获取大量一手资料，因而主要通过搜集相关文献、报告、评论文章、有关数据等对有关法律效果进行评价或间接反映法律效果的文献，来对部分法律的积极效果进行梳理，用以支持国际学前教育立法的分析和探讨。因此，在今后的研究中应对相关法律的实施情况、实际效果等保持长期高度关注，以获得直接一手文献，对国际学前教育立法效果进行更加系统、全面的把握与分析。第三，对世界主要国家和地区学前教育法律规定与主要内容的研究是本研究的主体，对国际学前教育立法经验的概括与提炼是本研究的深化与升华，其根本宗旨在于提出对我们学前教育立法的启示。因此，国际经验和国内实践应该是提出启示的两方面重要依据，但由于研究经验的局限，加之时间、精力的限制，本研究对学前教育事业发展实践的把握程度和研究深度还存在欠缺和不到位之处，尽管对学前教育立法提出了若干思考和建议，但还不够成熟和具体，对一些问题和立法建议的思考仍需进一步深入和细化。

参考文献

蔡迎旗．幼儿教育财政投资政策的研究［D］．北京师范大学，2005．

陈立鹏．中国少数民族教育立法论［M］．北京：中央民族大学出版社，1998．

陈世兴，吴端阳．从《师资培育法》的出台，看台湾师资培育制度的改革［J］．高等师范教育研究，1998（4）：71～75．

陈元．法国基础教育［M］．广州：广东教育出版社，2004．

陈志超，曾红．美国幼儿教师任职资格标准［J］．学前教育研究，1995（1）：59～61．

储小庆．幼儿园教育中政府责任的演变及趋向．2007年全国教育政策与法律研究专业委员会第五届年会论文集，2007：270～275．

邓涛，单晶．近二十年来美国教师教育的改革与发展［J］．外国教育研究，2003（5）：42～46．

董奇，陶沙．论脑的多层面研究及其对教育的启示［J］．教育研究，1999（10）．

［美］E．博登海默著，邓正来译．法理学法律哲学与法律方法（修订版）［M］．北京：中国政法大学出版社，2004．

冯晓霞．家长的教育观念与儿童权利保护——中国家庭中的儿童权利保护问题［J］．学前教育研究，1996（3）：20～22．

冯志军．日本教育法规研究［D］．苏州大学，2004．

傅树京．美国教师资格证书制度的改革［J］．中小学管理，2003（3）：55～56．

高如峰．法国教育立法、执法、司法制度研究［J］．外国教育研究，1997（1）：18～23．

韩清林．学前教育呼吁立法［N］．中国教育报，2007～1～19（3）．

韩小雨．制约我国学前教育城乡均衡发展的政策分析及对策研究［D］．北京师范大学博士学位论文，2007．

郝维谦，李连宁．各国教育法制比较研究［M］．北京：人民教育出版社，1998．

华丹．日本特别教师许可证制度及改革取向探析［J］．中小学管理，2006（C2）：49～51．

黄娟娟执笔/上海市教科院普教所．上海转制幼儿园管理体制与办园机制现状调研报告

[J]．教育发展研究，2005（6）：36～40．

黄永忠．关于《行政复议法》若干问题的思考［J］．行政法学研究，2005（4）：67～73，140．

李国强．从立法角度认识新《义务教育法》［J］．上海教育，2006（10A）：36．

纪晓林．美国公共教育的管理和政策［M］．北京：北京师范大学出版社，1992．

简楚瑛．幼儿教育与保育的行政与政策［M］．上海：华东师范大学出版社，2005．

金铁洙，孙启林．韩国教师资格证书制度及其对中国的启示［J］．外国教育研究，2006（5）：75～80．

寇丽娟．我国学前教育领域的家长参与状况［J］．学前教育研究，2005（7～8）：99～100．

劳凯声．教育法学［M］．辽宁大学出版社，2000：24．

劳凯声．变革社会中的教育权与受教育权：教育法学基本问题研究［M］．北京：教育科学出版社，2003．

劳凯声．论教育法在我国法律体系中的地位［J］．北京师范大学学报（社会科学版），1993（4）：90～95，112．

李承武．从立法宗旨看我国教育法的本质［J］．西南师范大学学报（哲学社会科学版），1996（1）：16～17．

李赐平．主要发达国家教育立法的基本特色及对我国的启示［J］．教育探索，2003（11）：58～59．

李赐平．西方五国教育立法的主要特征及我国教育立法的借鉴［J］．西华师范大学学报（哲社版），2004（3）：103～106．

李连宁．中国儿童受教育权的法律保护［J］．学前教育研究，1996（3）：8～11．

李林．全球化背景下的中国立法发展［J］．学习与探索，1998（1）：93～100．

李麦浪．朝鲜《儿童保育教养法》评介［J］．教育导刊（幼儿教育版），1997（3）：46～48．

李协京．日本教育财政制度和教育立法的若干考察——教育均衡化发展的制度环境［J］．外国教育研究，2004（3）：61～64．

连莲．日本教师专业化的特色及其启示［J］．福建师范大学学报（哲学社会科学版），2005（4）：134～137．

李素敏，闫效鹏．法国教育法制的特点及启示［J］．河北大学学报（哲学社会科学版），2002（2）：53～55．

林大镐．面向21世纪——韩国教育法体系的全面修订［J］．比较教育研究，2001（4）：13～17．

刘复兴．教育政策的价值分析［M］．北京：教育科学出版社，2003．

刘明远．幼儿园教育纳入国民教育体系刍议［J］．早期教育，2005（6）：4～6．

刘仁生，孙杰，窦岚．向教育科研要质量稳步提高幼师办学水平［J］．教育探索，2000（5）：64．

刘儒德．英国的教师培训管理体制与机制［J］．外国教育研究，2002（7）：57～59．

刘婷．美国教育立法研究［J］．广东广播电视大学学报，2004（1）：107～112．

刘小蕊，庞丽娟，沙莉．美国联邦学前教育投入的特点及其对我国的启示［J］．学前教育研究，2007（3）：3～9．

刘焱．儿童权利保护：问题与思考［J］．学前教育研究，1996（3）：17～19．

刘焱．英国学前教育的现行国家政策与改革［J］．比较教育研究，2003（9）：11～16．

刘作翔．法理学［M］．北京：社会科学文献出版社，2005．

卢祖元．中、美、日三国现代教育立法之比较［J］．江苏高教，2002（5）：118～120．

陆国志．教育科学研究在教师教育中的价值体现［J］．中学化学教学参考，2004（7）：1．

罗豪才．行政法学［M］．北京：北京大学出版社，2001．

罗豪才，吴撷英．资本主义国家的宪法和政治制度［M］．北京：北京大学出版社，1983．

吕萍．试论脑科学与岁儿童的智力开发［J］．天津市教科院学报，2004（10）．

满达人，石玫．西方六国教育立法［J］．云南法学，1999（4）：103～108．

农春光．世界部分国家《教育法》类型及立法原则探议［J］．广西教育学院学报，1999（4）：35～37．

潘后杰，李江源．日本基础教育的相关法规及其启示［J］．四川师范大学学报（社会科学版），1995（1）：56～62．

庞丽娟．关于尽快制定《学前教育法》的议案．2006．

庞丽娟．教师与儿童发展［M］．北京：北京师范大学出版社，2003．

庞丽娟，胡娟，洪秀敏．当前我国学前教育事业发展的问题与建议［J］．学前教育研究，2002（1）：40～42．

庞丽娟，胡娟，洪秀敏．论学前教育的价值［J］．学前教育研究，2003（1）：7～10．

庞丽娟，韦彦．学前教育立法——一个重大而现实的课题［J］．学前教育研究，2001（1）：5～8．

［德］平特纳著，朱林译．德国普通行政法［M］．北京：中国政法大学出版社，1999．

［日］平原春好．现代日本教育法史纲［J］．华东师范大学学报（教育科学版），

2006（12）：38～45.

瞿同祖. 中国法律与中国社会［M］. 中华书局，1981.

沙莉，庞丽娟，刘小蕊. 通过立法强化政府在学前教育事业发展中的职责——美国的经验及其对我国的启示［J］. 学前教育研究，2007（2）：3～9.

上海市教师资格研究课题组. 教师资格制度的法定化［J］. 上海教育，2004（12A）：36～37.

沈宗灵. 法理学（第二版）［M］. 北京：北京大学出版社，2003.

施克灿. 国际教师专业标准的三种模式及启示［J］. 比较教育研究，2004（12）：81～85.

施煜文. 世界主要国家学前教育师资培养的比较及其对制定上海市师资培养方案的启示［D］. 华东师范大学，2002.

史国珍，黄志成. 巴西学前教育的发展［J］. 外国教育资料，1996（6）：46～49.

史静寰. 学前比较教育［M］. 辽宁师范大学出版社，2002.

孙葆森，刘惠容，王悦群. 幼儿教育法规与政策概论［M］. 北京：北京师范大学出版社，1998.

孙国华，朱景文. 法理学［M］. 中国人民大学出版社，1999.

檀慧玲，赵艳芳. 法国中央与地方教育立法关系的调整［J］. 河北大学学报（哲学社会科学版），2007（5）：85～87.

谭晓玉. 当前中国教育法学研究中的若干理论问题探讨［J］. 教育研究，2004（3）：56～61.

王晓茜，张德伟. 日本教育基本法的修改与教育基本理念的转变［J］. 外国教育研究，2007（7）：6～13.

王晓燕. 俄罗斯学前教育改革概述［J］. 外国教育研究，1997（4）：44～47.

王湛. 在全国幼儿教育工作座谈会上的讲话. 选自教育部基础教育司. 《幼儿园教育指导纲要（试行）》解读（第二版）［M］. 南京：江苏教育出版社，2002：2.

温辉. 受教育权入宪研究［M］. 北京：北京大学出版社，2003.

吴放. 美国公立学校幼儿教师培训一瞥［J］. 学前教育研究，1996（6）：53～56.

吴志功，陈英霞，王显芳. 世界教师教育发展趋势分析与未来教师资格证书方案设计［J］. 比较教育研究，2001（11）：32～35.

武学超. 布什政府面临首次国家教育法诉讼案［J］. 上海教育，2005（7B）：39.

夏惠贤，严加平，杨超. 论英国合格教师专业标准与教师职前培训要求［J］. 外国教育研究，2006（3）：51～56.

肖非. 美国特殊教育立法的发展——历史的视角［J］. 中国特殊教育，2004（3）：91～94.

徐云．日本幼儿教育发展的特点［N］．中国教育资讯报，2002～9～5（7）．

阎光才．NCLB与布什政府的教育政策倾向［J］．外国教育研究，2002（8）：14～17．

闫玲玲．英国1944年教育法述评［D］．华中师范大学，2006．

严仲连．中印两国学前教育的发展历史比较［J］．学前教育研究，2007（1）：51～55．

杨汉平．教师与学校权益法律保护［M］．北京：西苑出版社，2001．

杨慧．美国教师资格证书制度的改革［J］．外国中小学教育，2004（9）：43～45．

杨玲．法国义务教育法律法规概况［J］．世界教育信息，2004（7～8）：10～12．

杨天平．鼓励和引导家长参与——美国中小学校教育管理改革的研究与实践［J］．外国中小学教育，2003（9）：11～14．

杨秀玉．英国教师教育的发展趋势［J］．外国教育研究，2002（12）：50～52．

姚云．美国高等教育法治研究［M］．太原：山西教育出版社，2004．

易红郡．撒切尔主义与《1988年教育改革法》［J］．湘潭大学社会科学学报，2003（7）：23～26．

殷世东．发达国家基础教育立法的共性特征及启示［J］．外国中小学教育，2005（5）：33～35．

尤春媛，孙少敏．论教师权利的法律保护［J］．理论探索，2005（1）：126～127．

余晓梅．教育法律责任制度研究［D］．西南政法大学，2005．

袁振国．教育政策学［M］．南京：江苏教育出版社，2001．

袁振国．教育研究方法［M］．北京：高等教育出版社，2000．

赵华民．当代美、日、中幼儿教育法规与政策的比较研究［D］．陕西师范大学，2000．

赵杨．中国近代法制转型中的法律移植［D］．黑龙江大学，2004．

赵中建．从教育蓝图到教育立法——美国《不让一个儿童落后法》评述［J］．教育发展研究，2002（2）：44～47．

曾满超．教育政策的经济分析［M］．北京：人民教育出版社，2000．

曾晓东．供需现状与中国幼儿教育事业发展方向——对我国幼儿教育事业的经济学分析［J］．新视野，2005（1）：5～10．

［美］詹姆斯·E.安德森，唐亮译．公共政策［M］．华夏出版社，1990．

张克雷．拖欠教师工资问题的成因及其法治研究［J］．教育评论，2002（4）：29～31．

张淼，张鑫．韩国教师教育的新发展及其启示［J］．教育科学，2005（2）：57～59．

张世信．行政法学［M］．上海：复旦大学出版社，2001．

张文显．法理学（第二版）［M］．北京：高等教育出版社/北京大学出版社，2003．

郑传坤，刘俊祥. 公共政策学 ［M］. 北京：法律出版社，2001.

钟学敏，周笑平. 中美教育质量政策的比较研究 ［J］. 黑龙江高教研究，2005 （10）：171～173.

周爱保，马小凤，青柳肇. 家长对幼儿教育的期望：中、日、韩三国之比较 ［J］. 学前教育研究，2006 （4）：60～62.

周钧. 美国联邦政府对现行教师资格证书制度的政策 ［J］. 教师教育研究，2003 （11）：78～80，72.

周旺生. 立法学 ［M］. 北京：法律出版社，2000.

周旺生. 法理学 ［M］. 北京：北京大学出版社，2006.

周月朗. 近年来美国加强学校与家庭联系的理论与实践 ［J］. 教育理论与实践，1995 （2）：58～61.

朱慕菊. 幼儿受教育权利的保护与国家政策 ［J］. 学前教育研究，1996 （3）：12～14.

朱旭东，周钧. 美国教师质量观及其保障的机制、管理和价值分析 ［J］. 比较教育研究，2006 （5）：70～75.

Ahsan, Nilofer. The Family Preservation And Support Services Program. The Future of Children, Vol. 6, No. 3, Winter, 1996：157～160.

Armaline, William; Levy, Donald P. No Child Left Behind：Flowers Don't Grow In The Desert, Race and Society, 2004 （7）：35～62.

Barnham, Chris. Inner City Schools That Work：School Improvement In American Cities. Educaiton & Training, Vol. 35, Iss. 6, 1993：4～14.

Barnett, W. Steven. Benefit－Cost Analysis Of The Perry Preschool Program And Its Policy Implications. Educational Evaluation and Policy Analysis, Vol. 7, No. 4, Winter 1985：333～342.

Barnett, W. Steven. Maximizing Returns From Pre－Kindergarten Education, NIEER, 2004.

Barnett, W. Steven; Ackerman, Debra J. ; Robin, Kenneth B. California's Preschool For All Act （Proposition 82）：A Policy Analysis, NIEER, 2006.

Barnett, W. Steven. Low Wages = Low Quality：Solving The Real Preschool Teacher Crisis. NIEER Preschool Policy Matters, Issue 3, 2003～3.

Barnett, W. Steven; Lamy, Cynthia; Jung, Kwanghee. The Effects Of State Prekindergarten Programs On Young Children's School Readiness In Five States, NIEER, 2005.

Barnett, W. Steven; Robin, Kenneth B. How Much Does Quality Preschool Cost? NIEER, 2006.

Barnham, Chris. Inner City Schools That Work：School Improvement In American Cities. Education & Training, Vol. 35, Iss. 6, 1993: 4~14.

Bennett, John; Neuman, Michelle J. Early Childhood, Major Challenges: Review Of Early Childhood Education And Care Policies In OECD Countries. Prospects, Vol. XXXIV, No. 4, 2004 (12): 423~433.

Boehner, John; Castle, Mike. Taking Money From Children: Financial Abuse & Mismanagement In The Head Start Early Childhood Program. A Summary of Media Reports (2003~2005). Compiled by the U. S. House Committee on Education and the Workforce Majority Staff, 2005~3~18.

Boocock, Sarane Spence. Early Childhood Programs In Other Nations: Goals And Outcomes. The Future of Children, Vol. 5, No. 3, Winter 1995: 94~114.

Bracey, Gerald W. ; Stellar, Arthur. Long – term Studies Of Preschool: Lasting Benefits Far Outweigh Costs. Phi Delta Kappan, Bloomington, Vol. 84, Iss. 10, 2003 (6): 780.

Burnim, Ira A. Strengthening The Role Of Families In States' Early Intervention Systems: Policy Guide To Procedural Safeguards For Infants And Toddlers And Their Families Under Part H Of The Education Of The Handicapped Act. Division for Early Childhood, Council for Exceptional Children, 1990.

Bush, Laura. Preparing Tomorrow's Teachers, 2002~3~14, http://edworkforce. house. gov/ issues/107th/education/nclb/flotus31402. htm.

Carmichael, Paul H. Who Receives Federal Title I Assistance? Examination Of Program Funding By School Poverty Rate In New York State. Educational Evaluation and Policy Analysis, Vol. 19, No. 4, Winter 1997: 354~359.

Chase – Lansdale, P. Lindsay; Pittman, Laura D. Welfare Reform And Parenting: Reasonable Expectations. The Future of Children, Vol. 12, No. 1, Winter – Spring, 2002: 166 ~185.

Chira, Susan. New Head Start Studies Raise Question On Help: Should Fewer Get More? New York Times, 1992~3~4 (B6).

Choi, Soo – Hyang. UNESCO Policy Brief On Early Childhood, No. 32, May – June, 2006.

Cleveland, Gordon; Krashinsky, Michael. Financing ECEC Services In OECD Countries. OECD, 2001.

Committee on Education and the Workforce. House of America. Largest Federal Funding Increase In History For K – 12 Education Takes Effect, Linked To Reform Billions In New Federal Funds Begin Flowing To States and Local School Districts. New Local Control & Accountability, 2002~7~1, http://edworkforce. house. gov/press/press107/titleimoney7102. htm.

Cox, Gary W. On the Effects Of Legislative Rules, Legislative Studies Quarterly, Vol. 25,

No. 2 , 2000 (5): 169 ~ 192.

Davis, Michelle R. Oversight Of Local Head Start Programs Flawed. Education Week, Washington, Vol. 24, Iss. 28, 2005 ~ 3 ~ 23: 23.

DeParle, Jason. Sharp Criticism For Head Start. New York Times, 1993 ~ 3 ~ 19 (A1).

Department of Education and Skills (DfES). Early Years Foundation Stage (Direction of Travel Paper). The Stationery Office (TSO), 2005.

Devenney, Justine; Sendra, Laurie; Stalham, Katherine; Foreman, Rebecca. Childcare Act 2006: How Prepared Are Authorities To Meet The Information Duty? Opportunity Links, 2006.

Dickens, William T.; Sawhill, Isabel; Tebbs, Jeffrey. The Effects Of Investing In Early Education On Economic Growth, The Brookings Institution, 2006 (4).

Druger, Marvin. Invited Papers. The Science Teacher, 1994 (9): 10.

Duncan, Greg J.; Brooks – Gunn, Jeanne. Family Poverty, Welfare Reform, And Child Development. Child Development, Vol. 71, No. 1, 2000 (1/2): 188 ~ 196.

Ebbeck, Marjory. The Rights Of The Child: Theory Into Practice. Early Child Development and Care, Vol. 112, 1995 (7): 43 ~ 52.

Ezra, Marni; Deckman, Melissa. Balancing Work And Family Responsibilities: Flextime And Child Care In The Federal Government. Public Administration Review, Vol. 56, Iss. 2, 1996 (3/4): 174 ~ 179.

Fankhauser, Rainer. Recent Developments In Legislation On Education In Austria, European Journal for Education Law and Policy 2: 59 ~ 62, 1998.

Fischer, Louis; Schimmel, David; Kelly, Cynthia. Teachers And The Law (Fifth Edition), Addison Wesley Longman, Inc. , 1998.

Forgione, Pascal Dominic. The Policies Of Early Childhood Education Legislation: Three Comparative Case Studies, of the requirements for degree of doctor of philosophy, Stanford University, 1977.

Forgione, Pascal Dominic. Early Childhood Policy – Making: Inputs, Processes, And Legislative Outputs. Education and Urban Society, Vol. 12, No. 2, 1980 (2): 227 ~ 239.

Fuller, Bruce; Liang, Xiaoyan. Market Failure? Estimating Inequality In Preschool Availability. Educational Evaluation and Policy Analysis, Vol. 18, No. 1, Spring 1996: 31 ~ 49.

Füssel, Hans – Peter. Developments In Educational Legislation In Germany. European Journal for Education Law and Policy 2: 77 ~ 78, 1998.

Gifford, Sue. Interdisciplinary Early Childhood Education Teacher Certification. Childhood Education: International Perspectives, 1996.

Glendenning, Dympna. Recent Developments In Education In Ireland, European Journal for

Educaiton Law And Policy, 1998 (2): 79 ~ 83.

Glendenning, Dympna. Country Report: Ireland, The Education Act 1998, European Journal for Educaiton Law And Policy, 1999 (3): 61 ~ 65.

Glendenning, Dympna. Country Report: Ireland – Child Care And Education: Recent Case Law In Ireland. European Journal for Educaiton Law And Policy, 1999 (2): 203 ~ 207.

Glenn, Charles L. Sharing Responsibility For Education: Families, Government, And Educators, European Journal for Education Law and Policy, 2002 (6): 9 ~ 14.

Gormley, William T.; Phillips, Deborah. The Effects Of Universal Pre – Kin Oklahoma: Research Highlights And Policy Implications, NIEER, 2003.

Greenwood, Anne. Children's Rights: The United Nations Convention On The Rights Of The Child. AECA Resource Book Series, Australian Early Childhood Association, No. 4, 1993 ~ 11.

Groof, Jan De. The Legal International Setting. European Journal for Education Law and Policy, 2001 (5): 1 ~ 5.

Halpern, Robert; Fisk, David. Preschool Education In Latin America: A Survey Report From The Andean Region. Volume I: Summary Report, Agency for International Development (Dept. of State), Washington, DC. 1978.

Handel, Ruth D. Family Literacy: School Programs Can Make A Difference. The Economic History Review, Vol. 47, Iss. 4, 1994 (11): 16.

Harding, Lorraine M. Fox. The Children Act 1989 In Context: Four Perspectives In Child Care Law And Policy (I), The Journal of Social Welfare & Family Law, Vol. 91, Iss. 3, 1991: 179.

Hart, Katherine; Schumacher, Rachel. Making The Case: Improving Head Start Teacher Qualifications Requires Increased Investment. Center for Law and Social Policy, Washington, Policy Paper No. 1, 2005 ~ 7.

Heckman, James J. Investing In Disadvantaged Young Children Is An Economically Efficient Policy, Paper presented at the Committee for Economic Development/ The Pew Charitable Trusts/ PNC Financial Services Group Forum on "Building the Economic Case for Investments in Preschool", New York, 2006 (1).

Helburn, Suzanne W. Thinking BIG: The Federal Role In Building A System Of Child Care And Early Education, Public Policy Viewpoint, Young Children, Vol. 58, No. 2, Mar, 2003: 66 ~ 71.

Hyun, Eunsook. What Does The No Child Left Behind Act Mean To Early Childhood Teacher Educators?: A Call For A Collective Professional Rejoinder. Early Childhood Education Journal, Vol. 31, No. 2, Winter, 2003: 119 ~ 125.

Izu, Regina Moromizato. Quality And Equity In Early Childhood Care In Peru. Review Of Education, 2006 (52): 185~199.

Jackson, Aurora P. ; Brooks – Gunn, Jeanne; Huang, Chien – Chung; Glassman, Marc. Single Mothers In Low – Wage Jobs: Financial Strain, Parenting, And Preschoolers' Outcomes. Child Development, Vol. 71, No. 5, 2000 (9): 1409~1423.

Kagan, Sharon L. ; Neuman, Michelle J. Lessons From Three Decades Of Transition Research, The Elementary School Journal, Vol. 98, No. 4, Special Issue: Transitions, Mar. , 1998: 365~379.

Kamerman, Sheila B. ; Kappan, Phi Delta. Early Childhood Education And Care In Advanced Industrialized Countries: Current Policy And Program Trends. Bloomington, Vol. 87, Iss. 3, 2005 (11): 193~195.

Kappan, Phi Delta. The Administration's Education Agenda. Bloomington, Vol. 75, Iss. 3, 1993 (11): 196~197.

Laloumi – Vidali, Eva. Professional Views On Parents' Involvement At The Partnership Level In Preschool Education. International Journal of Early Childhood, Vol. 29, No. 1, 1997: 19~25.

Linsey, Alison; McAuliffe, Ann – Marie. Children At The Centre? The Childcare Act 2006, Children & Society, Vol. 20, 2006: 404~408.

Lombardi, Joan. Financing Issues In The Preparation And Professional Development Of The Early Childhood Workforce. Paper presented at the Conference on Preparation and Professional Development Programs for Early Childhood Educators: Emerging Needs for the Next Decade, New York, 1990~11~7, 8.

Looney, Susan D. Education And The Legal System: A Guide To Understanding The Law, New Jersey: Pearson Education, Inc. , 2004.

Lowden, J. Children' s Rights: A Decade Of Dispute, Journal Of Advanced Nursing, 37 (1), 2002 (1): 100~107.

Lunenburg, Fred C. Early Childhood Education Programs Can Make A Difference In Academic, Economic, And Social Arenas. Education, Vol. 120,? Iss. 3,? Spring 2000: 519~528.

Malherbe, Rassie. A Fresh Start II: Issues And Challenges Of Education Law In South Africa. European Journal for Education Law and Policy 4: 57~68, 2000.

Manning, Maryann; Patterson, Janice. Exceptional Returns: Economic, Fiscal, And Social Benefits Of Investment In Early Childhood Development. Childhood Education, Vol. 81, Iss. 4, Summer 2005: 251.

Meredith, Paul. Country Report: Education Legislation In England And Wales. European

Journal for Education Law and Policy 2: 105 ~ 107, 1998.

Meredith, Paul. Country Report: United Kingdom: Education Legislation In England And Wales. European Journal for Education Law and Policy 3: 71 ~ 73, 1999.

Morte, Michael W. La. School Law: Cases And Concepts (Eighth Edition), Pearson Education, Inc. , 2004.

Na, Jung. ; Moon, Mugyeong. Integrating Policies And Systems For Early Childhood Education And Care: The Case Of Republic Of Korea, UNESCO, 2003.

Neuman, Michelle J. , Ed. Early Childhood Education And Care Policy: International Trends And Developments. International Journal of Educational Research, Vol. 33, No. 1, 2000: 1 ~ 122.

Neuman, Susan B. From Rhetoric To Reality: The Case For High – Quality Compensatory Prekindergarten Programs. Phi Delta Kappan, Vol. 85, Iss. 4, 2003 (12): 286.

Numata, Hiroyuki. What Children Have Lost By The Modernisation Of Education: A Comparison Of Experiences In Western Europe And Eastern Asia, International Review Of Education, Vol. 49, No. 1/2, 2003 (3): 241 ~264.

OECD. OECD's PISA survey shows some countries making significant gains in learning outcomes. 2007 ~ 12 ~ 4, http: //www. oecd. org.

OECD. Starting Strong II: Early Childhood Education and Care (Summary in English) . 2006.

O' Reilly, Robert C. ; Green, Edward T. School Law For The 1990s: A Handbook, Westport. U. S: Greenwood Publishing Group, Inc. , 1992.

Pence, Alan; Schafer, Jessica. Indigenous Knowledge And Early Childhood Development In Africa: The Early Childhood Development Virtual University, Journal for Education in International Development, 2006 (12) .

Penna, Sue. The Children Act 2004: Child Protection And Social Surveillance. Journal of Social Welfare and Family Law, Vol. 26, No. 2, 2005: 2 ~28.

Peters, William. The Empowering Process Of Accelerated Schools: An Essential Link In School Reform. English Journal, Vol. 83, Iss. 7, 1994 (11): 62 ~65.

Poirier, Donald; Goguen, Leonard. The Canadian "Charter Of Rights" And The Right To Education For Exceptional Children, Canadian Journal of Education, 1986 (Summer): 231 ~244.

Poole, K. P. Education Law: An Outline Of The Law Relating To The Public System Of Education In England And Wales. Sweet & Maxwell, 1988.

Preciado, Jose Francisco Martinez. Aportaciony Participacion Infantil En La Evaluacion De La Calidad De Los Centros Educativos, Journal of Education for International Development, 2006 (12) .

Psacharopoulos, George. The Economics Of Early Childhood Education And Day – Care. International Review of Education, Vol. 28, No. 1, 1982: 53 ~ 70.

Rahilly, S.; Johnston, E. Opportunity For Childcare: The Impact Of Government Initiatives In England Upon Childcare Provision, Social Policy & Administration, 2002 (8), 36 (5): 482 ~ 495.

Regina Moromizato Izu. Quality And Equity In Early Childhood Care In Peru. Review of Education, 2006 (52): 185 ~ 199.

Reynolds, Larry. Education Reform: Evolution Or Revolution? Management Review, Vol. 82, Iss. 9, 1993 (9): 17 ~ 19.

Riley, Richard W. Invited Papers. The Science Teacher, Vol. 61, No. 6, 1994 (9): 8.

Riley, Richard W. Reflections On Goals 2000. Teachers College Record, Vol. 96, Iss. 3, Spring 1995: 380.

Rosemberg, Fulvia. The Brazilian Doctrine Of National Security And The First National Early Childhood Care And Education Program, Journal of Education for International Development, 2006 (12).

Santibanez, Lucrecia; Vernez, Georges; Razquin, Paula. Education In Mexico: Challenges And Opportunities. RAND Corporation, 2005.

Schade, Angelike. A Research Topic In Education Law And Policy: The Development of Regionalism And Federalism In Europe And Their Impact On Educational Policy And Administration, European Journal for Education Law and Policy, Volume 4, Number 1, 2000 (3): 35 ~ 39.

Sestini, Elizabeth. Early Years Development And Childcare Partnerships (EYCDPs) In England: Policy And Implementation. International Journal of Early Childhood, Vol. 32, No. 2, 2000: 32.

Sharpe, Rochelle. Bipartisan Panel Calls For Overhaul Of Head Start Program For Preschoolers. Wall Street Journal, 1994 ~ 1 ~ 13: A12.

Sigh, Kishore. The New Challenges Of Education And Law, European Journal For Education Law and Policy, 2001 (5): 17 ~ 20.

Singer, Elly. Dutch Parents, Experts And Policymakers: Conflicting Views Of Day Care. Childhood Education, Vol. 72, Iss. 6, 1996: 341 ~ 344.

Souza, Paulo Renato. Education And Development In Brazil, 1995 ~ 2000. Cepal Review 73, 2001 (4): 65 ~ 80.

Swick, Kevin J. A Resource Guide For Developing Parent Education & Family Literacy Programs In Early Childhood. South Carolina's School Improvement Council, Columbia, 1994 ~ 6.

Taguchi, Hillevi Lenz; Munkammar, Ingmarie. Consolidating Governmental Early Childhood

Education And Care Services Under The Ministry Of Education And Science: A Swedish Case Study, Early Childhood and Family Policy Series, UNESCO, Paris, 2003.

Taylor, George; Saunders, John B. The New Law Of Education, London: Butterworths Publishers Ltd. , 1971.

The National Evaluation Of Sure Start Team, Early Impacts Of Sure Start Local Programmes On Children And Families, Queen's Printer and Controller of HMSO, 2005.

UNESCO. Section for Early Childhood and Inclusive Education, Division of Basic Education, Education Sector, Early Childhood Care And Education In E – 9 Countries: Status And Outlook, Paris, 2003.

UNESCO. Feny de Los Angeles – Bantista. Early Childhood Care And Education In South – East Asia: Working For Access, Quality And Inclusion In Thailand, The Philippines And Viet Nam, Bangkok, 2004.

UNESCO. Annual expenditure on educational institutions per student (Table 3. a) . UNESCO – UIS, 2006.

UNESCO. Strong Foundations: Early childhood care and education, EFA Global Monitoring Report 2007. Paris, UNESCO, 2006.

U. S. Department of Education. No Child Left Behind Act Is Working. 2006, http://www. ed. gov.

Valente, William D. Law in the Schools (Third Edition), Prentice – Hall, Inc. , 1994: 2.

Waldfogel, Jane. International Policies Toward Parental Leave And Child Care. The Future of Children. Vol. 11, No. 1, Spring – Summer 2001: 98 ~ 111.

WB (The World Bank) . Brain Development and Youth Crime and Violence Prevention, 2005. http://www. wb. gov.

Zervigon – Hakes, Anita M. Translating Research Findings Into Large – Scale Public Programs And Policy, The Future of Children, Vol. 5, No. 3, Winter, 1995: 175 ~ 191.

主要网络资源

联合国教科文组织 http://www. unesco. org

OECD http://www. oecd. org

中国教育部 http://www. moe. edu. cn

美国教育部 http://www. ed. gov

美国教育与劳工部 http://edworkforce. house. gov

全美幼教协会 http://www. naeyc. org

美国国会预算办公室 http://www. cbo. gov

美国健康与人类服务部儿童与家庭管理局 http：//www. acf. hhs. gov

美国教育改革中心 http：//www. edreform. com

美国教育质量领导小组 http：//www. lqe. org

美国加州教育部 http：//www. cde. ca. gov

美国马萨诸塞州教育部 http：//www. doe. mass. edu

美国国会《不让一个儿童落后法》（NCLB）专页 http：//edworkforce. house. gov/issues/107th/education/nclb

巴西教育部 http：//www. mec. gov. br

巴西统计局 http：//www. ibge. gov. br/english

墨西哥教育部 http：//www. sep. gob. mx/index. html

中国科学院拉丁美洲研究所 http：//ilas. cass. cn

英国教育与技术部 http：//www. dfes. gov. uk

英国劳工部 http：//www. dwp. gov. uk

英国教育标准办公室 http：//www. ofsted. gov. uk

英国议会出版物 http：//www. publications. parliament. uk

英国"确保开端"（Sure Start）官方网站 http：//www. surestart. gov. uk

英国各地区儿童保育信息 http：//www. childcarelink. gov. uk/index. asp

英国儿童保育标准 http：//www. childcarelink. gov. uk/standards. asp

中国驻英国大使馆 http：//www. chinese – embassy. org. uk/eng

法国教育科研部 http：//www. education. gouv. fr

中国驻法国大使馆教育处 http：//jiaoyuchu. online. fr

德国青少年局 http：//www. dji. de/cgi – bin

德国教育部 http：//www. bmbf. de/en/index. php

中国驻德国大使馆教育处 http：//www. edu – chinaembassy. de

日本文部科学省 http：//www. mext. go. jp/english/index. htm

中国驻日本大使馆 http：//www. china – embassy. or. jp/chn

日本教育信息中心 http：//www. nicer. go. jp/index_ en. html

日本国会众议院 http：//www. shugiin. go. jp/index. nsf/html/index. htm

日本国会参议院 http //www. sangiin. go. jp

印度人力资源发展部 http：//www. education. nic. in

印度学校教育部 http：//education. nic. in/Elementary/elementary. asp

中国台湾地区"教育部"全球资讯网 http：//www. edu. tw/index. htm

中国台湾网 http：//www. chinataiwan. org/web/webportal

中国台湾地区"教育部"电子报 http：//epaper. edu. tw

后 记

　　本研究是我的导师庞丽娟教授主持的教育部课题"国际学前教育立法比较研究"的一部分，从选题、研究思路与框架确定，到实施研究、撰写成文的整个过程中，都得到了导师的精心指导与帮助，因此首先最应该深深感谢的就是我的导师庞老师！——没有您的引领和信任，我不可能完成甚至不可能接触到这样的研究题目，更不可能将其作为我的主攻方向并展开研究！更何况导师所给予我的远远不止研究、学术之道——您的宽容、豁达，您的智慧、幽默，您的谆谆教诲，您的切切关怀，以及您为了学生、为了工作、为了教育事业夜以继日的辛勤付出，还有您为农村贫困地区孩子们闪动的泪光……真的令我由衷感叹：您是这样一位值得学生用一生的时间来仰望和学习的良师！这份情感又岂能仅用"感谢"二字来表达！

　　在研究过程中，我有幸得到来自方面面面良师益友的无私帮助。由衷感谢在本研究中给予我大力支持和帮助的教育部、北京市教委、安徽省教育厅、青岛市教育局、大连市教育局等单位的有关领导！感谢您们在研究过程中提供宝贵的资料和线索，对我的专家访谈提纲提出很多宝贵的修改、完善意见，并接受我的深度访谈，没有你们的大力支持和关心，本研究也不可能顺利完成。

　　特别感谢北京师范大学国际与比较教育研究所的王晓辉老师、高益民老师，中国社会科学院拉美研究所的周志伟老师和李慧老师，同窗好友木全晃子，感谢您们在法国、日本、巴西学前教育法律研究中给予的无私帮助和指导！

　　感谢北京师范大学学前教育系冯晓霞老师，感谢您多次百忙中对我的研究提出中肯的意见和建议、接受访谈，并给予我真挚的鼓励和鞭策！

　　感谢北京师范大学劳凯声老师、刘复兴老师、朱旭东老师、曾晓东老师！感谢南京师范大学虞永平老师，华东师范大学朱家雄老师！感谢你们对我的研究给予的殷切关心与无私指导！特别感谢北京师范大学阎光才老师，多年来您对我的鼓励与期望一直鼓舞着我、激励着我！

深深感谢南京师范大学唐淑老师，您的认真严谨和学术风范令我敬仰，感谢您在访谈中给予我耐心、细致的回答与无私的指导与帮助！感谢您特意赠与我相关著作与资料，对我的研究和写作帮助良多！

我还要特别感谢霍力岩老师和李东老师，你们一直以来给予我学业、生活、工作上的殷殷关怀与帮助，让我备感温暖！

感谢曾经陪伴我学习、研究与成长的各位同门！特别是小蕊、夏靖、小雨师姐、夏婧等国际立法研究组的姐妹们！和你们并肩研究使我充满前进的动力，也让我收藏了一段美好的时光。

由衷感谢我所在的首都师范大学学前教育学院及教育学院的各位领导百忙之中对此书出版所给予的高度关注与大力支持！感谢首师大社科处老师对此书申报"高校社科文库"所做的辛勤工作！

特别感谢教育部高等学校社会科学发展研究中心为本书出版提供的宝贵机会！感谢光明日报出版社赵锐、宋悦两位老师及中联华文社科图书咨询中心的老师对本书付梓所做出的大量细致认真的工作！

最后，深深感谢我的家人！感谢一直关心、呵护我的亲爱的父母！感谢一路支持、鼓励我的先生和儿子！

本人研究水平和视野所限，书中一定还存在这样或那样的问题，也存在有待完善的方面；与此同时，此书以我的博士学位论文为基础，成稿时间较早，几经周折得以付梓，尚无法很好地反映国内外当前学前教育事业发展最新最及时的动态，这也是本人当前和今后研究中需要特别关注和进一步探讨的方面。在此，恳请各位专家同行、教育法律与政策研究者、学前教育工作者及各位读者就本书内容不吝指正，提出宝贵的意见和建议！

此研究成果只是我学术道路中一个阶段性的小结和呈现，此后的路还很长，为人为学，永无止境！

沙　莉

于首都师范大学

学前教育学院馨德楼

2012 年 9 月